中国脊梁

王立群解读华夏历史人物

王立群 著

东方出版社

何为脊梁　何以脊梁

- 一、埋头苦干的人　001
- 二、拼命硬干的人　009
- 三、为民请命的人　017
- 四、舍身求法的人　026
- 五、救亡图存的人　034
- 六、中国的脊梁　048

诚信　中国脊梁的核心

- 一、诚信的价值　051
- 二、诚信的内涵　054
- 三、诚信的传承　061

孟子　中华民族的人格铸造者

- 一、亚圣的魂　066
- 二、亚圣的魄：性善　067
- 三、亚圣的高度：强势人格　068

屈原　爱国是他永恒的信念

- 一、屈原只是一个传说吗　080
- 二、一个优秀的家族　086
- 三、如何不朽　093
- 四、屈子精神　102

卫青与霍去病　绝代双骄

- 一、从奴隶到将军　108
- 二、运气，还是才华　110

李广　不教胡马度阴山

一、漠北决战　122
二、不教胡马度阴山　126

张骞　一位青年的强国梦

一、一张大网　138
二、凿空西域　143
三、白登之围：没有实力就只有尴尬　148

苏武　一个不屈的脊梁

一、谁也躲不过意外　156
二、铁骨铮铮的硬汉　160
三、死了这条心吧　163
四、荣归故国　168
五、图画麒麟阁　170

华佗　敬业神医

一、神医传奇　176
二、华佗之死　189

王安石　一位改革先行者

一、万言不值一杯水　204
二、百年无事藏危机　217
三、不以成败论英雄　232
四、自成一家王荆公　251

岳飞　一颗尽忠报国之心

一、千古奇冤　270
二、抗金名将　274

何为脊梁

1934年10月,鲁迅先生在《太白》半月刊第一卷第三期发表了题名为《中国人失掉自信力了吗》的文章。鲁迅之所以写这篇文章,是因为当时的社会中弥漫着类似的论调:"民族的自信心与自信力,既已荡焉无存,不待外侮之来,国家固早已濒于精神幻灭之域。"① 在文章中,鲁迅先生说,如果单据一些现象而论,自信其实是早就失掉了的。因为先是自夸地大物博,不久就不再自夸了,只寄希望于国联,再后来是既不夸自己,也不信国联,改为一味求神拜佛,怀古伤今了。信"地",信"物",信"国联",唯独没有相信过"自己",所以早就失掉自信力了。同时,鲁迅先生认为,说中国人失掉自信力,用以指一部分人则可,倘若加于全体,那简直是诬蔑。因为"有并不失掉自信力的中国人在",正是这些人,构成了中国的脊梁。

① 1934年8月27日《大公报》社评《孔子诞辰纪念》

鲁迅先生是这样说的：

我们自古以来，就有埋头苦干的人，有拼命硬干的人，有为民请命的人，有舍身求法的人，……虽是等于为帝王将相作家谱的所谓"正史"，也往往掩不住他们的光辉，这就是中国的脊梁。

鲁迅写这篇文章的时候，刚刚完成以历史故事为题材的小说《非攻》(写于1934年8月)，对墨子为民众利益埋头苦干、拼命硬干的性格与精神深有了解，对中国的历史与传统又有了一些新的认识，他不但认为中国人并没有失掉自信力，而且从古至今都不乏脊梁式的人物，所以他一口气列出了四种中国的脊梁：埋头苦干的人，拼命硬干的人，为民请命的人，舍身求法的人。

短短的几十个字，鲁迅先生从帝王将相家谱的"正史"之中，发现了中国的脊梁。虽然仅是举例的性质，却将中国脊梁的核心与特质抽出来了。今不惧辞费，不避画蛇添足，尝试赘述之。

一、埋头苦干的人

鲁迅先生讲的第一种人是"埋头苦干的人"。所谓"埋头苦干"，实际上是由两个层面构成的：一是"埋头"，

《鲁迅全集》第六卷《且介亭杂文·中国人失掉自信力了吗》，人民文学出版社2005年版。以下所引《鲁迅全集》均出此本，不再一一注明版本

二是"苦干"。如果要再进一步分析的话,"埋头"是前提条件,意思是屏息静气、排除干扰、"咬定青山不放松"、心无旁骛、专心致志、不务虚名。"苦干",意思是不怕艰苦、不畏艰难、不避艰辛、任劳任怨、尽力工作。能不能埋下头来,决定着能否苦干;只有埋下头来,才有可能苦干。正如鲁迅先生所言,从古至今,中国就不乏埋头苦干的脊梁。

鲁迅先生思考中国脊梁这个问题的时候,是他刚刚完成小说《非攻》一个月之后。所以说,有理由相信,鲁迅对墨子的了解与理解,对其中国脊梁问题是有直接影响的。

先秦时期有两大显学:一是儒家,一是墨家。儒家在先秦是显学,先秦以降,还是显学,所以司马迁在《史记》中,不仅破例将儒家学派的创始者孔子编入"世家"之中,写了《孔子世家》,而且对孔子的弟子也做了梳理,写了《仲尼弟子列传》,对其他儒家学者也写了不少传记,如《孟子荀卿列传》等。比较而言,墨家就没有那么"走运"了。墨家在先秦是显学,先秦以后,就彻底退出了历史的舞台。司马迁在《史记》中没有给墨家学派的创始人墨翟(dí)设立专传,仅仅在《孟子荀卿列传》的最后附记了二十四个字,算是最终没有完全忽略这个先秦的显学。司马迁的记载是:

> 盖墨翟,宋之大夫,善守御,为节用。或曰并孔子时,或曰在其后。

《史记》卷七十四《孟子荀卿列传》,中华书局2014年版。以下所引《史记》均出此本,不再一一注明版本。

这二十四个字,剔除虚词、语气词以及存疑的句子,真正能提供肯定信息的,不足十二字。当然,司马迁不给墨翟设立专传,有时代变化等多种因素在内,故仅于《孟子荀卿列传》之末附记墨子姓名,还不能确定他的生活时代,更不用说他的生平行事了。尽管如此,墨翟以及墨家学派的光辉并未被掩住,因为尚有墨家学派的代表文献《墨子》存世。

墨子的生活时代约在春秋末年、战国初期的时候。这个时候,是礼崩乐坏的时代,是诸侯争霸的时代。诸侯争霸,就要发动战争,侵地、攻城、杀人盈野、血流成河、亡人之国。对此,墨子是坚决反对、坚决抵制的。墨子提倡兼爱、非攻,要求爱人如爱己,爱人之父母如己之父母,爱他人之国如自己的国家,故反对战争,抵御侵伐,这在《墨子》一书中有详细的论述。与其他诸子显著不同的是,墨家学派不是光在嘴上说说,痛快一下嘴舌,耍耍口才而已,而是躬身实践的践行派,是名副其实的"埋头苦干的人"。这主要体现在以下方面:

一则理想崇高。

墨翟提出了墨家的十大主张,这十大主张是:兼爱、非攻、尚贤、尚同、尊天、事鬼、非乐、非命、节用、节葬。这十大主张是墨子的学说,也是墨家学派的纲领,是他们的理想。稍加关注就会发现,墨家的理想是相当高尚的,尤其是"兼爱"的思想,包含了平等与博爱的意味,他们

> 附缀姓名,尚不能质定其时代,遑论行事?——孙诒让《墨子间诂》,中华书局2001年版。以下所引《墨子间诂》均出此本,不再一一注明版本

把这种崇高理想称为"为义",是从事正义的事业,"万事莫贵于义",在"义"之外别无所求。

二则不慕虚名。

墨子确立十大纲领之崇高理想,并非标榜自己,凸显自己学派的与众不同,以此博取功名富贵,墨家从来都是相当务实的。十大纲领也并非全面铺开,要根据不同的国家、不同的情况,确定当务之急。墨子说:到一个国家去,首先必须确定当务之急,然后努力去做。比如一个国家,国君大臣都昏庸无道、胡作非为,那就要告诉他们尚贤、尚同的道理;如果一个国家贫穷,就告诉他们节用、节葬的道理;假如一个国家喜好声乐、沉迷于酒,就告诉他们非乐、非命的好处;假如一个国家荒淫、怪僻、不讲究礼节,就告诉他们尊天、事鬼的道理;假如一个国家以欺侮、掠夺、侵略、凌辱别国为能事,就告诉他们兼爱、非攻的益处。墨子选择最重要的事情首先加以引导,这就是我们常说的"抓重点",体现了墨子及墨家学派崇实的思想。

墨子的不务虚名,更集中地体现在他两次拒绝国君的分封上。一次是楚惠王,一次是越王。墨子多次访问楚国,向楚惠王献言,陈述自己的学说。但是,楚惠王没有用墨子学说的意思,墨子最终决定离开。当时楚国有位颇有名望的大臣,叫鲁阳文君,他

凡入国,必择务而从事焉。国家昏乱,则语之尚贤、尚同;国家贫,则语之节用、节葬;国家憙音湛湎,则语之非乐、非命;国家淫僻无礼,则语之尊天、事鬼;国家务夺侵凌,即语之兼爱、非攻。——《墨子间诂》卷十三《鲁问》

多次听过墨子的言论,对其深为佩服。他劝说楚王,不应该怠慢墨子,这样会让天下士人寒心。楚王立刻派人追回墨子,并许诺封给五百里的土地,墨子最终没有接受,离开了楚国。还有一次,是越王,他听说墨子的盛名,就邀请墨子到越国做官,想以此博取一个好士的名声。越王开出的条件也是分封五百里的土地。墨子说:"如果越王能听我的话,用我的措施,只要有饭吃,有衣穿,这就足够了,何必要分封的特殊待遇呢?如果越王不听我的话,不用我的思想,而只要我接受分封,这不就是出卖我自己的名义吗?我要是愿意出卖我的名义,在中原地区我就出卖了,何必要到越国去呢?"所以,墨子又一次拒绝了功名富贵,因为这并不符合墨家学派的理想。

三则敢于担当。

司马迁《史记》中说墨翟是宋国人,不过据后人考证,他更有可能是鲁国人。其实,墨子是哪国人并不重要,墨子的一生,奔波在鲁、齐、宋、卫、楚、魏等各国各地。墨子来往于各个诸侯国之间,主要宣传自己的政治主张,也亲自为实现兼爱、非攻的理想而行动。墨子及墨家学派总是以天下和平为己任,以匡扶正义为己责,以救亡图存为己务,所以,每当有国家被侵略时,墨家总是自愿地、自觉地前往,或制止战争于未始,或帮助防守于围困之中,没有人要求他

> 意越王将听吾言,用我道,则翟将往,量腹而食,度身而衣,自比于群臣,奚能以封为哉?抑越不听吾言,不用吾道,而吾往焉,则是我以义粜也。钧之粜,亦于中国耳,何必于越哉?——《墨子间诂》卷十三《鲁问》

> 盖生于鲁而仕宋,其平生足迹所及,则尝北至齐,西使卫,又屡游楚,前至郢,后客鲁阳,复欲适越而未果。——《墨子间诂·墨子后语上》

们必须这么做，没有国家邀请他们必须如此做，这就是墨家。这也是墨家令人肃然起敬之处。《墨子·公输》记载墨子出使楚国，用智慧与技术折服公输班和楚王，使其最终放弃侵略宋国的意图，就是墨家"非攻"成功的一个典范。这篇文章在诸多中学语文课本中都有选录。

颇有意思的是，墨子在楚国制止侵宋战争于未始之后，在回国途中，路经宋国，正巧天下大雨，墨子想到城门里去避避雨，守城门的人却没有接纳他。这也说明，制止楚国侵略宋国的活动，宋国人是不知道的，这是墨子自愿、自觉的行为，他当然不会以此邀取名声，博取利禄富贵。此篇的最后，引用了前人的一句话说："运用神机的人，众人不知道他的功劳；而在明处争辩不休的人，众人却都知道他。"这实际上是将墨家与其他诸子进行比较，墨家的确是不务虚名的。

四则甘心奉献。

墨子及墨家学派的敢于担当，根本就不是为了回报，不是有利可图，而是一种甘心奉献的精神。要真正埋下头来，就不能没有奉献精神。孟子评价墨子时说过："墨子兼爱，摩顶放踵利天下，为之。"意思是说，墨子主张兼爱，哪怕从头顶到脚跟都磨伤了，只要是对天下有利，他就乐意去做。这是什么精神？

> 子墨子归，过宋。天雨，庇其闾中，守闾者不内也。故曰：'治于神者，众人不知其功；争于明者，众人知之。'——《墨子间诂》卷十三《公输》

> 焦循《孟子正义》卷二十七《尽心上》，中华书局2017年版。以下所引《孟子正义》均出此本，不再一一注明版本。

这是一种不辞劳苦的精神，这是一种舍己为人的精神，这是一种甘心奉献的精神。墨子是"利他主义"的坚持者、践行者，为了他人的利益，可以牺牲个人的利益，即使是自己不喜欢干的事情，只要是对他人有利，也要去做。

五则勇于献身。

墨家是一个有严密组织的团体，成员众多，大多来自社会底层，代表的是社会的底层与弱者的立场，但是有着严明的组织纪律。文献记载，墨子之门多勇士，他们都能赴汤蹈火，面临死亡，勇往直前，无所畏惧。

六则自找苦吃。

埋头是一种品格，是一种境界，是一种精神。为了实现崇高的理想，要抵御诱惑，甘心奉献，勇于担当，哪怕是献出生命。埋头才能苦干，对墨子与墨家学派而言，他们不仅不怕吃苦，而且自找苦吃，以苦为乐。

《庄子·天下》中评价墨者说："墨者穿着粗布衣服，脚穿草鞋，日夜不息，以吃苦耐劳为准则，不这样做，就不足以称墨者。"墨家主张节用，对衣食住行均求节俭，有饭吃，有衣穿，就足够了。墨子是这方面的典范，"独自苦而为义"，为了理想，为了正义的事业，甘愿吃苦。

墨子之所以被称为墨子，有多种说法，有人认为

任，为身之所恶，以成人之所急。——《墨子间诂》卷十《经说上》

皆可使赴火蹈刃，死不还踵。——何宁《淮南子集释》卷二十《泰族训》。以下所引《淮南子集释》均出此本，不再一一注明版本

多以裘褐为衣，以跂蹻为服，日夜不休，以自苦为极，曰：'不能如此，非禹之道也，不足谓墨。'"——郭庆藩《庄子集释》卷十下《天下》，中华书局2016年版。以下所引《庄子集释》均出此本，不再一一注明版本

《墨子间诂》卷十二《贵义》

是因为墨翟遭受过墨刑，有人认为是因为墨子长年累月在外奔波，风吹日晒，面目黧(lí)黑。我个人更倾向于后一种说法，这与墨者的自找苦吃是有联系的。汉语中有个成语"墨突不黔(qián)"，说的就是墨子。因为墨子东奔西走，每到一个地方，烟囱尚未熏黑，又到别的地方去了。墨家在先秦成为显学，绝不是凭空吹出来的，而是一步步脚踏实地走出来的，是埋头苦干干出来的。

只要认准了的事情，就一心一意，专心致志，不务空名，不怕艰苦，脚踏实地，尽力工作。这就是墨子的埋头苦干。蜗牛爬行虽然缓慢，但它专心致志，总有爬到葡萄架上的时候；水滴的力量微不足道，只要坚持，总有水滴石穿的时候。只要能够埋下头来，敢于苦干，就会一步步走向成功。只想出头，不想埋头，不愿苦干，就永远不会出头。愚公移山的故事，众所周知，愚公之埋头苦干，竟然让神灵畏惧，也让天帝为之感动，当然这仅是寓言故事。虽然是寓言故事，其实，从古至今，又何尝缺乏这样的人呢？

陈景润默默无闻数十年，在六平方米的狭小屋子里，就借着一盏昏暗的煤油灯，伏在床板上，用一支笔和几麻袋草稿纸，在攻克世界著名数学难题"哥德巴赫猜想"中取得重大突破，靠的是什么？靠的是埋头苦干。钱学森等一大批科学家，在中国当时艰苦卓绝的环境中，以一颗爱国之心，为祖国搞出了"两弹一星"，让世界惊叹，让世界对中国刮目相看，靠的是什么？还是埋头苦干。如果觉得这些人离我们太遥远了，那不妨看看我们身边的人，凡是成绩突出者，凡是业务精湛者，凡是有一技之长者，哪一个不是通过埋头苦干而取得的呢？

他们都是中国的脊梁。

二、拼命硬干的人

鲁迅先生所说的"拼命硬干",当然不是说拼了老命、豁出性命地蛮干、胡干,而是指竭尽全力地去努力完成一件事。我认为至少包含两层意思:

第一,勇往直前。

此层意思主要着眼于做事时的干劲,此"硬"为坚强、强劲之意。此类人,我们可称之为工作上的"拼命三郎",为了工作,为了事业,有韧劲,有耐心,竭尽全力做好事情。

历史上治水的大禹,便是一个"拼命三郎"。在人类早期,发生了一场罕见且破坏力极强的水灾,洪水滔天,浩浩荡荡,走向了高山,漫上了丘陵,人的生命随时面临着死亡之神的召唤,在洪水的肆虐声中,伴随着无尽的哀叹与祈求之声。这时,大禹出现了。大禹是一个"官二代",他的爹爹名鲧(gǔn),尧帝曾将崇地(今河南登封附近)赐给鲧,并封其为伯爵。但是,大禹不是一个不学无术、吊儿郎当的"官二代",他继承他爹的治水事业,以正确的方法、勤奋的努力,不仅为自己的家族挽回了尊严与地位,而且还解救了天下苍生。

治水是一项大工程,大禹制定的疏导治水的大方针,无疑优于鲧的堵塞治水的办法,但是,仅仅有

> 当帝尧之时,鸿水滔天,浩浩怀山襄陵,下民其忧。——《史记》卷二《夏本纪》

正确的指导方针，没有切切实实的执行力也只能是痴人说梦，只能是看着天空美丽的月亮而空发感慨而已。显然，大禹不仅是思想上的巨人，亦是行动上的巨人，他因为鲧治水不果而被杀之事特别哀伤，他的爹爹一度被恶语中伤，死后仍然恶名在身，人们都认为诛杀鲧为应当之事。作为儿子的大禹，决心要为爹爹正名，要用自己的力量完成爹爹未竟的事业，消灭洪水，还天下苍生一个平静的生活。

正是在此信念的支撑下，大禹以一股异乎常人的干劲与气势向洪水挑战，他在与妻子涂山氏结婚四天之后便离开了家门治水，一去便是多年，多次路过家门而不入。《孟子》言："禹八年于外，三过其门而不入。"《史记·夏本纪》则言："居外十三年，过家门不敢入。"即便是儿子启出生，他也是过家门而不入，即便是听到儿子的哭声，也不曾去看上一眼，也不曾去安抚一下自己的骨肉，没有因此而耽搁治水。大禹不顾妻儿，过家门而不入，这不是他绝情、无情，而是治水紧急，他不敢因私情而耽误公事。在治水与归家之间，大禹非常坚定地选择了前者，而且一选就是十余年，这便是信念支撑的力量。

> 行视鲧之治水无状，乃殛鲧于羽山以死。天下皆以舜之诛为是。——《史记》卷二《夏本纪》

> 禹伤先人父鲧功之不成受诛，乃劳身焦思。——《史记》卷二《夏本纪》

> 《孟子正义》卷十一《滕文公上》

> 予创若时，娶于涂山，辛、壬、癸、甲。启呱呱而泣，予弗子，惟荒度土功。——《尚书正义》卷五《益稷》，北京大学出版社1999年版

十余年间，大禹的生活过得异常艰苦，他的足迹踏遍四境九州，走遍高山大川，勘定山岳，"名山三百，支川三千，小者无数"，他开山凿渠，不畏艰难，亲自动手，拿着橐耜(tuó sì)，光着脚丫在泥水中行进，挖泥抬土，疾雨为他洗澡，狂风吹乱了他的头发。就是在这样的环境中，大禹一点一点地疏通洪水，日夜不息地与洪水斗争，以致小腿都走瘦了，大腿上的毛都被磨没了，还得了偏枯之病，走路时左腿不能迈过右腿。有感于大禹一往无前的干劲，中国的语言中多了"禹步"一词，中国的成语多了"栉(zhì)风沐雨"一词，以此赞赏大禹不顾风雨的辛苦奔波。

大禹治理洪水，心中憋着一股劲，一股足以气吞山河的劲头，一股足以让洪水生畏的劲头。正是靠着这股硬劲，大禹一往无前，终于将洪水控制住，并且让洪水进入沟渠，为民所用。

与大禹硬斗洪水的精神相同的，还有中国石油工人王进喜。硬汉王进喜，有一个闻名遐迩(xiá ěr)的称号——"铁人"。有此称号，乃因他身上迸发出来的硬气。在石油大会战中，他那不顾腿伤跳进泥浆池，用身体搅拌泥浆压制井喷的画面，感动了一代中国人。无论是拼命三郎大禹，还是硬汉王进喜，精神上的坚韧、行动上的坚持是他们共有的特征，坚韧、坚持铸就硬气，硬气铸就功业。

> 郭庆藩《庄子集释》卷十下《天下》

> 禹亲自操橐耜而九杂天下之川；腓无胈，胫无毛，沐甚雨，栉疾风，置万国。——郭庆藩《庄子集释》卷十下《天下》

> 古时龙门未辟，吕梁未凿，禹于是疏河决江，十年未窥其家，生偏枯之疾，步不相过，人曰禹步。——《太平御览》卷八十二《皇王部七》引《尸子》佚文，中华书局1960年版

第二，知其不可而为之。

此层意思主要着眼于精神层面的坚守。此"硬"更接近于硬着头皮之意，多是在复杂险恶的环境下出现的。

世间之事，其成功要天时、地利、人和等各种条件俱备，故有时即便人再努力，也有完成不了的事情，这是一种遗憾，也是一种无奈。但是，遗憾归遗憾，无奈归无奈，总有那么一种人，即使知道面对的是"无言的结局"，面对的是必败的命运，他们也不会改变初衷，改弦更张，而是带着清醒的认识与撞南墙的决心继续前行。

此种人的典型是孔子。他在那个乱纷纷的时代所做的事情，清晰地诠释了什么是无怨无悔地撞南墙，他为他的同道们赢得了一句广告词——知其不可而为之。此广告一出，便取得了轰动效应，人们一听到"知其不可而为之"，便会条件反射一般地想起孔子。

"知其不可而为之"，见于《论语》：

> 子路宿于石门。晨门曰："奚自？"子路曰："自孔氏。"曰："是知其不可而为之者与？"

石门，是鲁国的外城门。子路有一次在石门那里住了一夜。早晨看守城门的人问他从哪里来，子路回答说自己从孔子那里来。看门人一听孔子，自然晓得，鲁国大名鼎鼎的人物，鲁国的看门人岂能不知？这本属正常，但这个看门人可不是一般的看门人，他其实是一位"中隐隐于市"的隐士，他对于世间情势看得很透，对于孔子的行为也有自己独到的评价，他认为在那个礼崩乐坏的时代，孔子却还想恢复周礼，恢复周初的政治秩序，这一行为是不可能实现的，而孔子其实也知道自己的努力不可能实现，但他还是为了达成理想的化境而努力着、奋斗着，所以是一个明知做不到还坚持去做的人。虽然，在看门人眼中，孔子的行为不可取，他对孔子"知其不可而为之"的评价亦带有某种程度上的讥讽意味，但是，却可谓一语中的。孔子，就是这样的一个人。

孔子在鲁国不能实现自己的政治理想，为此，他在外游历十四年，希望在其他诸侯，甚至是大臣那里，找到施展政治才能的舞台，希望能像周文王一样，从一小块根据地做起，实现自己恢复周礼的愿望。这是孔子为实现梦想所做的努力，但更多的是一种责任与担当。孔子所处的时代，"天下之无道也久矣"，旧秩序遭到了极大的破坏，新秩序还没有建立起来，在这样的情况下，孔子主动承担起了重建秩序的责任。他以文王的接班人自居，认为周代的文化都体现在他身上。正是这种使命感与责任感，让他在行进路上一往直前，

孔子曰："文王既没，文不在兹乎？"——《史记》卷四十七《孔子世家》

程树德《论语集释》卷六《八佾下》

即便是"累累若丧家之狗"也无怨无悔。

与孔子的选择相反的是以石门看门人为代表的隐士,他们深知当时是无德之世,天下像滔滔洪水一般纷乱,没有人可以改变它,所以他们普遍采取了"不为"的态度。有人甚至还好心地提醒孔子,希望孔子能够停下脚步,走向山林,隐居避世。

其实,"为"与"不为"都是个人的选择,他人不可妄加批评。不为有不为的理由,为有为的坚持。只不过,为与不为,其境界是不同的,正如张岱《四书遇》所言:"不知不可为而为之,愚人也;知其不可为而不为,贤人也;知其不可为而为之,圣人也。"在很多时候,"为"比"不为"要难很多,而且在需要有人承担责任的时候,人们更加希望的是"为"。为此,人们对孔子这种"知其不可而为之"的精神高度赞赏,宋代的范祖禹说:"夫可不可在天,而为不为在己。圣人畏天命,故修其在己者以听之天,未尝遗天下。圣人亦不敢忘天下。虽知其不可,得不为哉?"知命而不认命,这是拼命硬干的深层次内涵,其意志品格,令人叹服。

"知其不可而为之"的精神,经由孔子的演绎而成为一种文化品格。事实上,在孔子之前，我们的先民已经展现出了此种不屈不挠、执着拼搏的品性。上古神话中的"夸父逐日""精卫填海"无一不是明证。

夸父逐日，起因在于当时天下大旱，河流干枯，庄稼晒死，人们被太阳晒得气息奄奄，极为痛苦。夸父也不舒服，看到周围人的状况，他更加不舒服，所以他立誓要去捉太阳，消除旱情。但是，捉太阳，在很多人眼中是不自量力的举动：一来太阳与地面的距离太过遥远；二来太阳如同一个火球，离它越近越觉炎热；三来太阳行进速度太快，所以，很多人劝阻夸父不要做这种不自量力的事情，否则，他不是被累死，就是被烤死。他人的劝阻，在夸父看来很有道理，但是他亦有自己的道理，不去做，怎么能知道是不自量力呢？即便是不自量力，向太阳发出挑战，也是必然之举，要不怎么能让太阳知难而退呢？就这样，夸父出发了。

夸父从太阳升起的东方出发，自东向西，如同参加田径竞技一般，与太阳争夺冠军。功夫不负有心人，夸父与太阳的距离越来越近了。夸父心中高兴，然而夸父的身体不高兴了，他的身体已经严重缺水，夸父只好到黄河、渭水去补水，一下子竟然将黄河、渭水喝干了，而他的干渴并没有缓解，夸父又想到北方的大泽中去喝水，结果在途中渴死了。

夸父与日逐走，入日。渴欲得饮，饮于河渭；河渭不足，北饮大泽。未至，道渴而死。
——袁珂《山海经校注·海外北经》，上海古籍出版社1980年版。以下所引《山海经校注》均出此本，不再一一注明版本夸父明知向太阳挑战不是易事,即使付出性命也不大可能成功,但他还是毅然决然地走向了"不自量力"的挑战赛。虽然最后他失败了,但是人们却从最初的怀疑、劝阻,转而为其加油,为其喝彩,因为夸父的执着感动了他们,夸父在他们眼中已然是一位大英雄。所以,在夸父逐日的神话结尾,人们将他的手杖化为了桃林,只要桃林在,夸父就在,夸父精神就在。

弃其杖,化为邓林。——袁珂《山海经校注·海外北经》

精卫,本是炎帝的小女儿,名叫女娃。有一次女娃到东海去游玩,结果溺水而亡。死后的女娃,心有不甘,化为精卫鸟,每天从西山衔来草木、石头,整日往来于东海之上,立志把东海填平。但是,一只小鸟,从西山衔木石于东海,力量极为有限,尤其在浩瀚无垠的大海面前,是何等渺小!精卫日夜不息,终其一生也不能填平东海的一小块区域,所以在东海看来,精卫成了笑话,一笑过后,便不再提及,因为它不足为惧。

然而,不足为惧的精卫,在与大海的对比中,却生发出激荡人心的力量,动人心魄,其类似于"蚍蜉 (pí fú) 撼大树"的行为,诠释着百折不挠、坚忍不拔的力量。东晋的陶渊明就写过一首诗,歌颂精卫的不屈与顽强:

又北二百里,曰发鸠之山,其上多柘木。有鸟焉,其状如乌,文首,白喙,赤足,名曰精卫,其鸣自詨。是炎帝之少女名曰女娃,女娃游于东海,溺而不返,故为精卫,常衔西山之木石,以堙于东海。——袁珂《山海经校注·北山经》

精卫衔微木,将以填沧海。

刑天舞干戚,猛志固常在。

同物既无虑,化去不复悔。

徒设在昔心,良辰讵可待。

> 袁行霈《陶渊明集笺注》卷四《读山海经》,中华书局2022年版

有一种人,知道自己要做的事是可以成功的,便持之以恒,坚持下去,最终克服各种困难,得偿所愿,这是成功的人。有一种人,知道自己要做的事是不可能实现的,便改弦更张,不再坚持,终于没有碰壁,这是明智的人。还有一种人,明知自己要做的事是不可能实现的,但他还是不改初衷,继续向前,这是有历史使命感的人。显然,拼命三郎式的硬汉是第一种人,知其不可而为之的硬干之人,则属于最后一种,虽然命运不同,结局不同,但其精神内涵是一致的,那便是坚持不懈的干劲与百折不挠的韧劲。正是这种坚持与努力,让我们的民族在面临一次次挫折、面对一次次困难的时候,不惧不怕,乘风破浪,终于拨云见日,一飞冲天。

他们就是中国的脊梁。

三、为民请命的人

为民请命,这个成语出自《史记·淮阴侯列传》。

汉高祖四年（前203），韩信平定齐地，刘邦封其为齐王。在项王与汉王的斗争中，韩信的作用愈益突出，成为决定双方谁胜谁负的关键因素。当时，一些说客代表不同的立场，纷纷游说韩信。其中，齐国人蒯（kuǎi）通以相人之术前往游说，说韩信虽居臣子之位，却有震主之功，这是很危险的。蒯通如此说："您要是听从我的计谋，不如让楚、汉双方皆不受损，同时并存，您和他们三分天下，鼎足而立，此种局面一旦确立，就没有谁敢轻举妄动。凭借您的贤能圣德，拥有众多的人马装备，占据强大的齐国，迫使燕、赵屈从，出兵到刘、项两军的空虚地带，牵制他们的后方，顺应百姓的心愿，向西去制止刘、项分争，为百姓请求保全性命，那么，天下就会迅速地群起而响应，有谁敢不听从！而后，割取大国的疆土，削弱强国的威势，用以分封诸侯。诸侯恢复之后，天下就会感恩戴德，归服听命于齐。稳守齐国固有的疆土，据有胶河、泗水流域，用恩德感召诸侯，恭谨谦让，那么天下的君王就会相继前来朝拜齐国。"当然，对于蒯通的游说，韩信虽然心存犹豫，但因为感念刘邦的知遇之情，最终并没有按照蒯通的设想去做。

蒯通说的"西乡为百姓请命"，就是"为民请命"的最初的语源。因为齐国在东方，所以制止项王与汉王的争斗时称西乡，楚汉之争平息，则士卒、百姓

诚能听臣之计，莫若两利而俱存之，三分天下，鼎足而居，其势莫敢先动。夫以足下之贤圣，有甲兵之众，据强齐，从燕、赵，出空虚之地而制其后，因民之欲，西乡为百姓请命，则天下风走而响应矣，孰敢不听！——《史记》卷九十二《淮阴侯列传》

因此免于死亡，这就是请命的意思。因此，为民请命最初就是指替百姓请求保全性命的意思。后来，这个词语的内涵有所扩大，凡是代表百姓向当权者陈述困难、提出请求，替百姓说话，都可以称之为为民请命。

为民请命，实则是民本思想的最突出展现。所谓民本，即以民为本，因为在古代社会，君主专制，官员高高在上，君本位、官本位是政治、社会常态，所以，提倡以民为本，就尤为可贵。在这一思想体系中，孟子是比较激进的一位。他说过这样的话："百姓是最重要的，社稷(jì)次于百姓，君主的地位是最轻的。"尽管中国历史上民本思想产生很早，但孟子之前，能够表述得如此直接、如此激烈的肯定没有，即使在孟子之后，像孟子这样的表述后人也不大敢说。这种重民、贵民的思想，是孟子学说的基础，为此，他构画了一幅治世的蓝图，大意是说：五亩田的宅地，房前屋后，多种些桑树，五十岁以上的人就可以穿上丝棉袄了。各种家畜、家禽，不要错过它们的繁殖季节，七十岁以上的人就有肉吃了。一百亩的田地，不要占夺百姓的农时，几口人的家庭就不会饿肚子了。做到这样却不能统一天下的，是绝不会有的。由此可见，在孟子的社会治理蓝图中，无不从百姓出发，替百姓着想，呼吁统治者减少对百姓的盘剥。毫无疑问，孟子是为民请命的人。

> 民为贵，社稷次之，君为轻。——《孟子正义》卷二十八《尽心下》

为民请命，就是要关注民生。凡是能把发展民生作为要务的官员，就是为民请命的人，就是中国的脊梁。汉代的渤海太守龚遂就是这样的一位官吏。

龚遂是汉宣帝时候的人。当时的渤海郡连年饥荒，盗贼并起，郡守毫无办法。丞相、御史等人向汉宣帝推荐龚遂，说龚遂能够把这个地方治理好，汉宣帝于是任命龚遂为渤海太守，并亲自接见他。龚遂个子不高，而且当时已经七十多岁了，汉宣帝见之，与他人口中所说的形象不大相符，就有些看不起他。汉宣帝问龚遂："渤海郡现在动荡不安，我很担心。你有什么办法平定那里的盗贼吗？"龚遂回答说："渤海郡动荡，那是因为海滨遥远，没有蒙受圣上的教化，那里的百姓为饥寒所迫，当地官吏又不知道体恤。那里的百姓被迫武装起事，这就好像小孩子盗窃兵器，在池畔玩耍一样，并非有意作乱，所以不能用武力征服，而应该德化安抚。"汉宣帝答应了龚遂的请求。

龚遂到达渤海地界，郡中官吏听闻新太守上任，派兵迎接，因为当时那里还很不稳定。不过，龚遂把护迎他的人全部打发回去，并移送文书到所属各县，要求彻底遣散追捕盗贼的官吏，说所有手持锄镰等农具的人都是善良的百姓，官吏不得过问，而手持兵器的人就是盗贼。龚遂单车一人到达郡府，郡中盗

宣帝即位，久之，渤海左右郡岁饥，盗贼并起，二千石不能禽制。上选能治者，丞相、御史举遂可用，上以为渤海太守。时遂年七十余，召见，形貌短小，宣帝望见，不副所闻，心内轻焉。谓遂曰："渤海废乱，朕甚忧之。君欲何以息其盗贼，以称朕意？"遂对曰："海濒遐远，不沾圣化。其民困于饥寒而吏不恤，故使陛下赤子盗弄陛下之兵于潢池中耳。今欲使臣胜之邪，将安之也？"上闻遂对，甚说。——《汉书》卷八十九《循吏列传》，中华书局1962年版。以下所引《汉书》均出此本，不再一一注明版本

贼马上解散，完全平息。于是龚遂开仓放粮，济救百姓，调整官吏，选拔有德行的官吏，安抚管理百姓。

在担任渤海太守期间，龚遂发现当地民风喜欢奢侈，好工商业，不乐农事，于是龚遂亲作表率，躬行节俭，并鼓励百姓致力农桑，规定每一个人都要种植一棵榆树、一百棵薤、五十棵葱、一畦韭菜，每一家要喂养两头母猪、五只鸡。百姓携带刀剑者，让他们卖掉刀剑，用来买牛。春夏两季劝百姓到田野耕作，到了秋冬就督促他们收割，还让家家户户多储果实、菱角、芡实之类。由于龚遂的巡视劝勉，郡中都有积蓄，吏民富足，诉讼案件也销声匿迹。

《汉书》卷八十九《循吏传》

龚遂心中装着百姓，胸怀爱民之心，故能够为民请命，对于地方的叛乱，反对使用暴力镇压，主张教化，并积极赈济灾民、选拔良吏、劝课农桑，所以治理升平，他能够进入《汉书·循吏传》，不是没有原因的。

为民请命，就是要顺应民心。《管子》中说："政令之所以能够推行，在于顺应民心；政令之所以被废除，在于违背民心。人民厌恶忧劳，我就使他们安逸；人民厌恶贫贱，我就使他们富贵；人民厌恶危难，我就使他们安定；人民厌恶绝后，我就使他们生育繁衍。"当然，要做到这一点，就必须首先了解百姓心里在想什么，不调查，不研究，不走访，天天坐

政之所兴，在顺民心；政之所废，在逆民心。民恶忧劳，我佚乐之；民恶贫贱，我富贵之；民恶危坠，我存安之；民恶灭绝，我生育之。——黎翔凤《管子校注》卷一《牧民》，中华书局2004年版

在办公室里,那是实现不了的,更不用说要为民请命了。

为民请命,就是要体恤民情。《国语》记载,楚国的令尹子文曾经三次辞去令尹的职务,家里却没有一天的储粮,这是体恤百姓的缘故。楚成王听说子文吃了早饭就没有晚饭吃,因此每逢朝见时就预备一束干肉、一筐干粮,用来赏赐子文,竟因此成为国君对待令尹的常例。楚成王每次增加子文的俸禄时,子文一定辞官逃避,等到成王不再这样做时,他才回来任职。有人对此不理解,问道:"别人一生都在追求富贵,您却总是要逃避,这是为什么呢?"子文说:"从政者是要保护百姓的。百姓还很贫困,我却图取富贵,这是使百姓劳苦让自己富足,这样的话,就离死不远了。我是在逃避死亡,不是在逃避富贵。"令尹子文先恤民而后己,后来若敖氏家族都被灭了,只有子文的后代存了下来,世为良臣。作为执政者,时刻想到百姓,先民后己,甚至舍身为民,北宋时期的窦卞就是这样的一个典型。

窦卞在出任深州知州的时候,黄河在滹沱(hū tuó)河处决口,水漫郡城,并发生了地震。流民从恩州、冀州逃来,接踵而至,窦卞果断发放常平仓的粮食,赈济灾民。常平仓是国家备荒以急民需的粮仓,是不能轻易开启的,开仓放粮必须向朝廷请示才行。所以

> 民多旷者,而我取富焉,是勤民以自封也,死无日矣。——徐元诰《国语集解·楚语下》,中华书局2002年版

身边的官吏赶紧告知窦卞说，擅自发放常平仓的粮食会被治罪的。窦卞哪能不知道这个规定，不过他说："等到请示得到批复之时，百姓早都饿死了。我宁愿用自身性命换得数万百姓的性命。"

清代乾隆年间，郑板桥在潍县知县任上，也做过类似的事情。当时遇到荒年，甚至出现了人吃人的惨事。郑板桥来不及上报就下令开仓赈济。有人劝阻，他说："这都什么时候了？等着辗转上报并批复下来，百姓早就饿死了。如果上司追责，责任我一个人承担。"于是开仓出谷，让百姓凭券借用，等到丰年再归还，就这样拯救了一万多人。当年秋天，粮食歉收，郑板桥将自己的养廉银全部捐出，替百姓垫付税款。离任的时候，他又将百姓写的借据全部烧毁。潍县百姓感恩戴德，为他立生祠供奉。

为民请命，就是要为民除害，为民申冤，替百姓解忧，替百姓说话。战国时期魏国的邺令西门豹治邺的故事，曾多次选入中小学的语文课本，因此家喻户晓。邺地的官绅和巫婆狼狈为奸，巧取豪夺，愚弄百姓。西门豹上任之后，通过调查，搞清了官绅、巫婆迫害百姓的事实，巧设计谋，破除迷信，惩治了地方恶霸，为百姓除去一害，并大力兴修水利，让邺地重获繁荣。

明朝时，夔州人青文胜在龙阳县做县令的属官。

俟请而得报，民死矣。吾宁以一身活数万人。——《宋史》卷三百三十《窦卞传》，中华书局1985年版，以下所引《宋史》均出此本，不再一一注明版本

《中国地方志集成·江苏府县志辑·重修兴化县志》卷八《仕迹》，江苏古籍出版社1991年版

《史记》卷一百二十六《滑稽列传》

龙阳毗邻洞庭湖，连年水灾，拖欠赋税几十万。百姓不堪重负，在死亡线上挣扎。郡县长官不但不加体恤，反而加剧勒索。百姓无以纳税，有的逃亡他乡，老弱病残活活饿死，有的被关进大狱，受鞭挞刑罚而死的人接连不断。青文胜痛心疾首，情绪激昂，冒着越级呈诉的罪名，亲自进京到宫门之外向洪武皇帝呈献奏章，为百姓请命，再三上书，皇帝却没有任何答复。青文胜仰天长叹："我还有什么脸面回去见乡亲父老啊！"又一次准备好奏章，击登闻鼓，并在鼓下上吊自尽。洪武皇帝知道后非常吃惊，同情他为百姓请命而牺牲自己，下令免除了龙阳赋税。青文胜家贫，他死后，妻子和孩子因为贫困不能返乡，乡里人感念他，决定用百亩公田奉养其妻子和孩子。

《明史》卷一百四十《青文胜传》，中华书局1974年版

重民、贵民、安民、恤民、爱民，都是为民请命的体现。百姓的艰难困苦，人人皆知，但并不是所有的官吏都能够为民请命，因为这需要勇气，要不惧权贵，有献身精神，要"敢"字当先。唐代的魏徵敢于犯颜直谏；宋代的包拯不惧权贵，敢于为百姓鸣不平，人称"包青天"；明代的海瑞不畏强暴，敢于让宰相归还强占的百姓田地。

宋初有个大臣叫姚坦，性格木讷、正直、固执。有一次宋太宗的第五子赵元杰造了一座假山，花费

无数，落成之后，召集宾客畅饮，一起欣赏假山。姚坦独自低头，看也不看，赵元杰强迫他观看，他说："我只看到一座血山，哪里有假山啊！"赵元杰惊问其故，姚坦说："我在乡下看到州县催租，抓人家的父子兄弟，送县里用鞭子抽打，遍体流血。这假山都是用百姓缴纳的租税建成的，不是血山又是什么？"当时，宋太宗也在造假山，听到这件事情后，立即把假山毁了。

《宋史》卷二百七十七《姚坦传》

清代有个叫王仁福的官员，敢于担当。同治五年(1866)，他在河南省做官。当时，黄河改道，水灾连连，朝廷连年发动征战，没有多余的钱财修河筑堤，王仁福到任之后，尽力修守。同治六年(1867)秋，汛期河水暴涨，王仁福奔走于风雨泥泞之中，抢修堤坝七天七夜，材料用尽，大堤岌岌可危。百姓像蚂蚁一样挤在河堤之上，王仁福痛哭流涕，说："我为河官，挤汝等于死，我之罪也，当身先之！"他慨然走向坝顶，风浪卷堤，没入水中，竟然风止浪定，堤坝得保。

《清史稿》卷四百七十九《循吏四》，中华书局1977年版

清代著名学者万斯大说："利民之事，丝发必兴；厉民之事，毫末必去。"意思是说，只要是对百姓有利的事情，再小的事情也要去做；残害百姓的事，再小也要废掉。如果真正做到了这一点，可真无愧于被称为中国脊梁了。

万斯大《周官辨非·天官》，乾隆二十四年重刻本

四、舍身求法的人

舍身求法，本是佛教用语，指的是佛教教徒不惜牺牲自身，寻求佛法。佛教典籍中多次记载佛祖舍身求法之事，兹以《贤愚经》所录佛祖释迦牟尼舍身求法之事略加叙述。

《贤愚经·梵天请法六事品》言，释迦牟尼刚开始得到佛法，用佛法去普度众生的时候，见众生沉迷于邪道，不辨真假，追求享乐，醉生梦死，缺少慧根，很难教化，所谓的普度众生，实在太难，如此一来，他再在世间亦徒劳无功，于事无补，所以，思索一番之后，释迦牟尼决定走向绝对的寂静，涅槃离去。

梵天王得知释迦牟尼的想法之后，前往其修身之所，劝说释迦牟尼要一如既往地普度众生，对佛法要充满信心。为了让自己的劝说之词有理有据，梵天王援引了释迦牟尼过去遭受无数劫难时舍身求法的六个事例。这六例都是佛祖释迦牟尼几世轮回以身求法，为普度众生舍弃自己利益乃至生命之事。佛祖如此胸襟，如此情怀，确非一般人能做到的。

凡人的生命，在史书记载中，没有几世轮回，只有今生行事，然而透过史书的文字，我们亦发现了一些为了"法"而果断舍弃自己利益乃至生命的事情，只不过此"法"非佛法，而是法律。

> 念诸众生，迷纲邪倒，难可教化，若我住世，于事无益，不如迁逝无余涅槃。——《白话佛经——百喻经、贤愚经白话读本》，安徽人民出版社1992年版

第一，李离为法自刎。

李离是春秋时期晋文公的大法官。有一次，他在审理案件的时候，错误地听从下属的话语而错判了案件，错杀了人。后来，李离发现了自己的失误，便将自己拘禁起来，并判以死罪。晋文公得知此事之后，对李离说："官员官职有高低，刑罚相应地也有轻重之别。在这件事情上，是你的下属有过错，过错不在你身上。"李离却说："我的职位要比下属高，我并不曾将官职让给他们；我得到的俸禄要比下属多，我也没将自己的俸禄分给他们。现在我因为失误错杀了人，而将罪过放到下属身上，我没有听说过这种道理。"坚决不接受晋文公为其开脱的好意。

晋文公对于李离的性格也有所了解，知道他的坚持，但是李离在任期间，秉公断案，国内秩序井然，是一名称职的好官，是晋文公的得力助手，晋文公不愿意这么重要的臂膀就此离去，所以，他又以国君的威势来压李离："你认定自己有罪，你是我的下属，你是我任命的，如此说来，我岂不是也有罪了？"李离知道晋文公的意思，知道这是晋文公给自己的又一次机会，只要抓住，自己就什么罪责也无须担了，但李离如果接受了，他就不是李离了，他也就不会如此大费周章地拘禁自己。李离有自己的坚守，那便是他日夜熟习的法律。根据法律规定，法官审

> 文公曰：『官有贵贱，罚有轻重。下吏有过，非子之罪也。』李离曰：『臣居官为长，不与吏让位；受禄为多，不与下分利。今过听杀人，傅其罪下吏，非所闻也。』辞不受令。——《史记》卷一百一十九《循吏列传》

案,错判刑就要亲自受刑,错杀人就要以死抵命。他认为晋文公是因为他能够听微决疑才让自己当法官,这是对他的信任,如果他再徇私枉法,不仅有愧于晋文公的信任,更有辱法律之尊严。就这样,李离带着这样的坚守,从容地伏剑自刎而死。

在李离看来,国法大于天,有法必须依从,违法必须追究,这在他心中是天大的事情,任何人任何时候都不能以任何理由伤害国法的天威,如果有,请从他自己开始下手。一个在法官位置上坐了很久的人,自己审判了自己的罪行,自己判决了自己的死刑,自己执行了自己的死刑,其他人还有什么理由去亵渎国法的权威呢?所以,李离之后,晋国的法律秩序得以清正。

第二,腹䵍杀子护法。

战国时期,墨家首领腹䵍(tūn)在秦国住着,他的儿子杀了人。按照法律,杀人必须偿命。此时秦国的国君是秦惠王,秦惠王认为腹䵍年事已高,只有这么一个儿子,况且腹䵍为墨家的首领,势力也不容小觑,故秦惠王法外开恩,下令相关部门不要处死腹䵍之子。秦惠王将此决定告诉腹䵍之后,腹䵍断然拒绝了秦

> 文公曰:"子则自以为有罪,寡人亦有罪邪?"李离曰:"理有法,失刑则刑,失死则死。公以臣能听微决疑,故使为理。今过听杀人,罪当死。"遂不受令,伏剑而死。——《史记》卷一百一十九《循吏列传》

> 李离过杀而伏剑,晋文以正国法。——《史记》卷一百一十九《循吏列传》

> 李离伏剑,为法而然。——《史记》卷一百一十九《循吏列传》索隐述赞

惠王的好意，他说墨家有墨家的规定，杀人偿命，伤人受刑，以此严禁杀人伤人之事，这也是天下的大理。即便秦惠王法外开恩，赦免其子，腹䵍也不会徇私枉法，最后，腹䵍的儿子被处死了。

腹䵍只有这么一个儿子，自然对其疼爱有加，但是在私情与公法面前，腹䵍坚定地选择了公法。在送儿子赴死之前，年老的腹䵍心中定然如同大江翻腾一般难受，老年丧子的悲痛，他将要慢慢地体会。其实，他有机会保住儿子的性命，却主动地放弃了这一珍贵的机会，或许在别人看来，这是不知好歹，这是不通人情，但在腹䵍看来，这是必然之举，是在维护天下之公理。腹䵍的儿子有罪，杀人偿命这是罪有应得，而腹䵍能够大义灭亲，维护法之公正，这与释迦牟尼的舍妻子以求法又有何异呢？

第三，商鞅为法遭报复而死。

商鞅是秦国的大功臣，秦孝公任用商鞅施行变法，十年之间，秦国国富兵强，百姓欢欣鼓舞，家给人足，社会安定，人民勇于为国家建功，不敢私自争斗。商鞅变法之所以取得如此成效，很大一个原因在于法令严峻，执法严格，毫不手软，哪怕是得罪权贵高官，亦不例外。商鞅执法严格有两个典型事件：

一是太子犯法，治罪其师。

商鞅施行新法，最开始遭到了来自国家上层的

> 腹䵍对曰：「墨者之法曰：『杀人者死，伤人者刑。』此所以禁杀人伤人也。夫禁杀伤人者，天下之大义也。王虽为之赐，而令吏弗诛，腹䵍不可不行墨子之法。」不许惠王，而遂杀之。——陈奇猷《吕氏春秋新校释》卷一《去私》，上海古籍出版社2002年版。以下所引《吕氏春秋》均出此本，不再一一注明版本

反对，新法由此不能顺利实施。有一次，太子违犯了新法，商鞅执法不阿，决定要依法惩处太子，但太子是未来的国君，不可以施行刑罚，商鞅便处罚了太子的师傅公子虔，太子的另一个师傅公孙贾被处以墨刑。

二是太子师傅再犯罪，商鞅再治罪。

太子的师傅公子虔因为太子犯法，受到了惩罚，但是他对商鞅新法还是心有不满，不加遵从，不约束自己的行为。没过几年，公子虔自己违犯了新法，按照法规，商鞅对公子虔施以劓(yì)刑，割掉了公子虔的鼻子。

这两件事效果明显，商鞅由此树立了权威，上层贵族违法行为有所收敛，百姓对新法也严格遵守，秦国越来越富强，天子、诸侯对其另眼相看，纷纷前往祝贺。但是，此两件事亦为商鞅埋下了祸根。商鞅处罚太子的师傅，不仅太子师傅心存不满，就连太子也是异常愤懑，正所谓打狗还要看主人，商鞅此举大打了太子两个耳光，让太子脸上无光，心中生恨。秦孝公在世时，太子没有办法，但秦孝公去世之后，太子终于如愿以偿地戴上了国君之冠冕，史称秦惠王，他自然要有仇报仇了，况且还有那两个挨了打、受了刑的师傅在旁边煽风点火呢。没了鼻子的公子虔整日里诅咒商鞅，诬告商鞅谋反，秦惠王便顺水推舟派人

于是太子犯法。卫鞅曰：『法之不行，自上犯之。』将法太子。太子，君嗣也，不可施刑，刑其傅公子虔，黥其师公孙贾。——《史记》卷六十八《商君列传》

行之四年，公子虔复犯约，劓之。——《史记》卷六十八《商君列传》

追捕商鞅，最后将商鞅杀死，处以车裂之刑，商鞅全家也遭到诛杀。

商鞅执法之时，不是不知道得罪太子的后果，也不会不知道处罚太子师傅的后果，但他还是毅然决然地拿太子开刀，原因无他，新法高于自己的性命，只要新法推行，其他的都不重要。

商鞅最后死了，而且死无全尸，然而他逃亡途中客舍主人的态度，实际上便是对他最好的回报了。商鞅逃亡之时，欲在边境一个客舍休息，只因行色匆匆，没有携带自己的身份证件，客舍主人断然拒绝了他，因为商鞅新法有此规定，客舍对投宿之人的身份不加验证，就要被处以连坐之罪。虽然《史记》记载一心逃亡的商鞅自己感叹新法的弊端，有种咎由自取的感觉，但谁又能否认这亦是商鞅的胜利呢？他推行的新法，就连边关的一个小客舍的主人都能严格遵从，他的新法又有谁能废止呢？秦惠王可以将商鞅杀死，可以将商鞅车裂，但是他不会废除商鞅之法，因为他亲眼看到了商鞅新法带来的实惠。

> 秦发兵攻商君，杀之于郑黾池。秦惠王车裂商君以徇，曰：「莫如商鞅反者！」遂灭商君之家。
> ——《史记》卷六十八《商君列传》

> 商君喟然叹曰：「嗟乎，为法之敝一至此哉！」
> ——《史记》卷六十八《商君列传》

第四，谭嗣同为法情愿一死。

1898年9月28日，在中国历史上是一个沉痛的日子，这一天，谭嗣同等六位参与戊戌变法的才俊在北京被砍头，宣告了历时一百余天的政治改良运动的彻底失败。在戊戌六君子中，谭嗣同年龄不是最大的，死时仅33岁，但是要论思想之激进与深刻，谭嗣同则绝对是老大。

从慈禧逮捕维新人士的那一刻起，谭嗣同对改良运动的失败看得很透，亦对中国之现实看得更深，所以，在被捕之前谭嗣同多次拒绝了逃亡的建议，而是选择从容就义。梁启超为其撰写的《谭嗣同传》中记录了谭嗣同被捕之前的言行：

> 初七八九三日，君复与侠士谋救皇上，事卒不成，初十日遂被逮！被捕之前一日，日本志士数辈劝君东游，君不听。再四强之，君曰："各国变法，无不从流血而成，今日中国未闻有因变法而流血者，此国之所以不昌也。有之，请从嗣同始！"卒不去，故及于难。

《谭嗣同全集》，生活·读书·新知三联书店1954年版

在谭嗣同被捕之前，维新变法的核心人员康有为、梁启超都已逃亡，而谭嗣同还在积极营救光绪帝，营救行动不果之后，他抱定以死殉法的想法，拒绝逃亡，认为其他各国的变法都是从流血开始的，但是中国至今为止还没有因为变法而流血的，这是国家不昌盛的一个原因，所以他想做第一个为变法流血的，以此唤醒国人，让国人警醒，让国人奋起。谭嗣同这是想用自己的流血来传播维新变法的影响，是对维新变法成果的捍卫，亦是对顽固势力的最后

一次反抗。

谭嗣同就义之前,回想百日维新时的新气象,感慨万千,但是对于自己的选择,他不仅不后悔,而且还感觉很豪迈,他在狱中墙壁上写下了自己的绝命诗:

> 望门投止思张俭,
> 忍死须臾待杜根。
> 我自横刀向天笑,
> 去留肝胆两昆仑。

《谭嗣同全集》卷四《狱中题壁》,生活·读书·新知三联书店1954年版

张俭,是东汉末年人,因弹劾当权宦官而被朝廷通缉,被迫流亡。流亡过程中,张俭见有人家就去投宿,以求得暂时存身。时人感念其忠正之举,冒着被株连的危险纷纷接纳他。杜根亦是东汉末年人,因要求掌权的邓太后还政而被邓太后下令处死。行刑之时,杜根被装在袋子里,行刑之人佩服杜根的气节,手下留情,杜根留下了一条性命。后来邓太后派人查看杜根是否已死,杜根装死躲过了一劫。谭嗣同借张俭祈望逃亡的同道中人可以得到他人的接纳,保全性命;借杜根之事希望逃亡的同道中人可以隐忍等待,他日重新继续变法事业。后两句诗写得大气磅礴、气势雄迈,是说自己横刀而出,仰天大笑,从容

赴死，无论是逃亡的人，还是赴死的人，同样光明磊落，有着如同昆仑山一样的雄伟气魄。

人皆有一死，像谭嗣同这样从容赴死、慷慨就义者，总是让人分外佩服。更为让人佩服的是，他希望以他的死引起国家的昌盛与国人的警醒，由此种期待，亦看出一个先行者的责任与担当。

鲁迅先生所说的"舍身求法"的人，其含义应该很广泛，不仅仅包括为实行新法、保证法律公正执行而献身的那些人，亦可泛指一切为了追求真理而不惜牺牲自己的人，这些人如同我们提及的诸多人物一样，拥有着自己坚守的理念，为之孜孜不倦，奋斗不止，他们牺牲了自己，但是在某种程度上指出了一种新的方向，给后人以警醒，引领着后人走入更大的舞台、更大的世界。他们是中国的脊梁。

五、救亡图存的人

中国是个多民族的国家，朝代多次更替，历史上经历了多次危亡时刻，国家多次处于生死存亡的危急关头，但无论是哪朝哪代，在国家的危急时刻，总有很多忠贞爱国人士挺身而出，匡救国难，救百姓于水火。救亡图存的精神贯穿于中华民族发展的始终，时至今日仍然彰显着不朽的光辉。

救亡图存，意思是指拯救国家的危亡，谋求民族的生存。这一成语，最初源自《鬼谷子·中经》，此文讲的是脱困之法，列举了几种解救急难者的方法，其中最后一条是"守义"。"守义"，是指自己广行仁义，并用仁义探察人心，使对方从心底认可仁义，信服仁义。

仁义之道不仅在太平之世可谋求发展，在国家危亡之际亦能转危为安，救亡存国。当然，鬼谷子也看到，仁义不是随便一个人都可以用的，如果不是圣贤之辈，是不能用义来治家守国的。

在国家民族的危亡之际，不少仁人志士挺身而出，以实际行动，诠释了什么是救亡图存。

第一，解救国家危亡。

一种情形是，危难已显，但尚未形成实际危害，在此时刻他们挺身而出，将危险因子消灭在萌芽状态。春秋时期的弦高可谓典型代表。

弦高是郑国的一位商人。鲁僖公三十二年（前628）冬，西方的秦穆公为了谋求向东发展，为参与中原争霸赢得更多的筹码，决定偷袭郑国。秦穆公时期，秦国与郑国相比，无论是经济实力还是军事实力，都要强于郑国，一旦偷袭成功，郑国必定伤亡惨重。但是，从秦国到郑国，路途遥远，全副武装的秦军浩浩荡荡地远行千里，必定会引人注目，要想偷袭郑国成功也不是一件容易的事情。果不其然，当秦国军队行进到滑国这个地方时，他们的行动被郑国人发现了，这个郑国人便是弦高。弦高经常来往于各地经商，那次他从郑国赶着一大批牛去往周王室所在地，恰巧也到了滑国，很快便发现了秦国的意图。出于对国家的热爱与责任感，弦高决定想办法阻止这场国家

> 非贤智，不能守家以义，不能守国以道。圣人所贵道微妙者，诚以其可以转危为安，救亡使存也。——《鬼谷子集校集注·中经》，中华书局2008年版

> 师之所为，郑必知之。……且行千里，其谁不知？——杨伯峻《春秋左传注·僖公三十二年》，中华书局2016年版。以下所引《春秋左传注》均出此本，不再一一注明版本

灾难。

弦高是个生意人，脑子活，他知道解决问题首先要抓住问题的关键，秦国偷袭郑国，"偷袭"是关键，如果郑国知道秦国的意图，有所准备，秦国的偷袭便不攻自破。然而，偷袭不成，劳师动众的秦国或许也会孤注一掷，直接来个明面上的战争，这对于郑国来说也非好事，如何说动秦国也是一个问题。

弦高思索一番之后，决定兵分两路，一方面派人快马加鞭赶回郑国，向郑国国君郑穆公报信；另一方面自己伪装成郑国的特使，送给秦国四张熟牛皮，又送去了十二头牛，让秦国犒劳将士。弦高在送去礼物之时，以特使的口吻"转述"郑穆公的意思，当然，这是弦高自己杜撰的郑穆公之语，他说郑穆公听说秦国行军要经过郑国，便特意派自己来犒劳秦军。弦高这是告诉秦军，郑国已经知道了你们的行动，你们再想偷袭是不可能了。接着弦高又说，郑国贫乏，为秦军在滑国准备了一天的军需供应，如果秦军停止行进，军需供应就会给他们，而如果继续往郑国前进，郑穆公则准备了一天的军事防备。此番话刚柔相济，不卑不亢，也就是说，你们不打，好酒好肉供着你们；你们要打，我们也不惧你们。如此一来，秦军便被动了。再加上远在郑国的秦国内应因为弦高的送信而被郑穆公发觉了，秦军认识到此番偷袭是不

> 寡君闻吾子将步师出于敝邑，敢犒从者。——杨伯峻《春秋左传注·僖公三十三年》

> 不腆敝邑，为从者之淹，居则具一日之积，行则备一夕之卫。——杨伯峻《春秋左传注·僖公三十三年》

会成功了，正面攻击又没有后援，所以最后终止了既定计划，灭了滑国班师回朝了。

弦高用自己的胆识与智慧，无声无息地为郑国免除了一场致命的灾难。他冒着相当的危险，自掏腰包为秦国送去财物，主动为国出力，如果不是出于对国家的热爱，怎么会有如此举动？弦高犒师之后的表现，也进一步表明了他的本心。郑国上下知道弦高的义举之后，对其甚为感激，郑穆公给予弦高高官厚禄，以示奖赏，弦高拒绝了。他说自己是郑国的一员，国家危难之时，自当挺身而出为国纾(shū)难解困，他做此事是因为心中有国，而不是为了得到国君的赏赐。他是生意人，但他不会拿着国家命运做生意。如果接受赏赐，不仅不合自己本愿，而且还会败坏郑国风俗，这不是仁者所为。

解救国家危难还有一种情形，便是危难已经切切实实发生了。是甘愿做亡国奴，还是奋起抵抗，救亡图存，这是必须面临的抉择。历史上，卫青、霍去病、李广、辛弃疾、岳飞、宗泽、文天祥、戚继光、袁崇焕等人，面对外敌入侵，坚决抵抗，奋勇杀敌，或者让外敌伤亡惨重，保护了国家百姓，或者减缓了外敌入侵的步伐，挺起了中国的脊梁。对国家的热爱，以及主动的担当精神，是他们身上共有的特性。

> 郑伯乃以存国之功赏弦高，弦高辞之曰：'诞而得赏，则郑国之信废矣。为国而无信，是俗败也，赏一人而败国俗，仁者弗为也。以不信得厚赏，义者弗为也。'"——何宁《淮南子集释》卷十八《人间训》

第二，谋求国家生存。

在历史上，还有许多英雄人物，殚精竭虑，呕心沥血，只为了谋求国家的生存，维护国家的利益。这类人物，其图存也可分为两种类型：

一类是在大国夹缝中图存。

此类型以春秋时期的子产为代表。子产是郑国的执政大夫。郑国在春秋时期是个小国，只有初期郑庄公在位时光辉过，之后便渐趋衰落。再加上郑国在地理位置上也不太占便宜，它处于中原地带，地势平坦，是"四战之地"。诸侯争霸，无论是东方的齐国、南方的楚国，还是西方的秦国、北方的晋国，扩张势力时都会将触角伸到郑国。因此，春秋时候的郑国经常挨打，霸主们揍了郑国一顿之后，便让郑国做他们的小弟。这个小弟做得还很委屈，左右为难，跟着晋国走，楚国不愿意；跟着楚国走，晋国就发怒，随时都有被灭了的危险。

子产上台之后，为了在大国争霸的夹缝中生存，他对内对外实施了一系列新方针。对内进行改革，知人善任，发展经济，提高郑国自身的国力。打铁还需自身硬，这是子产维护郑国生存的根本。对外进行灵活的外交斡旋，对于霸主，子产亦是依附，但是并非一味屈服，而是经常进行有理有据的反抗。鲁襄公二十二年（前551），晋国又让郑国去朝拜，朝拜不是去一趟那么简单，是要进贡的，晋国贪得无厌的索取，让郑国不堪其苦。为此，子产直接表明态度，大国政令没有定准，弄得国家很是困乏，大国如果安定郑国，郑国自会前往朝见，根本不用什么命令，但是如果不体恤郑国，郑国亦不会忍受大国命令，或许会成为仇敌。一番严正陈词之后，晋国对郑国态度有所改变，不敢过于放肆。鲁襄公三十一年（前542），子产陪同郑简公去朝晋，结果，晋平公却没有接见他们，这对郑简公以及郑国来说，都是极大的羞辱。子产见状，立即让手下人将晋国宾馆的围墙全部拆掉，安放他们的马车。晋国自然大怒，派人质问子产，子产回了一番话，让晋人无言以对，其核心无非是说晋国无礼。之后，晋平公不仅接见了郑简公，而且是礼仪有加，为郑简公举行了高规格的欢迎宴会，并赠送了丰厚的礼物。至于那被子产下令拆掉的围墙，晋国也是自己修好的。子产强硬的态度，维护了郑国的尊严，即便是小国，也让人不得不尊敬。

子产靠着内政外交两方面的出色表现，捍卫了郑国的领土完整，赢得了他国的尊重。子产弱国求生存的努力，使郑国的尴尬局面有所缓解，维护了主权独立。

另外一类是国灭之后寻求复国。

此类型以春秋时期楚国的申包胥为代表。鲁昭公二十年（前522），楚平王听信谗言，杀害了太子建及其师傅伍奢，并企图将伍奢的两个儿子伍尚、伍员杀死，以求斩草除根。结果伍尚为尽孝入宫赴死，伍员为复仇出外逃亡。

> 以大国政令之无常，国家罢病，不虞荐至，无日不惕，岂敢忘职？大国若安定之，其朝夕在庭，何辱命焉？若不恤其患，而以为口实，其无乃不堪任命，而翦为仇雠。敝邑是惧，其敢忘君命？——杨伯峻《春秋左传注·襄公三十一年》

伍员，字子胥，是申包胥的好朋友，两人关系很铁。伍员逃亡之时，见过申包胥，并且告诉申包胥自己一定要报仇，自己报仇之日就是楚国覆亡之时。申包胥对于伍员的命运很同情，告诉伍员努力去做吧，但是申包胥不仅是伍员的好朋友，他还是楚平王的臣子，是楚国的一员，国家即是自己的根，国家命运与自己息息相关，所以他最后告诉伍员一句话：你能让楚国覆亡，我也能让楚国复兴！

初，伍员与申包胥友。其亡也，谓申包胥曰：'我必复楚国。'申包胥曰：'勉之！子能复之，我必能兴之。'——杨伯峻《春秋左传注·定公四年》

后来，伍员逃到吴国，投奔吴王阖闾，成为他的重臣，于鲁定公四年（前506）带兵攻入楚国的首都郢（yǐng），楚昭王逃亡，吴军占领了楚国。伍员实现了自己当初的诺言，楚国因他而亡。但是，多年积压在心中的怨恨，进入郢都之后却没有消失，原因是当初那个害得自己家破人亡、与自己有杀父杀兄之仇的楚平王已经去世了，就连他的儿子楚昭王也出逃了，让楚平王或者他的后代当面低头认罪已然不可能了。只不过，人死了，他的尸体还在，所以伍员派人将楚平王的墓掘开，挖出楚平王的尸骨，鞭打了三百下，方才解恨。

及吴兵入郢，伍子胥求昭王。既不得，乃掘楚平王墓，出其尸，鞭之三百，然后已。——《史记》卷六十六《伍子胥列传》

在伍员享受复仇的快感时，他的好友申包胥则逃亡到深山之中。得知伍员的行为之后，申包胥也开始兑现他的承诺，他要让楚国复国。

首先劝说伍员。作为伍员的好友，对伍员为父兄报仇没有劝阻，申包胥认为这是作为人子人弟应该做的事情，但是，当伍员掘墓鞭尸之后，申包胥认为伍员做得有点过了，便派人向伍员传话，谴责伍员报仇过分，伍员之前也是楚平王的臣子，现在掘墓鞭尸，不合天道。申包胥了解伍员，知道他其实是一个恪守忠孝之道的人，此番灭楚就是其孝道的体现，但被仇恨蒙蔽眼睛的伍员忘记了君臣之道亦是他当初恪守不渝的，所以，申包胥的传话实际上也是想让伍员幡然悔悟，楚国是他的母国，楚王亦是他的故主。一旦伍员悔悟，或许就能撤出郢都了。

> 申包胥亡于山中，使人谓子胥曰：『子之报仇，其以甚乎！吾闻之，人众者胜天，天定亦能破人。今子故平王之臣，亲北面而事之，今至于僇死人，此岂其无天道之极乎！』——《史记》卷六十六《伍子胥列传》

但是，伍员已然不是从前的伍员了，多年来他一直活在仇恨之中，而且他对楚国做的事情，已然让他与楚国万民为敌，他回不去了，所以，对于往日挚友的劝说，伍员没有接受，只是让人谢谢申包胥的善意提醒，他现在已经不能按照常理出牌了。

> 伍子胥曰：『为我谢申包胥曰，吾日莫途远，吾故倒行而逆施之。』——《史记》卷六十六《伍子胥列传》

其次劝说秦王出兵。劝说伍员无果之后，申包胥知道此条路已经堵了，事不宜迟，他赶紧起身去往秦国，希望秦国能够出兵帮助楚国赶走吴军。由于情势紧急，申包胥心中着急，他日夜兼程，最后走得脚都肿了，脚后跟都裂了，膝盖也磨破了，血肉模糊，只好撕裂衣服包着。

> 昼驰夜趋，足踵蹠劈，裂裳裹膝。——赵晔撰，吴庆峰点校《吴越春秋》卷四《阖闾内传》，齐鲁书社2000年版

申包胥之所以在诸侯国之中选择秦国作为求救对象，是经过了一番思索的。当时吴国势力强大，如

果选择小的诸侯国势必起不到作用，反而会惹怒吴国，而各大诸侯国，以晋国、秦国实力为强，但晋国与楚国一直是对手，春秋中后期的霸权就是在晋国与楚国之间流动，吴国侵犯楚国，晋国高兴还来不及呢，它怎么可能出手相救？秦国则不同，一直以来秦国与楚国关系还算可以，为了共同对付晋国，它们曾结盟，而且楚秦两国还是亲戚之国，楚昭王的母亲是秦哀公的妹妹，也就是说秦哀公是楚昭王的舅舅，外甥有难，舅舅怎能袖手旁观？

到了秦国之后，申包胥声情并茂地劝说秦哀公，他的说辞很有水平，他说吴国如同野猪、毒蛇一般凶狠，它的野心很大，要蚕食各个诸侯国，楚国最先受到侵扰。这是将吴国作为秦楚两国的共同敌人来对待的，言外之意，如果现在不遏制吴国，你秦国早晚会遭殃。这是以理劝人。现在您的外甥在外逃亡，甚为可怜，希望秦王看在甥舅情分上，出兵救救楚国。这是以情动人。

秦哀公见到如同乞丐一般的申包胥之时，心中确实有些感动，听了申包胥的一番说辞之后，也曾动容，然而出兵可不是过家家，那是要牵动举国之力的，况且现在楚国已经破产，即便是能集聚起一部分人，那也是星星点点，要打吴国，实际上也就是秦国打。秦国打也不要紧，关键是胜算不大，惹怒了吴国

申包胥如秦乞师，曰：「吴为封豕、长蛇，以荐食上国，虐始于楚。寡君失守社稷，越在草莽，使下臣告急，曰：『夷德无厌，若邻于君，疆场之患也。逮吴之未定，君其取分焉。若楚之遂亡，君之土也。若以君灵抚之，世以事君。』」——杨伯峻《春秋左传注·定公四年》

人，自己或许也会遭殃，这样的买卖实在不合算，所以，秦哀公不愿意蹚这趟浑水。

秦哀公的态度让申包胥很无奈。但世间之事就是如此，自己落拓不堪，又有什么条件与别人做交易呢？如果秦国不出兵，楚国就彻底玩儿完了。劳累不堪的申包胥这时也没了继续劝说的力气，便站在秦庭的墙壁之前，号啕大哭起来，从早上哭到晚上，一连哭了七天七夜，没有喝过一杯水、吃过一粒米。心中只有一个念头，那便是一定要让秦国出兵。靠着这样的信念，申包胥终于成功了。申包胥的忠心感动了秦哀公，认为楚国虽然无道，但是有这样的大臣，这是上天有意保存楚国啊。于是，秦哀公走到气息奄奄的申包胥面前，为申包胥吟诵了一首《无衣》：

> 立，依于庭墙而哭，日夜不绝声，勺饮不入口七日。——杨伯峻《春秋左传注·定公四年》

> 楚虽无道，有臣若是，可无存乎！——《史记》卷六十六《伍子胥列传》

岂曰无衣？与子同袍。王于兴师，修我戈矛，与子同仇！

岂曰无衣？与子同泽。王于兴师，修我矛戟，与子偕作！

岂曰无衣？与子同裳。王于兴师，修我甲兵，与子偕行！

> 程俊英、蒋见元《诗经注析·秦风·无衣》，中华书局2017年版

《无衣》是《诗经·秦风》中一首非常著名的诗篇，是写秦国将士同仇敌忾共同作战的诗篇。申包

胥听到这首诗,知道秦哀公要出兵救楚了,便趴倒在地,对着秦哀公磕了九个响头,感谢秦哀公的帮助。秦国出兵,与楚国余军联合,共同抗击吴军。战斗过程中,吴国国内出现内乱,吴军最后从楚国撤军,楚国复国。

申包胥在国家覆亡之后,以异乎常人的忠心与毅力完成了自己的誓言,这是他爱国爱家的体现。百姓因他而保全性命,楚国因他而复国,但是,事后,申包胥并没有接受百姓的感激、国君的封赏,而是带着一家老小隐居山林。与弦高一样,这是出自其本心,没有人强迫他去做这样难的事情,是他自己高悬的爱国之心驱使着他艰难行进。

救亡与图存,严格来说,并不是一回事,也不是容易的事情,但很多时候,救亡与图存也会联系在一起,南宋著名的爱国名臣文天祥就是既救亡又图存的人。

至元八年(1271),忽必烈定国号为元,当上大元皇帝,迁都燕京。此后,便开始了大规模南下侵宋的步伐。大肆南下,侵扰宋政权,所到之处,尸横遍野,血流成河。咸淳十年(1274),元朝丞相伯颜率领二十万大军,渡过长江,占领了鄂州,乘势准备继续东进,一举消灭南宋政权。这时,南宋政权岌岌可危,随时都有亡国的可能。

> 秦哀公为之赋《无衣》,九顿首而坐。秦师乃出。——杨伯峻《春秋左传注·定公四年》

当时南宋的皇帝是宋恭帝赵㬎(xiǎn)，年仅四岁，由太皇太后谢太后临朝听政，一听元军可能马上打过来，谢太后也慌了神，颁发《哀痛诏》，号召天下起兵勤王。但是，诏书下达之后，朝中大臣的反应却很不积极，有些人观望，有些人则准备投降。这个时候，文天祥站出来了，他积极响应，起兵勤王。

一是召集兵员。文天祥发出檄文，广求贤才，郡中豪杰之士为其精神所感动，纷纷响应。多方努力之下，文天祥召集了数万兵员，这些人有军事将领、地方官吏，更多的则是普通的百姓。

> 德祐初，江上报急，诏天下勤王。天祥捧诏涕泣，使陈继周发郡中豪杰，并结溪峒蛮，使方兴召吉州兵，诸豪杰皆应，有众万人。——《宋史》卷四百一十八《文天祥传》

之后，朝廷命令文天祥以江西提刑安抚使身份去往京师勤王。文天祥的好友极力劝阻他，认为文天祥此举无异于羊入虎口，无论从士卒数量还是战斗力来说，文天祥的救国军都不可能与元军抗衡。其实，文天祥何尝不知道双方对比悬殊，但是在他看来，国家有难，向天下征集兵员，没有一人响应，这是非常痛心的事情，所以他决定用他的行动来带动天下忠义之士，一旦天下义士响应，人多力量大，国家社稷或许就保住了。

> 天祥曰：「吾亦知其然也。第国家养育臣庶三百余年，一旦有急，征天下兵，无一人一骑入关者，吾深恨于此。故不自量力，而以身徇之，庶天下忠臣义士将有闻风而起者。义胜者谋立，人众者功济，如此则社稷犹可保也。」——《宋史》卷四百一十八《文天祥传》

二是筹集军费。朝廷虽然动员勤兵，但是却不给予一丝一毫的军费，文天祥好不容易召集了几万兵员，但是这些兵员的供给却成了大问题。文天祥为了能以最快的速度出发勤王，将自己的全部家财拿出来作为军费。

准备完毕之后,文天祥带着他的救国军奔赴京师临安,希望继续北上抗击元军。但是,当时朝廷大权掌握在主降派手中,生怕文天祥的救国军坏了他们的大事,所以,他们以种种理由阻挠文天祥的救国军外出抗敌。文天祥对此怒不可遏(è),上书皇帝要求斩首主降派头子吕师孟,以鼓舞将士与元军血战到底,并且还提出了具体的作战方案。可惜的是,上书没有得到任何回应。

元军步步进逼,临安危在旦夕,朝廷相继任命文天祥为知临安、右丞相,文天祥利用这两个机会,提出把三宫迁走,派军队驻扎福建、广东,以此安心与元军在临安决战,即便临安失守,也可以有后退的余地,积聚力量,与元军一决高下。但是,朝中当时已经乱作一团,投降的声音压倒了一切,文天祥孤掌难鸣。后来,形势越来越危急,文天祥无奈之下代表朝廷,前往元营求和。虽然是求和,但是文天祥却丝毫没有软弱之相,他与元丞相伯颜据理力争,被恼怒的伯颜关了起来。

以上便是文天祥在南宋灭亡之前,为了国家、为了百姓做出的种种努力,他拿出自己的钱财,多方召集士兵,多次参加战斗,认真思索抗元之策,前往敌营谈判,都是在贡献自己的微小力量。其实,此前

> 至是,痛自贬损,尽以家赀为军费。——《宋史》卷四百一十八《文天祥传》

> 朝廷姑息牵制之意多,奋发刚断之义少,乞斩师孟衅鼓,以作将士之气。——《宋史》卷四百一十八《文天祥传》

的文天祥是一个生性豪放、喜好享乐的人，每天音乐歌舞、美酒佳肴相伴，为了国家的安危，他改变生活习惯，从一介文士，毫不犹疑地投身于救亡的生死战场。

南宋投降之后，文天祥的爱国热忱却没有消失，反而变得更加高涨，他集结兵士，坚持抗战，希望有朝一日可以东山再起。文天祥将南宋比作自己的父母，被元军打败，这是父母有难，父母生病了。父母有难，岂能不救？父母病了，岂能不医？文天祥为复兴南宋做着艰苦卓绝的斗争，他最后失败，被元军俘虏。文天祥被元人关在燕京狱中三年，元人对其多次劝降，忽必烈都亲自出面劝降，许以高官厚禄，文天祥皆不为所动，最后从容赴死，慷慨就义。

文天祥在就义之前写了一首《正气歌》，这首诗很有名，抒发了自己的浩然正气，从中可见其崇高的民族气节与爱国热忱。在这首诗中，文天祥列举了二十个典故，这些典故，基本上分为以下几类：一是国家危亡时，坚持正义，以齐太史、晋董狐、段秀实为代表；二是国家危亡时，救主救国，以嵇(jī)绍为代表；三是威武不屈，拒不投降，以苏武、严颜、张巡、颜杲(gǎo)卿为代表；四是国家灭亡后，复仇复国，以张良、祖逖(tì)为代表。

这些人是文天祥的同道，文天祥亦是他们的异

> 天祥性豪华，平生自奉甚厚，声伎满前。——《宋史》卷四百一十八《文天祥传》

世好友。他们在国家生死存亡的重要时刻,富贵不能淫,威武不能屈,坚持气节,彰显正气,为了救亡图存,甘愿牺牲自己的性命。"人生自古谁无死,留取丹心照汗青",文天祥的这两句豪迈洒脱之诗,便是为救亡图存而抛头颅洒热血的"中国脊梁"的精美画像。

> 《文天祥全集》卷十四《过零丁洋》,中国书店1985年版

六、中国的脊梁

无论过去,抑或现在,这些"中国的脊梁",他们埋头苦干,他们拼命硬干,他们为民请命,他们舍身求法,他们救亡图存……他们用自己的一腔热血、满怀正气改天换地,谱写出一篇篇被后人传颂的时代壮歌,也最大限度地实现了生命的价值。在他们身上,我们感受到的是他们的崇高理想,他们的坚定信心,他们的顽强意志,他们的进取精神,他们的奉献意识,他们的历史使命感,他们的担当精神。他们心系国家,情系民众,变法图强,济世安民;他们不惧挫折,脚踏实地,前赴后继,直面死亡。他们,没有理由不值得我们肃然起敬。

本文开头引用了鲁迅先生的一段话,在此再引

用一段。鲁迅先生说:"我每看运动会时,常常这样想:优胜者固然可敬,但那虽然落后而仍非跑至终点不止的竞技者,和见了这样竞技者而肃然不笑的看客,乃正是中国将来的脊梁。"历史的书卷在不断翻动,时代在不断前进,中国脊梁的具体形象也不断在变化,但不管怎么变,其精神是不变的。在新时期,走在前列的开拓者当然是中国的脊梁,埋头苦干、不甘落后而奋力直追的人,同样是中国的脊梁,他们共同构成了实现中华民族伟大复兴梦的中坚力量。

《鲁迅全集》第三卷

收入本书的数篇文字,是我近些年在央视《百家讲坛》参与集体选题中承担的部分以及在其他一些场合讲演的部分内容。此次将这些文字汇集起来时,竟然发现,它们均指向一个主题——中国脊梁,由此又想起了鲁迅先生的文章,于是围绕这段文字,略微做了一点解释,稍加一点扩充,放在前面,权当为序。

中国脊梁不会只出这一本。接下来,我还会选取合适的历史人物,继续写下去,形成一个系列。

王立群
2015年冬于北京

诚信

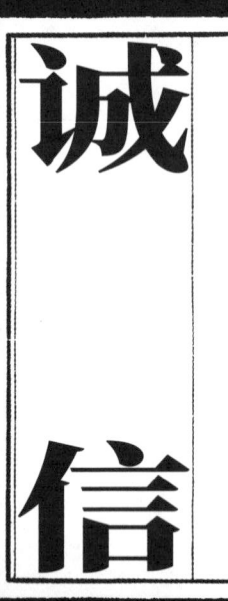

中国脊梁的核心

春秋时期有一个叫尾生的青年人，与一位女子相约于桥下会面，约定的时间到了，然而女子迟迟没有出现，不幸的是河水暴涨，尾生为了信守约定，始终坚持不肯离去，为防止被河水冲走，他紧紧抱住桥梁的柱子，最后竟然因此溺死。[①]这是《庄子》中的一则故事。据后人考证，尾生与女子约会的地点叫蓝桥，位于今天陕西省的蓝田县。从此之后，人们把相爱的男女一方失约，而另一方殉情叫作"魂断蓝桥"。这看似是一个凄美的爱情故事，然而它讲的不仅仅是爱情。在《庄子》中，讲这个故事的人是盗跖——中国历史上最有名的大盗。盗跖讲这个故事是嘲讽孔子的，嘲讽孔子为了追求仁义礼智信等，就像"尾生之约"那样，是重名轻生，很不值得。即使在今天，也许还会有一些人，像盗跖那样，认为尾生像个傻瓜，他的做法是过时而且迂腐的。但是，我们没有理由不对尾生肃然起敬，他用生命的代价，捍卫一个坚挺的信念：答应了就一定要做到，说好了就必须去践行；言必信，行必果；一诺千金，掷地有声。尾生用自己生命的全部，证明了世间还有比生命更重要的东西，这就是诚信。

[①] 尾生与女子期于梁下，女子不来，水至不去，抱梁柱而死。《庄子·盗跖》，曹础基《庄子浅注》，中华书局2007年版

一、诚信的价值

诚信不仅是一种个人最基本的品质,也是一个社会、国家必须具备的最基本的精神,它比生命更为可贵。对于这个道理,春秋时期的孔子已经做过明确的阐释。

有一次,孔子的学生子贡向孔子请教治国的道理,孔子讲了三点:一是粮食要丰足;二是军队要充足;三是诚信,百姓信任国家。子贡又问:如果条件达不到,不得已的情况下,三者中必须去掉一项,应该先去哪项?孔子说:军队。子贡又问:如果条件还不允许,必须再去一项,应该去哪项?孔子回答:粮食。这就很令人纳闷了,因为人不吃饭就会死的。孔子如此解释说:自古以来,人总是要死的,但如果国家丧失了诚信,百姓对政府不信任了,那国家也就不存在了,这就叫"民无信不立"。

所以,诚信甚于生命,是中华民族千百年来一向尊崇、珍视的传统美德,也是每一个公民都应具备的基本道德修养,因此理所当然地成为社会主义道德建设的重点内容,成为社会主义核心价值观的有机组成部分。

千百年来,诚信被视为中华民族的最基本的行为规范与道德修养,是一切道德的根源。

> 子贡问政。子曰:『足食,足兵,民信之矣。』子贡曰:『必不得已而去,于斯三者何先?』曰:『去兵。』子贡曰:『必不得已而去!于斯二者何先?』曰:『去食。自古皆有死,民无信不立。』《论语·颜渊》,见杨伯峻《论语译注》,中华书局2009年版

这一概念是由"诚""信"两部分构成的,最初也是有所区别的。孟子说过这样一句话:

> 诚者,天之道也;思诚者,人之道也。①

孟子的这句话是什么意思呢?

"天"指的是自然,"天之道"就是自然之道,按现在的话说就是自然规律。自然界的万事万物都是实实在在的,是真实的,没有虚假,故"真实"是万物存在的基础,虚假就没有一切。用一个字概括就是"诚",因此"诚"是真实无妄的意思。中国传统文化中有这样一种认识,人道与天道一致,人道源自天道,《周易》中所说的"天行健,君子以自强不息""地势坤,君子以厚德载物"都体现了这样一种思维方式。既然诚是天之道,那人之道就应该思诚,"思诚"就是追求诚。用现在的话讲,就是说老实话,办老实事,做老实人。孟子这句话是从宇宙万物的规律上说明诚是万物存在的基础,因而也就是为人的根本,这就从根本上论证了做人要诚的无可置疑性。

信,是个会意字,古文写作"", 其中有"心脏"的形象。"信"指从心发出的话语,也就是"言必由衷"的意思,既然发自内心,必是真情实意。

① 《孟子·离娄上》,见杨伯峻《孟子译注》,中华书局2010年版。

"诚"本是自然固有之,效法天道、追求诚信,这是做人的道理、规律。二者在哲学上虽有区别,但从道德角度看,"诚"与"信"则是同义等值的概念,所以《说文解字》中这两个字互为解释:"诚,信也。""信,诚也。"如果非要仔细分别,"诚"更多地指"内诚于心","信"则侧重于"外信于人"。"诚"与"信"组合在一起,就形成了一个内外兼备,具有丰富内涵的词语。

是否诚实守信,不管对个人、民族、社会,还是国家,都是至关重要的。一个人缺乏诚信,是没有前途的;不讲信誉的民族是堕落的民族;不讲诚信的社会是混乱的社会;不讲诚信的国家是没有希望的国家。一个国家一旦普遍失去诚信,将会付出巨大的代价才能在一个社会中重新树立诚信。古人云修身、齐家、治国、平天下,而要实现此点,必须"诚其意,正其心"。可见,个体的诚信,个人的修养,是一切的基础,所以古人尤其注重个人诚信,儒家提倡"五常"——仁、义、礼、智、信,作为人类最基本的五种道德,而"信"赫然在列。

诚实守信是中华民族的传统美德,哲人说"人而无信,不知其可""一言既出,驷马难追",诗人说"三杯吐然诺,五岳倒为轻",都是极言诚信的重要。数千年来,我们的祖先不仅践行了诚信之道,而且给我

> 《礼记·大学》,见《十三经注疏》本《礼记正义》卷六十,上海古籍出版社1997年版

们树立了典范。

下面从三个方面，分解一下诚信的内涵，追溯一下祖先的典范。

二、诚信的内涵

诚信是做人的基本准则。怎样才算有诚信？我认为，诚信的基本内涵至少应该包括这样三个方面：诚实无欺，信守诺言，言行一致。

第一，诚实无欺。

欺，就是骗的意思，这显然与诚信背道而驰。不欺是诚信的基本要点，可以分为三个层次，即三不欺：一是不欺心，二是不欺人，三是不欺天。

"季札挂剑"就是不欺心的典范。季札，是春秋时期吴国国君的儿子。一次，季札出使途中，经过徐国，顺便拜会了徐国国君。两人一见面，相谈甚欢。谈话过程中，徐君对季札佩带的宝剑欣羡不已，连连称赞，心中很想要，但是最后仍是羞于开口。其实，季札对徐君的心思看得很明白，他不是吝啬之人，本想将宝剑馈赠给徐君，怎奈自己还有要务在身，还要出使大国。按照当时的礼制规定，作为一国之使者出使他国是要佩剑的，以示对对方的尊重，所以，思索良久后，季札便在心中做了一个决定，等出使任务完毕时把宝剑赠给徐君。孰知世事难料，等到季札完成任务回国再到徐国时，徐君已经死了。季札心痛不已，解下身上佩剑，恭恭敬敬地挂在了徐君墓前的树上。季札的随从看到这一举动，非常不解，人都已经死了，季札赠给谁呢？面对随从的疑问，季札说："我之前在心里已经许下诺言要将宝剑赠给徐君，怎能因为徐君死了而违背我当初的诺言呢？"

季札并没有对徐君许下诺言，没有人强迫他非要将宝剑赠给徐君，也没有人知道他自己在心里许下过诺言，他兑现承诺的对象其实是他自己，他是向自己许下的诺言。季札以他的坟前挂剑告诉我们，人生一世，不仅要不欺人，还要不欺心。季札践行的是内心默默对自己许下的诺言，这应该算是诚信的最高境界吧。

诚信要求不自欺，也不欺人。汉语中有个成语叫"童叟无欺"，意思是说既不欺骗孩子，也不欺骗老人。未成年的孩子与年迈的老人是最容易受骗的，对这两类人也必须以诚相待，信守诺言，这是要求诚信的自觉。

东汉时期，有个叫郭伋(jí)的官员，为人诚实守信，深得百姓爱戴。他曾经在并州这个地方做过州牧，刚到并州的时候，到下辖的西河地区去视察。有几百个小孩子，各自骑了一根竹马，很有秩序地在道旁拜迎。郭伋问这些小孩子："孩子们为何远道而来？"孩子们回答说："听说你到地方巡视经过这里，我们很高兴，所以特来欢迎。"郭伋赶紧向孩子们表示感谢。等事情办完后，郭伋需要前往下一个地方视

季札之初使，北过徐君。徐君好季札剑，口弗敢言。季札心知之，为使上国，未献。还至徐，徐君已死，于是乃解其宝剑，系之徐君冢树而去。从者曰："徐君已死，尚谁予乎？"季子曰："不然。始吾心已许之，岂以死倍吾心哉！"——《史记》卷三十一《吴太伯世家》

察，孩子们又将郭伋一行送出城，问郭伋什么时候返回。郭伋询问了随从的官员，计算了一下日程，然后告诉孩子们具体的日期。结果，巡视进展得很顺利，比预计的日期早了一天。为了不失信于孩子，郭伋决定在野亭留宿一晚，第二天才进境。郭伋以太守之尊，在路边偶然与儿童对话，也不失信于小孩子，宁肯在野亭住上一晚也不提前入境，这不仅仅体现了童叟无欺，树立了诚信的典范，而且对儿童的价值观形成与确立有着深刻的影响。

汉代还有一位官员，也在这一方面做出了典范，这个人叫杨震。汉语中有个成语叫"暮夜却金"，讲的就是杨震的高洁品行。杨震到东莱郡（治所在今山东龙口市）任太守途中，经过昌邑县，当时的昌邑县令王密是他过去推荐的秀才，对王密而言，杨震对他有知遇之情，所以王密带着十斤黄金，深夜前去拜访。杨震说："老朋友了解你，你却不了解老朋友，这是为什么呢？"王密却说："三更半夜，这件事没有人知道的。"杨震回道："天知，神知，你知，我知。怎么说没人知道呢？"听了杨震的一番话，王密羞愧而退。这就是杨震暮夜却金的典故。古人常说："头顶三尺有神明，不畏人知畏己知。"说的是同样的道理。在没有人监管的情况下，能够做到不欺天、不欺人、不欺心，这才算是真正的诚信。

行部到西河美稷，有童儿数百，各骑竹马于道次迎拜。伋问："儿曹何自远来？"对曰："闻使君始到，喜，故奉迎。"伋辞谢之。事讫，诸儿送出郭外，问："使君何日当还？"伋使别驾计日，告之。既还，先期一日。伋为违信，止于野亭，须期乃入。
——《东观汉记》卷十五《郭伋》，丛书集成初编本，中华书局1985年影印版

震故所举荆州茂才王密为昌邑令，谒见，至夜怀金十斤以遗震。震曰："故人知君，君不知故人，何也？"密曰："暮夜无知者。"震曰："天知，神知，我知，子知。何谓无知！"密愧而出。
——《后汉书》卷五十四《杨震列传》，中华书局1982年版

第二，信守诺言。

先讲两个古代的故事：一诺千金与范张鸡黍。

"一诺千金"，也称"季布一诺""千金一诺"，意思是许下的一个诺言价值千金，形容说话算话，讲求信用。这一成语的主角是季布。季布是秦末汉初的义士，为人仗义好助，乐善好施，在楚国享有盛誉。季布最大的特点便是重然诺，只要是答应过的事情，无论多么困难，都会想办法做到。正是因为持之以恒的努力，季布在楚国也成了名人，只不过他的出名靠的不是财富，也不是权力，而是重然诺的举动。楚地百姓将季布视作说话算话的楷模，楚地也流传着"得黄金百两，还不如得到季布的一句承诺"的谚语。

> 季布者，楚人也。为气任侠，有名于楚。——《史记》卷一百《季布栾布列传》

> 楚人谚曰"得黄金百，不如得季布一诺"。——《史记》卷一百《季布栾布列传》

季布本是刘邦的死对头项羽的手下，曾经多次大败刘邦，让刘邦很是难堪，因此刘邦对季布恨得牙根直痒痒。项羽兵败自杀，刘邦终于找到了泄恨的机会，以重金悬赏捉拿季布，并且下令胆敢有窝藏季布的株连三族。金钱加大棒，一个以金钱诱惑，一个以灭族威吓，双管齐下，按说应该会有所收获，但是命令下达了很长一段时间，刘邦都没有季布的消息，更不用说见到人影了。季布哪里去了？难不成人间蒸发了吗？人间蒸发肯定是不能了，但是季布确实隐藏得很好，不容易被发现，而他之所以能够躲过刘邦

> 项籍使将兵，数窘汉王。及项羽灭，高祖购求布千金，敢有舍匿，罪及三族。——《史记》卷一百《季布栾布列传》

的通缉，就在于他的"重然诺"深得人心，有人暗中帮助他。

季布最初是藏匿在濮阳一户人家，但是考虑到不安全，这家主人便将季布乔装打扮，剃掉头发，穿上粗布衣服，放到运货的大车中，与家里的十几个奴仆一起，卖到了鲁地朱家的家中。朱家明知此人便是季布，还是将其留了下来，而且还给予了较高的待遇，让儿子听从季布的吩咐，季布的伙食待遇与朱家公子相同。除此之外，朱家还主动到洛阳去找汝阴侯，游说汝阴侯劝说刘邦撤销对季布的通缉，赦免季布。季布与朱家本不相识，而朱家之所以如此尽心尽力地帮助季布，就在于仰慕季布的为人。也可以说，季布的命不是别人救的，而是他自己救了自己。这就是诚信的魅力，这正是诚信的作用。

再讲"范张鸡黍"的故事。东汉时候，山阳金乡的范式在京城洛阳的太学学习，在那里结交了汝南的张劭，两人关系特别好，毕业后两人都离开京城回乡。范式对张劭说："两年后我还会再回来。到时经过贵府，去拜访一下您的父母，见见孩子们。"两个人约定了具体的日期。转瞬两年即到，离约定的日子不远了。张劭就把此事对母亲讲了，请母亲备好酒肉食物，准备招待范式。母亲说："你们分别已经两年，还是在千里之外的洛阳说的话，你就那么确信他一

> 乃髡钳季布，衣褐衣，置广柳车中，并与其家僮数十人，之鲁朱家所卖之。——《史记》卷一百《季布栾布列传》

> 朱家心知是季布，乃买而置之田。诫其子曰："田事听此奴，必与同食。"——《史记》卷一百《季布栾布列传》

定能来吗？"张劭说："范式是守信之人，一定不会不按时来的。"母亲说："既然如此，那我提前准备好酒肉。"到了那天，范式果然按时到达，拜见尊长，两人饮酒叙旧，尽欢而别。后人把这段故事概括为"范张鸡黍"，元代有出杂剧还专门演绎这段故事。"范张鸡黍"不仅成了重信守信的代称，也成了生死不渝的朋友的代称。

重信守诺，古人给我们树立了典范，在现代社会信用出现危机之时，更多的人坚守诚信、恪守诚信，坚守道德的基本底线。

第三，言行一致。

《礼记·中庸》说："言顾行，行顾言"，这就是"言行相顾"，意思是说，说的时候要想想能不能做到，做的时候要考虑和说的是不是相符，要言行一致，表里如一，这也是诚信的重要表现。

华歆与王朗是汉魏之际的人，有一次两人一起乘船避难，后来有一个人想搭个"顺风船"，华歆立刻表示很为难，不太方便，想以此拒绝。但是，同船的王朗却在旁边高风亮节地说："船上还很宽敞，为什么不可以带上他呢？"华歆看王朗这样说也不好过于坚持，便让那人上了船。结果后来来了贼人，追了过来，距离越来越近，在这危急时刻，王朗想把刚才搭船的人扔下，这样船上的重量就少了，逃

> 范式字巨卿，山阳金乡人也，一名汜。少游太学，为诸生，与汝南张劭为友。劭字元伯。二人并告归乡里。式谓元伯曰：『后二年当还，将过拜尊亲，见孺子焉。』乃共克期日。后期方至，元伯具以白母，请设馔以候之。母曰：『二年之别，千里结言，尔何相信之审邪？』对曰：『巨卿信士，必不乖违。』母曰：『若然，当为尔酝酒。』至其日，巨卿果到，升堂拜饮，尽欢而别。
> ——《后汉书》卷八十一《范式传》

命便相对容易一些。这时,本来不同意带人的华歆则坚决不同意了:"当初犹豫要不要带他,就是害怕遇到这种情况。但是现在既然已经同意了人家的请求,便不可以因为情况紧急就把人家抛下不管。"说完这话,他赶紧与船家一起划船离去,并未抛下搭船的人。

华歆与王朗在带不带搭船人一事上前后态度迥然对立,一开始王朗认为不会影响自己的利益,决定要帮助他人,但是在自己利益受到威胁的时候便立马改变了态度,是有局限的好人;华歆一开始当"恶人",是深思熟虑之后的决定,但后来的好人本色则是基于对承诺的坚决兑现。孰优孰劣,经过了生死拷问,一目了然。所以孔子说认识一个人要听其言而观其行,说的就是言行是否一致的问题。

孔子众多弟子中有一个名叫宰予的,能说会道,利口善辩,说话娓娓动听,给孔子留下的印象不错。孔子很喜欢这个弟子,以为他一定很有出息。可是不久,宰予的不少毛病就暴露出来,既无仁德又十分懒惰。

有一次,鲁国的国君鲁哀公问宰予宗庙祭祠的木料,宰予说:"夏代用松木,殷代用柏木,周代用栗木,用栗木的意思是使人民战栗。"孔子知道后,觉得宰予有教唆鲁哀公的嫌疑。又有一次,宰予向孔子

华歆、王朗俱乘船避难,有一人欲依附,歆辄难之。朗曰:"幸尚宽,何为不可?"后贼追至,王欲舍所携人。歆曰:"本所以疑,正为此耳。既已纳其自托,宁可以急相弃邪?"遂携拯如初。世以此定华、王之优劣。——《世说新语·德行》,上海古籍出版社1984年版

提出要把三年之丧的传统礼制改为一年，孔子认为这是不仁。关键一件事，宰予"昼寝"，就是大白天不学习、不干活儿，睡大觉。所以孔子说宰予让他改变了认识人的态度：以前别人说什么他信什么，现在别人说什么他得看看这个人能不能做到。宰予的言行不一，是一种典型的缺乏诚信，所以孔子会批评他，质疑他。

言行一致、表里如一，不仅要求不失信于人，也不应失信于己，尤其是一个人独处的时候，古人称之为"慎独"，意思是说在没有任何监管的情况下，凭着高度的自觉，不做违背道德的事情。诚信可以是对他人、对社会的期望，但首先应该是对自己的要求。

三、诚信的传承

毋庸讳言，在当下的社会中，诚信方面的确存在一些问题。欺骗、失信、表里不一的事情在各个行业中几乎都是存在的。为了追求经济利益，不惜透支诚信，种种行为就像"病毒"一样腐蚀着社会的肌体。孔子曾经说过："人而无信，不知其可也。"人如果不讲诚信，就无法在世上立足，但是总有一些人想不明白这一道理，毒奶粉、造假门、抄袭门，一次次叩问着人的良知，老人倒了扶不扶，这根本就不是问题的问题，现在成了大问题，一次一次的讹诈之后人的诚信也"倒下"了。

失信就像病毒，如果种种失信行为得不到有效遏制，其造成的危害将是异常危险的。在西方政治学中，有一个理论叫"破窗效应"：当一个人打坏一扇窗户以后，如果窗户得不到及时的修理，打坏窗户的人也没有受到及时有效的惩罚,那么就会有更多的窗户被莫名其妙地打破,整个房子也就完了。所以有人讲:"我是很想讲诚信的,但别人都不讲,因此我也不能讲。"这种观念是比较普遍的。诚信就这样慢慢地流失了。一个人不讲诚信可能会在短时间内受益,如果所有的人都不讲诚信,那整个社会就丧失了最基本的契约精神,结果必然导致无序、涣散,甚至瓦解。因此,对一个有责任感的公民而言,自己的诚信不能以他人的诚信为前提,诚信可以是对社会、对他人的期望,但首先应该是对自己的要求。与其为他人的失信焦虑,不如从自己做起,首先严格要求自己做一个诚信的人。

　　自古以来,中华民族就是一个重诺守信的民族,所以才从野蛮走进文明。一方面,现代社会尽管有不少失信的行为;另一方面,诚信守诺亦无处不在,"信义兄弟"张水林、张东林的坚守故事让所有的人为之感动。即使在日常生活的平凡琐事中,亦不乏诚信。在我们周围,在我们身边,不时发生着一些平凡人物的不平凡故事,他们身体力行,践行着诚信之道,令人感动。这些源自诚信的感动,滋润着人们的心田,敦促着每一个人、每个企业甚至每届政府,从我做起,从点滴做起,构建"诚实、守信"的和谐社会。

孟子

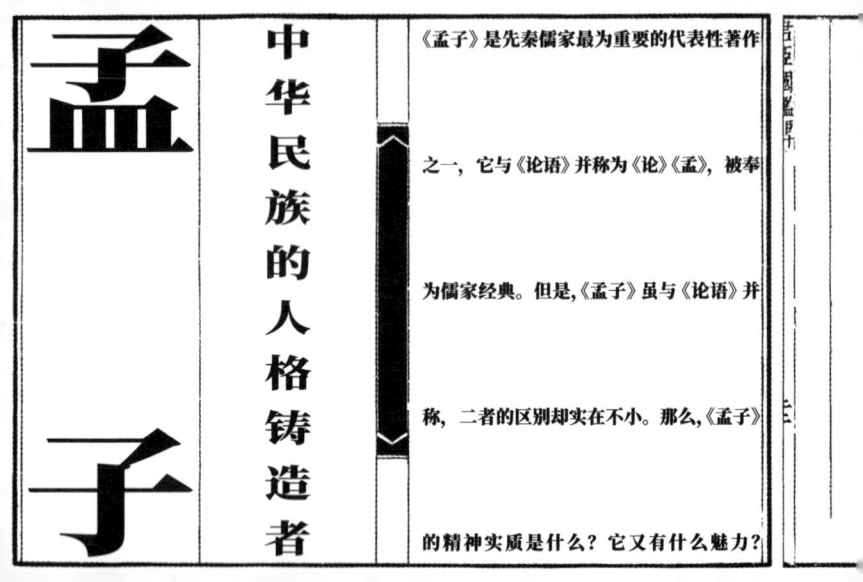

中华民族的人格铸造者

《孟子》是先秦儒家最为重要的代表性著作之一,它与《论语》并称为《论》《孟》,被奉为儒家经典。但是,《孟子》虽与《论语》并称,二者的区别却实在不小。那么,《孟子》的精神实质是什么?它又有什么魅力?

孟子

按本傳孟軻鄒人也字子輿後漢書云字子車未業子
思之門人道既通游事齊宣王宣王不能用適梁
惠王王不果所言則見以為迂遠而闊於事情當是之
時天下方務合從連衡以攻伐為賢而孟軻乃述唐
虞三代之德是以所如者不合退而與萬章之徒序
詩書述仲尼之意作孟子七篇楊子雲曰古者楊墨
塞路孟子辭而闢之廓如也夫楊墨行正道廢孟子
雖聖賢才得位空言無施雖切何補然賴其言而今
之學者尚知宗孔氏崇仁義貴王賤霸而已其大經
大法皆亡滅而不救壞爛而不收所謂存十一於千
百安在其能廓如也然問無孟氏則皆服左袵而言
侏離矣故韓愈嘗推尊孟氏以為功不在禹下者為
此也宋封鄒國公元加亞國公今祀稱亞聖孟子

一、亚圣的魂

《孟子》的精神实质有三点：

1.心性学说：这是《孟子》一书全部思想的基础。《孟子》确信，人具有一种先验的善性：

> 人性之善也，犹水之就下也。人无有不善，水无有不下。

<small>《孟子·告子上》——杨伯峻《孟子译注》卷十一，中华书局2010年版。</small>

孟子认为：人性向善，如同水往低处流。水永远流向低处，人性永远向善。

2."仁政"思想：由于孟子主张人性善，所以，他认为只有推行"仁政"，才能天下无敌。

3.强势人格：《孟子》主张强势人格，这一点非常突出。

> 富贵不能淫，贫贱不能移，威武不能屈，此之谓大丈夫。《孟子·滕文公下》

汉赵岐注：淫，乱其心也；移，易其行也；屈，挫其志也。三者不惑，乃可以为之大丈夫矣。

杨伯峻译：富贵不能乱我之心，贫贱不能变我之志,威武不能屈我之节,这样才叫作大丈夫。

生亦我所欲也,义亦我所欲也;二者不可得兼,舍生而取义者也。
《孟子·告子上》

《孟子》认为:在生与义的抉择中,应当舍生取义。《孟子》的这种强势人格在先秦诸子中非常突出,对后世的影响最大、最积极。在先秦诸子之中,真正论述人格,并对后世中华民族优秀人格形成产生过重大影响的是孟子。一句话,孟子是中华民族优秀人格的铸造者。

二、亚圣的魄:性善

性善,即是人心原本善良。但是,在自然界和人类社会中,善良是一种能力,它只可能发生在强势(至少旗鼓相当)的一方,弱者是没有资格谈善良的。因为,弱者的"善良"只能掩饰善者的无能和恶者的罪行。

因为,"小固不可以敌大,寡固不可以敌众,弱固不可以敌强。"《孟子·梁惠王上》即小国不可以和大国为敌,人口稀少的国家不可以跟人口众多的国家为敌,弱国不可以跟强国为敌。

狼要吃羊,羊有什么资格谈善良?只有狼突发善心,将嘴中已经咬住的羊放掉了,善良才会产生。

历史上那么多侵略战争,入侵者杀人放火,抢劫财物,被侵略的百姓有什么资格谈善良?

弱者把"解民于倒悬""救民于水火"《孟子·滕文公下》的愿望寄托在强者"善念一动"是危险的。

解救只有依靠自己。

权术又叫谋略，拥有权力的人使用这种谋略时我们才将它称为权术。懂得权术、了解权术，与玩弄权术是两码事。我们要懂得权术、认识权术；但是，懂得权术并不意味着我们自己也玩弄权术。中国古代官场中，身居高位却不懂权术，只能称之为政治幼稚，或戏称之傻冒。我在读《史记》时将不懂权术的人称为傻冒，这不是提倡权术，只是不希望"为人鱼肉"，不希望愚蠢的善良。

强者之所以强，因为他具备的强势人格，而非蝇营狗苟的权术。

三、亚圣的高度：强势人格

《孟子》一书真正的魅力在于它所倡导的强势人格，它是中华民族人格的铸造者。

《孟子》塑造的强势人格有三个层次：

第一层次：自强不息。

就是"富贵不能淫，贫贱不能移，威武不能屈"的"大丈夫"精神。

就是高调做事。就像扬帆出海，高起点，高标准，高效率；只有强势人格才可具备强势的能力。

这一点我深有体会。我一生求学最为曲折，也最为痛苦，因为我曾经两次遭遇失学。

1958年我小学毕业。由于我从上小学以来一直保持全五分（当时实行五分制），所以，学校决定保送我去读一所重点初中。

但是，我最后得到的录取通知书却是一张用旧报纸糊的信，里面有一张油印的录取通知书：开封市新新中学。我们这所民办学校的学生大都是受家庭出身影响的学生。

这所民办初中的全部校舍就是一条小巷里的两处民宅。

当时，这所学校的经济非常拮据。我们到校后的第一件事就是分班，但是，我们那时分班不是按入学成绩，而是按个头。当时我十三岁，但是，个头已经有一米七多，所以，我被分到了大个儿班。大个儿班的任务非常明确，每周最少打三天工，用打工挣来的钱支付学校的所有开支。

开封北郊牛庄有一个砖厂，离城有十里地，我们常去砖厂为市内的工地拉砖，一个通宵拉两次。之所以晚上干，是因为我们学校没有车，我们几个班干部每到拉砖的那天傍晚，要先从城东跑到城西，来回走两个多小时，向一家工厂借人家的马车，这种车开封当地叫汔马车，就是用马拉的大车。白天牲口拉车，晚上牲口不干了，我们顶上去，拉一夜，第二天一早再把车准时送回去。

我们没有牲口，只能用人驾辕。我个子高，又是班长，所以经常驾辕的都是我。所谓驾辕，就是把担在牲口背上的皮带担在自己的双肩上；我虽然长得一米七多，但是，年龄只有十三四岁，人又很瘦，撑不住装得满满的一车砖。所以，我们想了一个办法，在车辕上横着绑上一根抬筐的抬杠，杠子两边各找一个个头大一点的男生扶着，我们叫帮辕。

这种活儿最危险的是下半夜拉的第二趟。前半夜的第一趟大家的体力还好，也不犯困；但是，到了后半夜，拉第二趟，往往是又累又困。拉车的同学一般是十几个人一辆车，除了驾辕、帮辕的三位同学，其余的同学都要用绳子绑在车上拉。不少同学，一边似睡非睡地走，一边东摇西晃地拉。我是驾辕的，一刻也不敢睡。如果是平地，还无大碍，就是走得慢一点。一旦车子遇到一道土坎儿，下坎儿的时候，两轮车的车头往下猛一栽，这是最危险的时候！因为车头往下一栽，我这个驾辕的根本撑不住满满一车砖的重量，如果把我压趴下，这辆重几千斤的砖车就会从我身上辗过去，后果不堪设想。其他同学是在两边用绳子拉，都可以向两边逃，唯独我这个驾辕的无法脱身；因为车辕一着地，我就被压在底下了。往往这时候，帮辕的两位同学会吓得大喊起来，拼死向上抬那根横绑在车辕上的杠子，所有似睡非睡的同学全惊醒了，都停下来把车向后掀，车后梆一落地，车辕挑起来，我才能躲过一劫。

这种事每个晚上的后半夜都可能发生，这不是同学们不尽心，而是十三四岁的孩子一个晚上跑几十里地，拉两次砖车，承受能力有限。每次车停下来，我都是双腿发软，浑身冷汗。但是，车不能停，砖还得拉，学校还等着钱。我们每个同学都明白这件事的严重性——我们不能失学！为了不失学，就得拉砖！

初中两年的半工半读，干了各种各样的活儿，建筑工地的搬砖提泥、钢铁厂砸矿石、化肥厂挖土方。所有学校能够联系到的活儿，所有可以由我们挣钱的活儿，我们都要去干。

这所中学简陋至极，但是，这所极其简陋的学校使我们躲过了辍学。在这所学校两年艰苦环境的磨砺下，我与我的同学们日后对《孟子》有了共鸣，现实让我明白了《孟子》高扬的自强不息。

繁华似锦的北京城，埋藏了多少人的光荣与梦想；那些"北漂"，离开父母独自打拼，说心里话，我佩服这些年轻人！

懂得自强不息，不是《孟子》教给我的，是生活告诉我的。不过，我还是要感谢《孟子》。若干年后，当我作为一名高考落榜的民办老师，在图书馆里读到这句"富贵不能淫，贫贱不能移，威武不能屈，此之谓大丈夫"时，我的感动、我的决心，因它而起。是它，让我的忍耐和艰辛有了一个倾听者，让我所有的辛酸和委屈找到了宣泄的出口，也让我鼓起了面对人生逆境的勇气。

经典常常不是读懂的，而是在现实中感悟的。

高中毕业之后，我再次失学，原因与考初中一样。但是，此时还没有民办大学让我上。因此，我参加了社会主义建设（当时把参加工作称为"参加社会主义建设"）。教了七年小学、七年中学，经过十四年的磨砺，我才重新考上研究生。

我的一生，教过了小学、初中、高中、大专、本科、硕士生、博士生，也带过了博士后。

一个气球能够升腾是因为它里面充满了氢气，一个人能够升腾是因为他具有自强不息的强势人格。这种强势人格不一定表现在外部，而是内化为数十年自强不息的坚持。因此，具有这种强势人格就会有一副傲骨，而不是傲气。

还有一个发生在美国的非常有趣的故事：

一个圣诞之夜，一家鞋店的老板发现了一个小男孩趴在橱窗外，盯着橱窗里的鞋子。这个老板就问这个小男孩：我能帮你什么吗？小男孩说：你能不能告诉上帝，我想让上帝赐给我一双鞋子。

老板让小男孩进来，打了一盆热水，为他脱掉旧鞋，给他洗了脚，然后对他说：上帝说了，他不能赐给你一双鞋子，只能给你一双袜子。小男孩非常失望。老板说：上帝说需要你自己穿着这双袜子去找你理想的鞋子，但是，他说给你的礼物比给谁的礼物都丰厚，只是你需要坚定不移地找下去！

30多年过去了，又一个圣诞节的前夜，年迈的鞋店老板突然收到一封来信："亲爱的老板，还记得30多年前圣诞之夜找你要鞋子的小男孩吗？他非常感谢你那个夜晚送给他比金子还珍贵的话和一双袜子，他穿着那双袜子，已经找到了自己适合的鞋子——美利坚合众国的总统。"署名：林肯。

这个鞋店老板非常懂得如何教育一个孩子学会自强不息。这个老板绝对没有读过《孟子》，但是，他对《孟子》倡导的自强不息精神却深有领会。因为，无论古今中外，经典所讲的道理都是最朴素的，因而，也是通用的。

第二层次：坚守本心。

在孟子看来，低调做人，返璞归真，大智若愚，才是真正的强势人格。

社会从来都以它的强势引领着人们，只有用超常的性情和意志去抗拒世俗社会的复杂和丑陋的诱惑，坚守善良的本性，才能保持人的善性。而这，就需要"仁"和"智"，二者结合，才能达其极境，即"圣"。孟子曰："仁且智，夫子既圣矣"。《孟子·公孙丑上》这种智慧，就是做人的智慧。

　　所以，强势人格绝不是盛气凌人，相反，强势人格需要的是低调做人。

　　有一些人，做一些事情偶有所得，他的存在让你感到压力，他的行为让你感到自卑，他的言论让你感到渺小，他的财富让你感到愤怒；一句话，他的自我使别人无处藏身。这不是强势人格，这是以强凌弱。

　　强势人格在坚持自强不息之时，同时也要坚守善良的本性。这其实就是我们常说的"大隐"。"小隐隐于野，中隐隐于市，大隐隐于朝。""大隐"不同于"中隐""小隐"，就在于"大隐"不依赖环境，"大隐"更多地依靠自我的坚守。

　　据说华人首富李嘉诚宴请客人，首先发名片。按说他那么大的腕儿，谁不知道他？可他逐一发名片，表示对他人的尊重。发完名片后，李嘉诚按照抽号照相，接着抽号决定吃饭的位置，每15分钟再换一次位置，为的是大家都能和他零距离接触。

　　我觉得这才是真正的强者的人格魅力！

　　要成就一个理想的人格绝不可期待其自然的生成，它需要的是清除在"己""我"之内不断地滋生着的形形色色的趋恶的力量，这个过程就是坚守本心。

我们在电视上看见过小狼、小豹、小虎、小狮，都可爱极了，然而待到它们长大，你就会发现它们目光中的单纯和调皮早已被狡诈与凶残所代替，叫你不寒而栗了。从生物法则来说，这叫生存需要。为了生存，它们要吃掉你，而不是要让你觉得它们有多么可爱。

人在社会上生活，与动物一样，也有一个生存竞争的问题，因此，人也不可能一味地天真下去。这就决定了本心退化之无奈。但我以为我们应该感到幸运的是：人类社会毕竟不同于动物世界。人类之间有竞争，也有协调。这个协调，有法律的力量，更有道德的感化；这种道德感，就是强势人格打造的"仁者爱人"，它决定了人的本心不致消亡。

有句时髦的话：除了诱惑，我什么都能抵抗。你能抵抗什么？你能见到权势者而不露出谄媚之色吗？你能看到富贵者而不起嫉恨之心吗？援助弱者而不居施舍之功？受人帮助而不露愧颜？面对不合理的好处，你能够内心平静，选择放弃吗？面对不公平待遇，是沉沦，还是抗争？

所以，孟子坚持民本思想，提倡"仁政"；体现在我们的处世之道中，就是低调做人，"善"无处不在："老吾老，以及人之老；幼吾幼，以及人之幼。天下可运于掌。"《孟子·梁惠王上》

要做到这一点，并不容易，然而，没有行为的积累，哪有人格的提升？没有内力的修养，哪有环境的和谐？

第三层次：包容化育。

包容化育是《孟子》强势人格的最高层次。

> 以力服人者，非心服也，力不赡也；以德服人者，中心悦而诚服也，如七十子之服孔子也。《孟子·公孙丑》

这就是说，具有强势人格的人能够感召众人，能够圆融外界的纷争、污染。

这一层次，你不再感觉自己在用内心的定力去抗拒外界的诱惑，而是充满对外在世界的理解和包容。

酒精消毒，什么浓度为好？大家很可能想当然地认为，当然是越高越好啦！但是我听说，太高浓度的酒精，会使细菌的外壁在极短的时间内凝固，形成一道屏障，后续的酒精就再也杀不进去了，细菌在壁垒后面依然活着。最有效的方式，是把酒精的浓度调得柔和些，润物细无声，慢慢渗透进去，效果才佳。

我未见过现实中包容化育的圣人，但平凡人的琐细生活，让我感受到了包容化育的伟大。同事之间，进取的人是强势，嫉妒的人是弱势，你怎么办？夫妻之间，信赖的人是强势，猜忌的人是弱势，你怎么办？亲子之间，放手的人是强势，束缚的人是弱势，你何去何从？上下级之间，沟通的人是强势，威压的人是弱势，你何去何从？

我看到很多人，没有申辩，没有愤怒，他们选择莞尔一笑，这是君子的笑，包容的微笑。人生没有高下，没有绝对真理，弱者也有弱者的人格，弱者的空间。我尊重，我理解。

所以，最高的境界是从心所欲不逾矩，我一生经历坎坷，早年的锋芒似乎磨尽，但绝不至于是个"老人精"，也没有达到包容化育的境界；但是，我学会了不太痛苦地面对人生的不公，学会了感谢生活给我的恩惠。这是《孟子》给我的力量。

我们的声音柔和了，就能流畅地传送于寰宇。我们的目光柔和了，就开始填平心灵的鸿沟。我们的心灵柔和了，就能更准确地表达人与人平等的温暖信念。

将这一切"生而知之"的修身意识重新捡拾、回归，打造强势人格和能力，"推己及人"，就是真正的和谐，是对浮躁之所戒，对生命之呼告；而非无奈的豁达和贫穷的幽默。

就强势人格而言，自强不息是强调一种精神，但是，这种精神必须能够对抗外在的干扰和诱惑，必须坚守善良的本心。无论强调自强不息，还是坚守本心，都是一种人为的努力，真正强大的力量不是人为，而是包容化育。只有到了这个时候，才能达到真正的强势人格。

所以，孟子以强势人格为核心的处世态度就是，先强势人格，再强势能力，穷则独善其身，达则兼济天下。强势不等于恃强凌弱，而是"富贵不能淫，贫贱不能移，威武不能屈"；善良不等于天真可欺，而是一种超脱的境界和实力，以及具备这种实力后的泰然。

建立自我的同时追求无我，展现一种生活的态度，人生的境界，这才是真正的强势人格。

对于这种强势人格，孟子曾不无神气地说：

我知言，我善养吾浩然之气。敢问何谓浩然之气？曰：难言也。其为气也，至大至刚，以直养而无害，则塞于天地之间。其为气也，配义与道，无是，馁也。《孟子·公孙丑上》

这种浩然之气，最伟大，最刚强，必须用正义去培养它，一点不加伤害，它就会充满上下四方，无所不在。这种气，必须与义和道配合。

经典的魅力在于它能内化为一种人格力量，支撑起一个人的一生，更自在、自为地与世界共舞！

每一部经典都有道、器之分。所谓"道"，即是一部经典的精神实质，一部经典的核心内容。所谓"器"，则是一部经典的分枝，是基于"道"之上的枝节。"道"是形而上，"器"是形而下；"道"是整体，"器"是局部；"道"制约着"器"，"器"附着于"道"。

明白了"道"与"器"的关系，自然知道读经典应当怎么读。

所以，我们读经典首先要学其"道"，即经典真正的内涵；把握了经典之"道"，再逐层深入地研究它的局部，它的细节。

这样讲绝不是否定"器"的作用。"器"是小道理，"道"是大道理。大道理是管小道理的，"道"决定"器"。但是，"器"又有它的相对独立性，因此，"器"也可以单独抽出来讲。不了解"道"，只懂点"器"，也行，不过，它显然比基于"道"的理解再理解"器"要略逊一筹。

这个道理不仅适用于读经典，也适用于所有的读书。我讲《鸿门宴》，通篇只讲了两个字：糊涂。说得再详细一点，五个字：项羽之糊涂。这两个字就概括了《鸿门宴》的全部内容，它是《鸿门宴》的"道"。至于《鸿门宴》中的其他道理，如"项庄舞剑，意在沛公"之类，统统从属于这个"道"。

每一个人、每一部书、每一个企业、每一个民族、每一个国家都有它的核心竞争力，这个核心竞争力就是它的灵魂，就是它的"道"。

愿我们都能用"道"来化育内心，强健脊梁，做一个真正的"强势"的人。

屈原

爱国是他永恒的信念

屈原是楚国的王室贵族，更是一个为楚国的前途命运忧心忡忡，勇于改革，希望将楚国带上康庄大道的人。他是一个独醒者，情感激烈，正直袒露，当黎明天色还黝黑的时候，他触摸着光亮长吟。他是一位独行者，固守理想，秉持己见，自觉地将自己置于了与他原先所属的楚国贵族集团完全对立的一面。他是一个人在战斗，一个崇高而痛苦的魂灵，向昏庸的楚王、贪鄙的楚臣决斗。他是忠直之臣，是迁谪之客，是狂狷之士，是文学之祖。他以铮铮铁骨、不屈的脊梁把中国的文化、中华民族的精神都提升到了一个令后人仰望的高度。

屈原

按列傳屈原字原楚同姓也為楚懷王左徒博聞疆議
明於治亂嫻於辭令入則與王圖議國事以出號令
出則接遇賓客應對諸侯王甚任之上官大夫與之
同列爭寵而心害其能王使屈平造為憲令平屬草稿
未定上官大夫見而欲奪之平不與因讒之曰王使
屈平為令眾莫不知每一令出平伐其功曰以為非
我莫能為也王怒而疏平平疾王聽之不聰讒諂之蔽
幽思而作離騷其間存君興國之辭十篇之中三致
意焉冀幸君之一悟而反正之容也屈平既絀其後
秦用張儀計詐與趙婚欲與懷王會屈平曰秦虎狼
之國不可信不如無行懷王穉子子蘭勸王往入武
關秦伏兵絕其後懷王竟死於秦長子頃襄王立以
其弟子蘭為令尹楚人既咎子蘭以勸王入秦而不
反也屈平甚嫉之子蘭聞之大怒卒使上官大夫短

在中国，屈原可谓一位家喻户晓的人物。每年的端午节，中国各地都举办赛龙舟、吃粽子之类的活动，以此祭奠、纪念这位中华儿女的先祖。端午节，中华民族生活中非常重要的一个民俗节日，这个节日最初虽非因屈原而设，但的确是因为屈原自沉汨(mì)罗那惊艳的一跳而成了纪念屈原的特定节日。在中国，一个人与一个节日、一项民俗、一种精神关系如此之紧密，历史上很罕见。屈原，是一个政治家，一个思想者，一个诗人，无论从哪一个方面而言，他都为中华民族的品格、精神、文化留下了浓墨重彩的一笔。一句"路漫漫其修远兮，吾将上下而求索"，成为古今多少志士仁人磨砺自我、战胜困厄的强大精神支撑。他使一个不屈的生命，得到了高度的提升；他让一个站立的灵魂，得到了不朽的诠释；他把一种孤傲的精神，铸造成为一个民族的基因。透过历史的尘埃，拂去过往的烟云，一个上下求索的伟岸独行者向我们踽踽走来。

一、屈原只是一个传说吗

历史上究竟有没有屈原这个人？上来就谈这样一个问题，可能有些人会很吃惊。这算是一个问题吗？事实上，这不仅是一个问题，而且，围绕这个问题，争论了一个世纪。尽管这个问题现在已经基本有了定论，不过这种质疑还是造成了很深刻的影响，所以，仍然有必要旧调重弹。那么，这个问题是怎么来的呢？

最先提出这个问题的是清末民初的学者廖平。廖平是中国近代著名的经学大师，对楚辞也有较深的研究。廖平怀疑司马迁《史记·屈原贾生列传》中关于屈原记载的真实性，认为屈原的25篇赋辞意重复，显然不是一个人的著作，而是秦朝的博士为秦始皇所作的《仙真人诗》。秦始皇统一天下之后，自称始皇帝，希望帝位子子孙孙传至无穷。这个时候的秦始皇志得意满，功业上登峰造极，但唯一不能避免的事情就是死亡，因此他到处巡游，动用方士，就是妄想长生不死。所以，他命令当时的方士创作了《仙真人诗》，这就是楚辞。汉朝是代秦而立，因为汉朝人对暴秦深恶痛绝，很没好感，所以这组诗歌不能出自暴秦，因此将这组诗歌冠名在了一个所谓的"屈原"名下。

继廖平之后，更加明确地否定屈原真实性的是胡适。1922年9月，胡适在他创办的《努力周报》的增刊《读书杂志》第一期上发表了一篇名为《读楚辞》的文章，其中这样说："屈原是谁？这个问题没有人发问过的。我现在不但要问屈原是什么人，并且要问屈原这个人究竟有没有。"胡适"问"的结果是：《史记》本来不很可靠，而《屈原贾生列传》尤其不可靠；屈原是一种复合物，是后人根据需要塑造出的"传说"式的人物。胡适的意思很明显，屈原是后人虚构的，绝对不是一个真实的历史人物，只是一个"传说"。当时的胡适从美国学成归来，任北京大学教务长兼文科学长，在中国的学术界很有地位，所以，胡适提出了否定屈原的论调后，虽然有不少学者对胡适的观点进行反驳，但也有很多人响应他，从不同的材料与视角，沿着廖平、胡适的否定论继续前进挖掘。

廖平尚认为楚辞是秦朝的作品，后来的继承者沿着这个方向，进一步认为是汉代人的作品，有的说是太史公司马迁丁迪豪《离骚的时代及其他》，有的说是淮南王刘安许笃仁《楚辞识疑》，总之是汉代人的作品。到

1938年的时候，有一个叫何天行的学者，出版了一部名为《楚辞新考》的专著，详细、系统地总结发展了屈原否定论，认为楚辞全部是汉代的作品，不仅全面地否认《史记》中关于屈原的传记，而且否定了屈原此人的存在。何天行的这部著作在1948年的时候又以"楚辞作于汉代考"的书名再次出版，这说明从1938年到1949年的十余年之间，否定屈原的观点不但依然存在，而且仍然很有影响。

中华人民共和国建立后，关于屈原是否真实存在的公案并没有平息，继续发酵。1950年的秋天，朱东润先生撰写了楚辞研究的四篇论文《楚歌及楚辞》《离骚的作者》《淮南王刘安及其作品》《离骚以外的屈赋》，第二年由叶圣陶推荐，陆续在《光明日报》上发表。朱东润先生的系列论文中有关于此的主要观点是：《离骚》是淮南王刘安所作；传统认为的屈原赋25篇都不是屈原的作品，并因此怀疑屈原是否真有其人。文章发表后，郭沫若等人均撰文商榷批评。

正当屈原否定论在中国大陆影响逐渐衰落的时候，20世纪60年代以后，东邦日本一些研究中国文化的学者，也对屈原存在与否的问题发表了他们的研究成果。1965年，日本九州大学冈村繁认为：《离骚》《哀郢》等作品是屈原死后，对其记忆犹新时候的人的作品。冈村繁只是剥夺了屈原大部分楚辞作品的著作权，并没有否认屈原的存在。后来，广岛大学的铃木修次等人也开始重复胡适、

村繁《周汉文学史考》，上海古籍出版社2002年版
《楚辞和屈原——关于男主人公和作者之间的分离》，见冈

何天行曾经的观点,认为屈原是一个传说,是一个"想象中的作家",并非历史人物《中国文学史》等。三泽玲尔也语气相当肯定地说:"屈原,完全应该视之为传说中的人物。"日本屈原怀疑论者的依据,基本是胡适等人的老调重弹,并没有多少新意。这些学术的论争一直持续、兴盛于20世纪70年代的日本,甚至直到今天,仍有一些人坚持这种观点。

那么,问题来了。不论中国,还是海外,为什么会有那么多的人怀疑屈原的真实性呢?尽管屈原怀疑、否定论者从很多方面怀疑、否定屈原,列出的证据好像也很不少,但说来说去,其中最为关键的一点是:屈原不见于先秦典籍。他们的逻辑大致是这样的:屈原不见于先秦典籍,所以说屈原是一个传说人物;既然是传说人物,就不是一个历史人物,所以,屈原在历史上是不存在的。

首先必须承认,在目前所能看到的先秦文献中,的确没有有关屈原的任何记载。其次,还必须承认,像屈原这样曾经在楚国政治舞台上发挥重要作用,创作出了《离骚》这样伟大的作品,而且还是以自沉汨罗江结束自己生命的一个人,在先秦文献中不见记载,这的确是有一点奇怪的。对这个问题,前贤时人已经有过不少的解说,下面我们从几个方面简单地讲讲。

第一个方面,先秦文献中不见屈原记载就是没有这个人吗?

关于这个问题，首先需要质疑的是今天我们所能见到的先秦文献是不是齐全。毫无疑问，今天我们见到的先秦文献是很不全的，我们可以举出很多种文献佚亡的原因，比如，文献传承中本身被筛选淘汰，秦始皇时候的焚书，项羽在咸阳城的那一把火，等等。诸如此类的因素，一定会造成先秦文献的缺失。从这个角度来看，今天我们见到的先秦文献中没有关于屈原的记载，并不能充分证明在先秦时代的文献中真的没有这方面的记录。

退一步讲，即使先秦文献中没有丝毫关于屈原的记载，就一定能够说明先秦时期没有屈原这个人吗？显然不能。仅以战国而论，二百多年的时间，在当时的政治、经济、文化、军事等社会多个方面有所建树的人多了去了，何止成千上万！然而，能够进入典籍中被记载的又有多少呢？不能因为文献中不见记录，就断然否定其存在。事实上，屈原否定论者的确这么做了。在考据论证中，还有一个专业术语，叫默证（在文献研究中，默证通常是指由于某人的所有著作皆未提及某观念，遂断定某人无某观念；或因现存某年代的所有著作皆未提及某观念，遂断定某时代无某观念）。默证并非总是合理推论，往往还需要其他足够多的条件辅助支撑才可信。

虽然说先秦的典籍中很可能有关于屈原的记载，但毕竟今天我们看到的先秦文献中没有，这个问题也不能回避，这就是我们要说的第二个方面，今天所能见到的先秦文献中为什么不见屈原的任何记载呢？

对于这个问题，也能给出很多条理由。第一，在汉代以前，中国并没有专业的文学创作者，屈原在楚国本来就是以一个政治家的身份存在的。作为政治家的屈原，虽然曾在楚国的舞台上一度用事，但是时间并不长，后来便遭遇贬谪，以致自杀。屈原在他的政治生涯中，包括他的文学作品中，多次对楚王进行严厉而直接的批评，东汉时期的史学家班固也看出这一点，说屈原这样的做法是"暴显君过"，楚国的文献中不见记录，或许可以以此解释。第二，从屈原去世到秦始皇统一，其间也就五十年左右，在秦灭六国，特别是经过焚书之后，各国的史书本来传承下来的就很少。当然，也可以效仿屈原否定论者的逻辑，给出一种推测。屈原否定论者说汉代人厌恶秦始皇，所以将《仙真人诗》安在了一个叫"屈原"的人的名下；同样，我们也可如此推理，秦朝人不喜欢屈原，因为他是最极力主张"连齐抗秦"的人物，所以秦始皇统一以后，将相关文献销毁，也完全可以理解。因此，乍看起来，屈原的事迹不见于先秦古籍，好像很奇怪，实则一点儿也不奇怪。

总之，屈原的事迹不见于先秦文献，近代以后不断引起国内外勇于疑古者的不解，以至于每隔一段时间就有人跳出来对屈原的存在及其作品的可靠性表示怀疑。屈原否定论者因为今天所能看到的先秦文献中缺乏对屈原的记载，所以认为屈原是一个传说中的人物。同时，他们不能无视司马迁《史记·屈原贾生列传》的记录，所以，往往顺便将司马迁的这篇传记一块儿推翻，说这篇传记是司马迁伪造的，甚至将部分楚辞作品说成是出自司马迁之手，这都是为了证实自己的观点而将相关文献一棍子打倒的做法。

西汉初年的贾谊，曾经写过一篇名文——《吊屈原赋》，其文俱在，未见争议。贾谊的时代距离屈原百余年，也比司马迁早出生半个世纪，这显然可以证明屈原的真实存在。

1977年，在安徽省阜阳双古堆汉墓中出土了一批文献，其中就有《离骚》与《涉江》的残简。墓主是夏侯婴之子夏侯灶，卒于汉文帝十五年（前165）。虽然两种残简仅有十个字，但仍然很有意义。一是可以说明在西汉初年的时候，楚辞中的一些作品，像《离骚》《涉江》等已经流传，足可以证明《离骚》非刘安所作，更非司马迁所作。因为刘安这个时候年龄还很小，司马迁还没有出生。

不论中国国内，还是东邦日本，屈原怀疑论的产生都有其社会背景与思想基础，这里不再讨论。总之，我们可以理直气壮地讲，屈原是确有其人的，绝不是传说中的人物。那么，屈原到底是一个怎样的人呢？先从他的家世说起。

二、一个优秀的家族

先秦古籍虽不见屈原之记载，但屈原的作品及事迹却通过其他的渠道传承下来。汉王朝建立以后，建立者本身就是楚人，他们熟悉楚地的语音、语言及文化，对楚辞也就很喜欢，刘邦一曲"大风起兮云飞扬，威加海内兮归故乡，安得猛士兮守四方"就足以使其在楚辞的历史上占有一席。而且，屈原是主张抗秦的，所以在汉代，他也不再受到排斥，再加之统治者的喜欢，如淮南王刘安、汉武帝刘彻对楚辞的喜爱与提倡，屈原在汉代开始受到重视，地位开始凸显。

我们今天要了解屈原，主要有三类文献，一是司马迁的《史记·屈原贾生列传》，这是屈原的人物传记；二是汉代刘向的《新序·节士》，《新序》是刘向根据一些文献分类编纂的历史故事，其中的《节士》中有一段文字，亦近似个人传记；三是屈原创作的作品，有的作品如《离骚》，具备一些自传的性质，其余的一些作品也间或透露出一些屈原的信息。下面先围绕家族世系方面讲三点。

第一，出身高贵。

屈原是楚国的同姓贵族。《史记·屈原贾生列传》开头说："屈原，名平，楚之同姓也。"《史记》卷八十四《离骚》开头就说："帝高阳之苗裔兮，朕皇考曰伯庸。"由此可知，屈原与楚王共祖，他们最早的祖先是古帝高阳氏。高阳是"五帝"之一的颛顼的称号，楚族就是颛顼的后裔。

楚人的祖先是芈(mǐ)姓，屈原与楚国公族同姓，也就是说屈原也姓芈，那屈原为什么叫屈原呢？屈是氏称。上古的时候，姓与氏是分开的。男子称氏，女子称姓。氏主要是区分贵贱的，表明的是出身，地位卑贱者是没有氏的，所以后来有个词叫"无名氏"，就是从这里来的。姓主要是用来"别婚姻"的，所以女子必须称姓，就是为了防止同姓之间通婚，这叫"同姓不婚"。那屈原这一支为什么以"屈"为氏呢？楚武王熊通(芈姓，熊氏)的儿子瑕被封于"屈"这个地方。据考证，屈地就是今天的湖北秭归，于是屈瑕就以屈作为这一支的氏，这种情形在古代是很常见的。屈瑕就成为屈氏的先祖，屈原就是其后裔。后来，姓与氏不再区分，所以我们有时说屈原姓屈，也不算大错，但我们必须弄清楚这是怎么回事。

朱熹《楚辞集注》，上海古籍出版社1979年版。本文所引屈原作品均出此本，不再一一注明版本从以上文献来看，屈原说自己是"帝高阳之苗裔兮"，绝不是随口说说，攀附一个古代帝王而已。楚国王室有三大姓：屈、昭、景，其中"屈"来源最早，世袭最长。屈氏为楚王同姓贵族，世任要职，而且屈氏历史上颇出了几位杰出人才，很有文化传嗣的传统。举一例为证。

根据《左传》的记载，鲁僖公四年（前656），齐桓公联合诸侯军队大举进犯楚国。当时楚国的国君是楚成王。在大兵压境的情况下，楚成王先派遣使者到齐军中质问齐桓公为什么要侵犯楚国，当然使用的都是外交辞令，汉语中有个成语叫"风马牛不相及"，就是来自楚国使者，楚国使者说："君王住在北方，我住在南方，即使是牛马发情狂奔彼此也不会相关。没有想到君王竟不顾路远来到我国的土地上，这是什么缘故？"这次使者没有说动齐桓公，所以楚王派了屈完到齐军中继续交涉。

齐桓公让诸侯联军摆开阵势，与屈完同乘一辆战车观看，这是向屈完炫耀、示威。齐桓公说："我率领这些诸侯军队作战，谁能够抵挡他们？我让这些军队攻打城池，什么样的城攻不下？"屈完回答说："如果您用仁德来安抚诸侯，哪个敢不顺服？如果您用武力的话，那么楚国就把方城山当作城墙，把汉水当作护城河，您的兵马虽然众多，恐怕也没有用处的！"屈完不惧诸侯联军，回答柔中带刚，最终双方订了盟约。这是一次成功的外交。屈完就是屈原的先祖，可见到屈原的时代，屈原为了楚国的利益，奔走于诸侯列国之间，这也是有家族传统的。

《离骚》的第二句说："朕皇考曰伯庸。"这是屈原自叙家世。尽管前贤时人对这句话有多种解释，但一般认为，这是屈原写自己的父亲，皇考是称其父，伯庸是其父亲的字。根据《离骚》以及后人的注释，我们了解到的屈原家人尚有女媭(xū)。《离骚》中说："女媭之婵媛兮，申申其詈予。"这句话的意思是讲，美丽的女媭，也一次次地数落我。那这个女媭是什么人呢？她为什么能责备屈原呢？

最早给楚辞进行详细注释的东汉王逸解释说："女媭，屈原姊也。"意思是说女媭是屈原的姐姐。不过，这也很有争议，有多种不同的解释，如解说成为"侍妾""女伴""女巫""女儿""妹"等。《说文解字》中说："媭，女字也。从女须声。楚辞曰：女媭之婵媛。贾侍中说：楚人谓姊为媭。""媭"是女子名字中常用的字，比如汉高祖吕后有个妹妹便叫吕媭。汉代经学家贾逵解释说楚国人称自己的姐姐为媭。我们今天读楚辞，发现其中有不少词语不同于中原地区的常用语，这些应该是楚地的方言性质，也是楚辞地方特色的重要构成。《离骚》中的女媭对屈原一再责备、数落，说屈原太耿直，不合时宜，担心屈原遭遇灾祸。从这些内容推测，女媭是其尊长，对屈原很关切，如果解说是"侍妾""女伴"之类，恐怕身份上不大合适。解释成屈原之姊，身份符合，责备亦符合。所以，我们倾向于如此解释。

第二，生逢吉时。

关于屈原具体的出生日期，屈原在《离骚》中是有明确交代的："摄提贞于孟陬(zōu)兮，惟庚寅吾以降。"《楚辞集注》虽然屈原已经通过诗歌的形式，对自己的出生日期做了明确的记载，然而，因为古代通过天象、干支等纪年、纪月、纪日的方式与后人，尤其是今人很不相同，所以，对这句话的解释就变得众说纷纭。比较常见的一种解释是：摄提为岁，岁星在寅为摄提格；孟陬为月，正月为陬，夏历建寅，正月就是寅月；庚寅为日。这句话的大意是说屈原生于寅年寅月寅日。屈原的出生日期在现在看来，也许仅仅是一个巧合，但在当时，这种巧合被视为良辰吉日，也就是说屈原在一个吉日良辰降生。因为古人认为出生的时辰很关键，有吉有凶，与星象有关。《诗经·大雅·桑柔》中就有这样的诗句："我生不辰，逢天僤（dàn）怒。"意思是说，我出生的这个时辰真不好，正赶上老天爷暴怒的时候。现代汉语中还在用"生不逢时""生不逢辰"的成语，其实表达的都是这样的意思。

因为巧合而被视为好日子的文化传统，也成为汉文化的一个重要组成部分。比如说二月二、三月三、六月六、七月七、九月九，等等，这些日子早已固化为中华民族的民俗节日。直到今天，这种类似的心理依然存在，比如"1314"被附加了一生一世的意义，据说无数的青年男女选择在带有1314的日期登记结婚。考虑到类似的心理，屈原对自己生日的自叙，实际上是充满自豪的。一方面，家族与楚同姓，出身高贵；另一方面，他出生在一个"好日子"。这就是说屈原从骨子里就是高贵的，天生就是得阴阳之正，是与众不同的。这些还不算，因为他还有个美好的名字。

第三，名字美好。

关于屈原的名与字，《史记·屈原贾生列传》与《新序·节士》中都讲得很明白，名平，字原。但是，屈原自叙性的《离骚》中却是这样说的:"皇览揆余初度兮,肇锡余以嘉名:名余曰正则兮,字余曰灵均。"《楚辞集注》这几句话大意是说:父亲在我出生之时仔细观察我,一开始就给我起了一个美好的名字。这是什么名字呢?给我取的名是"正则",给我取的字是"灵均"。这样的名字与《史记》《新序》记载显然不一样了。这是什么原因呢?

对于这种差异,前贤时人给出过很多的解释。有的说这是屈原的小名小字(陈第),有的说这是化名(郭沫若),有的认为这是屈原扮演的神仙的名字(闻一多),也有的干脆说这是屈原的艺术虚构,也就是《离骚》抒情主人公的名字,并非屈原本身。我们认为,这些说法都是不能成立的。

《离骚》一开头就叙述屈原的宗族,叙述他的生辰,接下来叙述屈原的名字是顺理成章的。其实,汉代学者王逸已经给出了一种比较合理的解释。"正则"是什么意思呢?王逸说:"正,平也。则,法也。""正"解释成"平"没有问题,"则"尚可进一步探求。《说文解字》中说:"则,等画物也。从刀,从贝。贝,古之物货也。"这是一个会意字,贝代表的是货物,用刀划之使之相等,大致就是这个意思。清代学者干脆说这个字"即今之法马(砝码)"。度量衡就是为了实现公正、公平,所以"则"就是"正""平"的意思。"正则"对应的就是屈原的名"平"。那"灵均"又是怎么回事呢?"均"也有"平"的意思,现代汉语中还常

《说文解字》卷四下,中华书局1998年版

王筠《说文释例》卷十六,中国书店1983年版

用"平均"这个词,古代"平"与"原"是同义词,辞书中经常解释说"高平曰原""上平曰原"。古人的名与字都是有联系的,这种联系多种多样,取同义词是其中比较常见的。屈原名平、字原就属于此类。"均"有"平"的意思,也就有"原"的意思,至于"灵",可以理解为"美""善"的意思,因此,"灵均"与"原"对应。总之,《离骚》中说的"正则"就是"平","灵均"就是"原"的意思。

既然"正则""灵均"对应着"平"与"原",为什么屈原不干脆说"名余曰平兮,字余曰原"?我个人觉得有两方面的因素。一是这样说不符合楚辞这种文体通常的格式,楚辞这种文体常见的格式为六字句与五字句两种(不包括兮字),节奏为"三三"或"三二"。二是用"平"与"原"虽然也是很好的词,但还不足以对这个父亲赐予的"嘉名"如何之"嘉"做出更深入的解释,因此用"正则""灵均",当然,一般而言,双音词要比单音词意义丰富一些。

中国古人对于人名与字是非常重视的。一是取名字的时间,一般出生三个月的时候父亲取名,二十岁行冠礼的时候再取字,并且还有一套严谨的程序与规范,所以古人对取名字郑重其事。二是取名也有很多讲究,春秋时期鲁国有个大夫申繻对如何取名还有一番总结,他说:取名有五种原则,信、义、象、假、类。以出生时身上的字纹取名就是信,以他的德性取名就是义,以身体的特殊形状取名就是象,以物品的名字取名就是假,以和他父亲有关的事情为名就是类《左传·桓公六年》。按照这个原则,我们再看看屈原的名与字。

"正则"与"灵均",衡器之平,田野之原,这只是表层的意义,进一步引申,就蕴含了政治道德的意义。所以,屈原的名字属于

"义"的原则，反映了他的德性，或者寄希望他的德性如此。不管怎样解释，总之，屈原的名字是"嘉名"，是一个美好的名字。

屈原出身高贵，出生于良辰吉日，名与字都很好，包含了对屈原一生的为人准则与道德标准的期盼与要求。那么，在战国时期的政治舞台上，屈原到底做了哪些事情呢？他的所作所为符合他的名字吗？

三、如何不朽

参照史书及楚辞作品，我们可以用四个词将屈原的一生经历及精神特质做出简要概括。

第一，忠直之臣。

屈原的一生，楚国经历了两任国君：楚怀王与顷襄王。屈原一生的巅峰时期是在楚怀王时期，是积极有为的忠直之臣。

在楚怀王时期，屈原担任过两个官职：三闾大夫、左徒。楚国官职的名称与中原诸国多有不同。三闾大夫的主要职责是掌管王族三姓：屈、昭、景，负责这些贵族子弟的谱系编纂，并督导贵族子弟的学习与修养。在此期间，屈原应该是培养了一大批德才兼备的优秀子弟的，所以，在《离骚》中，屈原不止一次地用这种诗歌形式表达自己的自豪之情。例如："余既滋兰之九畹兮，又树蕙之百亩。"他把自己比作辛勤劳作的园丁，把培养的人才比作各种香草。屈原希望，他培养的这批优秀人才，日后能够成为楚国发展中的前驱与主导力量。

在楚怀王时期，屈原还做过另外一个更加重要的官职——左徒。关于左徒究竟是怎样的官职，有多种说法，比较通行的看法是左徒是仅次于楚国的国相令尹的地位很高的官职。在这个职位上，屈原如鱼得水，因为他的确完全具备了这方面的才能，司马迁说他"博闻强志，明于治乱，娴于辞令"，意思是说，屈原知道的特多，记忆力超强，对于治理国家很有一套，对于应对其他诸侯国家也相当在行。这个时候的楚怀王很想在政治上有一番作为，因此，楚怀王很信任屈原，委以内政、外交的大任，"入则与王图议国事，以出号令；出则接遇宾客，应对诸侯"。屈原发挥了他的政治才能，干得有声有色，对内修明法度，对外连齐抗秦，楚国的国势大有改观。

当时的中国是一个怎样的局势呢？这是历史上被称为"争雄"的一个时代。各国都积极改革变法，纷纷称雄称霸。"战国七雄"之中，秦国最强，齐国最富，楚国最大。秦国据崤(xiáo)函之固，从秦孝公时商鞅变法，又经过几代的努力，国富兵强。齐国是沿海国家，占有鱼盐之利，经过齐威王的改革，国力也很强盛，宣王时期的稷下学宫，吸纳了大量的人才。楚国占有江汉流域，疆域辽阔，人口众多。从当时的形势来看，秦国是强大的，具备了统一分裂之势的条件，但如果东方的齐楚联合起来，也是完全可以与之抗衡的。当时流传的说法是：横成则秦帝，纵成则楚王。

前面讲过，最初的楚怀王在政治上是很想有所作为的，意图在七国争雄的时代与秦国掰一掰手腕，拔得头筹。所以他重用屈原，采取连齐抗秦的正确主张，并任命屈原负责实施变法。如果这个势头能够持续发展，楚国最终完成统一大业也不是没有可能的。然而，这种势头刚刚萌芽，就遇到了来自三个方面的阻力。

一是楚国内部的贵族势力。屈原对内修明法度、举贤任能的改革主张损害了楚国旧贵族势力的利益，他们纷纷联合起来，到处给屈原"下绊子"，反对改革，于是楚国内部发生了激烈的政治斗争。

二是楚怀王。楚怀王本是赞同支持屈原改革的，本是屈原改革的最大支撑力量，但是这一被屈原视为"亲密战友"的支柱最终却也听信谗言，违背了当初对屈原的承诺。《史记》中记载说：楚怀王令屈原起草改革的条例，屈原还没最终定稿的时候，旧贵族势力的代表人物之一上官大夫出于嫉妒和维护旧势力的阴暗心理，要夺取屈原正在起草的宪令，遭到了屈原的断然拒绝。于是，上官大夫等人就怀恨在心，抓住一切机会在楚怀王面前进谗言，说屈原的坏话，说什么人人都知道您让屈原制定法令，但是每一条法令定好之后，屈原总是自夸其能，说什么除了他谁也干不了，根本就没把大王您放在眼里。三人成虎，谗言一多，曾经极度欣赏、信赖屈原的楚怀王，心中那根自大的神经开始发挥作用了，他认为自己至高无上的权威遭到了屈原的践踏，因此，楚怀王不问青红皂白，就剥夺了屈原的一系列权力，不再像之前那般重用屈原。

三是秦国。楚国与齐国的联合，成为秦国东扩兼并的最大阻力。秦国深知不拆散齐楚联盟，就不能各个击破，东扩、统一都是无稽之谈。秦国抓住楚怀王的弱点——贪图小利、缺乏远见，派了著名的游说之士张仪出使楚国。张仪凭借他的三寸不烂之舌，给楚怀王画了一张大饼——商於(wū)六百里土地，而楚怀王要想吃到这张大饼，需要付出一点代价，代价便是与齐国绝交。方圆六百里的土地，确实是一个极大的诱惑，楚怀王果然被这张空头支票冲昏了头脑，忘记了连齐抗秦的根本利益，立马同意了张仪开出的条件，不仅与齐国绝交，而且还唯恐不够坚决，特地派了一个勇士到齐国当面辱骂了齐王一番。

楚国与齐国断交之后，楚怀王派使者到秦国，信心满满地准备接受土地。谁知，张仪对从前的许诺矢口否认，说什么根本没有和楚王约定所谓的六百里土地的事情，仅仅是六里土地。到这个时候，楚怀王才明白过来，这原来是一个骗局，自己傻乎乎地被张仪戏耍了，不仅没捡到西瓜，连之前稳握在手的大把芝麻也给丢了，不禁勃然大怒，发兵攻秦。楚怀王的攻秦决策是在恼羞成怒之后的仓促举动，本身不是一个明智的选择。在准备不足、失去齐国强援的情况下，楚怀王不听劝阻，贸然出兵，结果大败，不仅八万士兵阵亡，而且连楚国汉中的土地也丢失了。

对楚国来说，楚怀王十六年（前313）是转折性的一年。楚怀王听信谗言，疏远了屈原，放弃了屈原极力主张的"连齐抗秦"的路线，抛弃了屈原制定的强国的改革政策，结果丧兵失地。楚国也就是从这一年开始，走向了衰落。

到楚怀王十八年（前311）的时候，秦国派出使者向楚国示好，并说将汉中一半的土地还给楚国。这时的楚怀王对张仪的怒气仍然没有消除，不顾国家的利益，说不要土地，只要张仪，要用张仪的血来消弭心中的怨愤。结果张仪有恃无恐、胸有成竹地来到楚国，通过贿赂楚国的大夫靳尚和怀王的夫人郑袖，最终骗了楚怀王，大摇大摆地从楚国回国了。张仪被放走后,屈原正好从齐国出使回来,问楚怀王为什么不杀张仪。楚怀王被屈原一番质问,方恍然大悟,后悔莫及,赶紧派人追赶张仪,但为时已晚。可见,这时的屈原虽被疏远,但还是担任了出使齐国的重任。实情应该是这样的,每当秦楚关系恶化之时,楚国就需要屈原出使齐国,与齐国通好;反之,秦楚关系一旦缓和,坚持抗秦的屈原就必然受到冷落。

在齐秦两国首鼠两端的怀王,一会儿合纵抗秦,一会儿毁约盟秦,终于尝到了恶果。楚怀王三十年（前299）的时候,秦国的国君秦昭王又给他挖了一个坑:邀请楚怀王在武关（今陕西丹凤）相会,订立盟约。屈原对当时的形势、秦国的野心看得明明白白,竭力阻止怀王前往。可是,楚怀王的小儿子子兰极力怂恿,楚怀王最终还是去了。但这一去就再也没有回来,最终楚怀王客死在秦国。谥法上讲"失位而死曰怀""民思其惠曰怀",楚国人没有得到他多少恩惠,反而跟着死了那么多的子弟,看来这个"怀"属于前者。

在这一个时期,屈原是一心一意为楚国的现状盘算,为楚国的未来谋划,是楚国内政外交上的核心人物,这是屈原的忠,对楚怀王忠,对楚国忠;然而,屈原的性格之中又有耿介的一面,情感激烈,不会掩饰;固守理想,秉持己见,不会虚与委蛇,眼里揉不得沙子,自觉地将自己置于与他原先所属的楚国旧贵族集团完全对立的一面。这是屈原的"直",自信能够将楚国带上康庄大道的他,最终成了"一个人在战斗"。

第二,贬谪之客。

一般认为,屈原一生中,曾经有两次被贬离,一次是在楚怀王时期，一次是在顷襄王时期。一次流放汉北，一次被贬江南。

屈原第一次被贬，大约是楚怀王听信谗言、疏远屈原之后。学者大都认同是在楚怀王二十四年（前305）前后，屈原被流放汉北。关于这一次的被贬，文献反映得不是很清楚，主要是通过屈原的作品《抽思》中的个别语句做出的判断。不过，从有限的文献来推测，屈原第一次被贬，时间应该不会很长。因为在齐楚绝交之后，楚怀王意识到被张仪戏耍了之后，还曾命屈原出使齐国，希望修复与齐国的联盟，重修旧好。在此期间，屈原虽然被贬，但仍然一心为国，一心为楚怀王，他在此时是悲情下的积极者。

屈原的第二次被贬，是在顷襄王时期。

当楚怀王于三十年入秦不返之时，楚国人立楚怀王太子为国君，这就是顷襄王。顷襄王当上国君以后，让他的弟弟子兰做了令尹。但是，楚国人对子兰很不满，因为他是积极撺掇楚怀王入秦以致一去不返的关键人物，所以楚人将此事归咎于子兰。不满的人当中也有屈原，因为屈原是极力劝阻楚怀王入秦的，而且屈原对于令尹子兰等人与秦苟合、暂时苟安的立场也大为不满。当上令尹的子兰恼羞成怒，迁怒屈原。于是，子兰指使上官大夫等人在顷襄王面前造谣诋毁屈原。顷襄王的昏庸胜过其父，即位之后不但

> 有鸟自南兮，来集汉北。好姱佳丽兮，胖独处此异域。——《楚辞集注》

不贬斥谗佞之人,而且对他们言听计从。结果,屈原被流放江南,被迫离开了楚国的权力中心,完全失去了参与楚国大政方针决策的机会。在此期间,屈原真正感受到了"贬谪"之苦,此苦不在于生活环境的艰苦,不在于远离政治中心的痛苦,而在于理想无从实现、希望破灭的悲苦。

在屈原流放期间,楚国的形势每况愈下。屈原穷困落魄,还时刻担忧国家之命运。顷襄王二十一年（前278）的仲春二月,秦将白起率领秦国"虎狼之师",以破竹之势攻破楚国都城郢（今湖北江陵）,楚国王廷仓皇流亡。郢都千里之外,"风飒飒兮木萧萧",屈原的内心痛苦可想而知。汨罗江畔,屈原峨冠博带,形容枯槁,被发行吟。绝望悲愤之下,他怀抱大石,自投汨罗江。这纵身一跃,永远地定格为他生命最后的壮烈之举。悲情的汨罗江,终于接纳了这个游荡无依的痛苦魂灵。

屈原死日,可能是五月初五,或是距这一天很近的一个日子。五月初五原来是楚地的传统节日,后来人们就把这一天作为纪念屈原的日子,论其本来意义,反而鲜为人知了。

第三,狂狷（juàn）之士。

屈原亦可称为狂狷之士。屈原的狂,来自他高贵的出身、过人的才能、特殊的礼遇,以及由此养成的睥睨天下、舍我其谁的傲然个性。屈原的狂,不是无知之狂,而是来自他对自己才能的自信与认可。他在《离骚》中自叙说:"纷吾既有此内美兮,又重之以修能。"《楚辞集注》意思是,自己不仅有高贵的出身、生逢良辰、美好的名字这些内在的美好品质,更有后天学习培养的多种优秀的才能。多重内在美与外在修能，是屈原足以傲视他人的资本，是屈原狂狷性格的生成底气。

一个人光有才还不行，必须有人用他，否则便会落入怀才不遇的境遇。楚怀王曾经有一段时间重用屈原，对内实行改革，发布号令，为楚国的未来绘制了美好的蓝图，屈原自信他的"美政"能够将楚国带上康庄大道；对外接待宾客，应对诸侯，是楚国政坛上的核心人物之一。这一切，无形之中也养成了屈原高傲的个性，也由此造成了他被谗遭废、孤立无援的境地。

屈原之狷，主要体现在他的洁身自好，不同流合污。屈原被楚怀王疏远之后，其实他有好几种选择。一是可以调整自己的心态和观点，与当时楚国政坛上的主流，如上官大夫、郑袖、子兰等人，进行适当的妥协，甚至可以放弃自己的"美政"理想，放弃自己的追求，让他们重新接纳自己，依然过着高官厚禄的优越生活；二是可以隐居山野，不问世事，忘却时事，过着一种闲云野鹤般悠哉的日子；三是可以到其他国家寻求发展。但是，屈原就是屈原，一旦选择了以上三种生活，他就不是那个独一无二的屈原。事实上，屈原坚持理想，不愿妥协；要实现理想，实现生命的价值，不愿隐逸；而且依恋故土，不想到别国去。所以，独醒者屈原最终站在了所谓主流政坛的对立面，进行一个人的战斗。

楚辞中有一篇《渔夫》，虽然可能不是屈原的作品，但其中很真切地反映了屈原的独立意识及对操守的坚持。此篇写道：屈原遭到了放逐，在沅江边上游荡，面容憔悴，孤独行吟。一个渔夫见到他，问："你不是三闾大夫吗？为什么落到如此境地？"屈原说:"全社会都是肮脏的,只有我一个人干净;所有的人都醉了,唯独我一个人清醒,所以才被流放了。"渔夫说:"圣人不拘泥于任何事物,而是能够随着世道一起变化。世上的人都混浊,你何不也搅动泥沙,推波助澜?世上的人都醉了,你何不也连酒带糟,喝一个酩酊大醉呢?何必把事情想得那么长远,行为又如此高洁,以至于让自己被流放呢?"屈原说:"我听说,刚洗过头发的人,必定弹干净帽子再戴,刚洗净身体的人,必定抖干净衣服再穿。我怎么能让干干净净的身体,去沾染那些污秽不堪的东西呢?我宁愿跳进江水,葬身鱼腹,也不愿让高洁的品德蒙受世俗的灰尘。"其中所反映的,不仅有屈原对高洁人格的坚守,也有对"信而见疑,忠而被谤"的怨怼,这就是屈原的"狷"。

> 举世皆浊我独清,众人皆醉我独醒。——《楚辞集注》

这就是屈原,志向远大,上下求索;固守理想,坚持节操的狂狷之士。

第四,文学之士。

屈原"文学之士"的标签,需要先从"风骚"这个词说起。风骚最基本的意义是指《诗经》中的《国风》与屈原的《离骚》的合称,它们共同被视为中国诗歌发展的源头,对中国文学影响极为深刻。不过,仔细比较一下,就可以显出屈原的伟大。《国风》显然是集体的创作,而《离骚》是个体所为,一个人能够与一群人等同并论,足见屈原对中国文学之影响了。刘勰在《文心雕龙》中说:"衣被词人,非一代也",是说屈原对后来中国文人创作的影响。李白写诗云:"屈平词赋悬日月,楚王台榭空山丘。"这是对屈原作品的高度肯定。楚国的亭台楼榭早已成为断壁残垣,化为沧海桑田,但屈平的辞赋以及他的人格理想,如昭昭日月,千古垂照。

正是基于这些方面,中国文学史中经常如此表述:屈原是中国第一位伟大的诗人,在他之前出现的《诗经》是众人的吟唱,在他之前,天下没有诗人;他的降临却呼唤出一批英才,使诗的荒原充满了春的气息,他的诗的个性化,标志着"诗人"这一形象的真正诞生,标志着一个新纪元的开始。

屈原在中国文化中的影响,绝不仅仅是因为他创作了一种与《诗经》迥异的诗歌,更重要的是屈原的作品、屈原的行事所体现的人格与精神。

四、屈子精神

屈原的精神展现在许多方面,这里只讲两点最为突出的。

一是坚持正义、追求真理的责任、担当与勇气。

屈原的"美政"理想,屈原的改革,屈原为楚国命运的身体力行,对于建立一个强大的楚国,至少保证楚国不受其他诸侯国的侵犯，明显是有现实作用的。屈原认为，他的理想是能够实现楚国的强大的。但是，理想与变革必然触及当时楚国的弊端：政治政策的失误，吏治的腐败，旧贵族的贪腐，甚至楚王的缺陷，不可避免地触及了当时各阶层的利益。不过，对屈原而言，一旦他的"美政"理念与政治抱负确立，即使是"路漫漫其修远兮"《楚辞集注》，依然坚贞不改，矢志不渝，"虽九死其犹未悔"《楚辞集注》。他不愿改变自己的坚守，不愿同流合污，不愿离开家乡，唯有以死明志，以死殉志。屈原用一种自沉的极端方式，践行了对真理、正义、理想的坚守与高扬。在屈原身上，生命的意义已经超越了生命本身，生命的意义远远大于生命本身。

屈原的这种精神，受到后世的敬仰与效仿。汉代的贾谊，被贬长沙，以屈原自比，哀悼屈原，感伤自己，用屈原的精神激励自己。司马迁南游沅江、湘水，"未尝不垂涕，想见其为人"。李白、杜甫、陆游，这样的人名可以列出一大串。

二是对楚国深沉不渝的热爱。

在今天，我们谈起屈原，很自然地将其与爱国主义精神联系在一起，屈原就是这种精神的代表与化身。屈原对楚国怀有深厚的情感，这在他的诗篇和实际行动中都有极为鲜明的表现。但是，20世纪80年代，也有一些学者对屈原的爱国提出了不同的看法。总结其中的主要观点，大致有二：其一，先秦时期人们的意识中并不存在中国与外

《史记》卷八十四《屈原贾生列传》

国的对立,因此也就不存在热爱祖国的观念;其二,先秦时期,留在或离开自己出生的国家,并不是爱国与否的标志。这些观点,在当时也引起了很大的影响。

的确,这种观点是有一定的道理的。在先秦时期,所谓的"中国",也就是"天下",《诗经》中说"溥(pǔ)天之下,莫非王土;率土之滨,莫非王臣",就是这种观念的反映。因此,当时的战争,可以视为一个国家内部的战争。而且,当时的人到其他诸侯国,完全可以自由来往。比如,孔子、孟子、荀子,先秦时期的三位儒家大师,都曾在诸侯列国之间奔走,寻找发展的机遇,在当时也没有被视为不爱国。这一点,我们是必须承认的。

但是,同样不能否认的是,屈原的精神中确实存在着爱国主义的因素。春秋战国时期,当时的中国处于诸侯割据的状态,各个诸侯国在实际上都有行使其政权的职能。因此,生活在各个诸侯国的人民,对自己所生活的诸侯国的前途与命运都不能不关心。在这种特定的历史环境中,生活于一国中的人民,都希望自己的国家富强,不受其他诸侯国的侵害,再进而希望谋求统一。这完全可以视为当时的爱国。而且,对楚国而言,对屈原而言,那种浓烈炽热的故国乡土之情完全可以转化为爱国主义精神。

在先秦时期,楚国在地理上地处中原之外,相对封闭,在长期的发展过程中,逐渐形成了独具风格的楚文化,造就了楚人对故土依恋的传统。这种传统,在屈原的诗歌中，有多次表现，比如"鸟飞反故乡兮，狐死必首丘"《楚辞集注》，意思是讲，鸟儿高飞最终还是要返回旧巢，狐狸死时头一定向着狐穴所在的方向。这是用比喻来表达自己的恋乡之情。在《离骚》的最后，也写到屈原在经历多次的犹豫彷徨之后，下定决心准备离开楚国，然而当他从天上回首遥望自己的故乡，所有的决心顷刻瓦解。这种突出的恋乡情结，就是屈原的爱国主义情感。这种情感，在此后国家分裂的时代，在异族入侵的时候，往往被提升到国家的层面，被赋予更高层次的含义与解释，逐渐形成了屈原以爱国主义为主要特征的人格精神。直到现代，闻一多、郭沫若均认为屈原这种为国尽忠的信念，构成了屈原精神的主体，成为中华民族传统精神的核心。

屈原是历史的真实。

应该感谢司马迁，他从浩荡的历史长河中，从悲情的汨罗江中，打捞起这位中国伟大的政治家、思想家、外交家、文学家，他在《史记》中用一千二百多个字，让后世永远记住了一个不屈的脊梁。

屈原是一种民族精神，是一种文化符号。屈原代表着坚守理想的精神，代表着独立不迁的人格，代表着拳拳的爱国之情，代表着中华民族精神的一面旗帜……屈原用自己的生命在中国的历史长河中树立起了一座令后人仰望千年万年的丰碑。

屈原不仅是中国的，也是世界的。1953年，世界和平理事会确定屈原为世界文化名人。2009年以纪念屈原为核心内容的中国端午节及其传说进入"世界人类非物质文化遗产代表作名录"，这标志着屈原不仅仅是世界文化名人，同时他的作品及精神价值，也是人类文化遗产的不朽部分。

卫青与霍去病

绝代双骄

汉武帝即位以来，最为关注的强国大事即是对匈作战，在这场长达四十余年的战争中，涌现出了一批抗匈名将，其中最为突出的首推汉武帝的姐姐平阳公主的"骑奴"（以奴隶身份充当骑兵侍从）卫青。他由奴隶到大将军，为汉帝国的对匈战争建立了殊功，起于尘埃，成于金身，成为中华民族历史上的一位战神。另一位在对匈作战中立下奇功的战神仍是从这个家族中走出来的少年英才霍去病，一样出身低微，一样彪炳史册，一样为大汉帝国的开疆拓土立下千秋功业，甚至青出于蓝而胜于蓝。他们两位可谓大汉帝国的绝代双骄。

衛 武 像

公姓衞諱青字仲卿平陽人本姓鄭武帝時拜太中大夫屢將兵
出雁門雲中伐匈奴立大功封長平侯

漢霍去病年十八善騎射六擊匈奴九出斬
首十餘萬級渾邪王以衆數萬降拜驃騎將軍
率常秋以置第不病曰匈奴未滅臣何以家爲

一、从奴隶到将军

建元二年(前139)春，18岁的汉武帝在霸上参加完一场活动回宫时路过姐姐平阳公主家，顺道看望姐姐。平阳公主平日家里准备了十几位良家出身的美女，武帝一来，她就召这些美女上场，但是武帝一位也没看上。饭局中，平阳公主遣卫子夫等歌女前来献歌，汉武帝一眼看中了卫子夫。当天，卫子夫在平阳公主的家中受到宠幸。汉武帝很兴奋，赏给平阳公主金千斤。平阳公主趁机进言让卫子夫入宫。临别之际，平阳公主抚着卫子夫的背说："要走了，到宫中好好活着；真受宠幸了，别忘了我。"但是，卫子夫入宫一年多始终没有再被汉武帝召见。后来，武帝选一些不受宠幸的宫女放她们出宫，卫子夫才得到第二次见武帝的机会。卫子夫一见汉武帝，泪水夺眶而出。武帝看后，心中也很难受，再次宠幸了卫子夫，卫子夫竟然意外地怀上龙种。从此，卫子夫受到的宠幸一天比一天强，原来在平阳公主府担任骑奴的卫青，也因同父异母的姐姐卫子夫受到宠幸而被武帝召入建章宫。

卫青入宫不久，有人秘密逮捕了卫青，准备杀掉他。原因是卫子夫受宠后，陈皇后非常恼怒，

> 卫皇后字子夫，生微矣。盖其家号曰卫氏，出平阳侯邑。子夫为平阳主讴者。武帝被霸上还，因过平阳主。主见所侍美人，上弗说。既饮，讴者进，上望见，独说卫子夫。是日，武帝起更衣，子夫侍尚衣轩中，得幸。上还坐，欢甚，赐平阳主金千斤。主因奏子夫奉送入宫。子夫上车，平阳主拊其背曰："行矣，强饭，勉之！即贵，无相忘。"入宫岁余，竟不复幸。武帝择宫人不中用者，斥出归之。卫子夫得见，涕泣请出。上怜之，复幸，遂有身，尊宠日隆。召其兄卫长君、弟青为侍中。而子夫后大幸，有宠，凡生三女一男。——《史记》卷四十九《外戚世家》

因其无子，备受冷落。陈皇后的母亲是大长公主刘嫖，刘嫖听说卫子夫受宠而且有了身孕，非常嫉恨，于是派人秘密逮捕卫青。当时，卫青在建章宫任职，并不出名。大长公主刘嫖派人抓捕了卫青，想处死他。卫青的好朋友公孙敖领着几位壮士，冒死救出了卫青，卫青这才躲过一劫。公孙敖是义渠（秦国西北最大的一支少数民族）人，当时是汉武帝的骑郎（骑兵侍从）。卫青入宫后，两人同龄，又有共同语言，一见如故，过从甚密。汉武帝听说后，立即任命卫青为建章监（建章宫的管理者），并加封侍中（皇帝的侍从），无非是向大长公主母女亮明：我就是卫家的后台老板（上闻，乃召青为建章监、侍中）！

卫子夫得宠后，卫青一家人人受益：哥哥卫步广几天中受赐千金；卫青的大姐卫君孺，嫁给了太仆公孙贺；二姐卫少儿曾与汉初大功臣陈平的曾孙陈掌私通，武帝把陈掌召来，又赏赐，又提拔。公孙敖因为营救卫青有功，也沾了卫家的光，此后，蒙武帝多次提携，备受尊崇。后来，汉武帝升卫子夫为"夫人"（嫔妃的一级），提拔卫青做了太中大夫。

元光六年（前129），匈奴大举入侵上谷郡，烧杀抢掠，百姓损失惨重。武帝于是令四位将军同时出击匈奴。卫青任车骑将军，从上谷郡出击匈奴；太中大夫公孙敖为骑将军，从代郡出击；太仆公孙贺任轻车将军，从云中郡出击；卫尉李广任骁骑将军，从雁门郡

建元二年春，青姊子夫得入宫幸上。皇后，堂邑大长公主女也，无子，妒。大长公主闻卫子夫幸，有身，妒之，乃使人捕青。青时给事建章，未知名。大长公主执囚青，欲杀之。其友骑郎公孙敖与壮士往篡取之，以故得不死。——《史记》卷一百十一《卫将军骠骑列传》

及同母昆弟贵，赏赐数日间累千金。孺为太仆公孙贺妻。少儿故与陈掌通，上召贵掌，此益贵。子夫为夫人。青为大中大夫。——《史记》卷一百十一《卫将军骠骑列传》

出击,每位将军率部一万骑兵。卫青第一次带兵出征,直奔匈奴祭天的龙城,斩杀、俘虏匈奴人数百。公孙贺无功而返,公孙敖被匈奴军打败,损兵七千。李广被匈奴重兵打败,本人也被活捉。李广装死,被放在两马之间的网中,走了十几里,突然看见一位匈奴骑兵的战马是一匹良马,于是,李广一跃而起,飞身上了此马,并将这位年轻的匈奴人推下马,顺手夺了弓箭,飞奔向南。匈奴追击的士兵都被李广射杀,李广这才逃脱。回朝后,公孙敖、李广因为兵败被投入监狱,判为斩刑,两人都出钱赎罪,废为庶民。只有卫青,因功封关内侯。卫青虽然是奴隶出身,然而,他善于骑马射箭,力量过人,礼遇士大夫,善待士卒,大家乐于为其所用。

卫青由此步入了人生的快车道。

二、运气,还是才华

卫青攻陷龙城,斩敌七百多,战绩并不算特别辉煌,但是,对匈奴人来说却是极大的震撼。此前,汉匈之间虽时有冲突,但都是在汉朝边境交战,汉军从未深入匈奴腹地作战。而且,自汉朝开国以来从来都是匈奴侵入汉朝边地,杀人越货。这一次,卫青竟打到龙城攻入匈奴的王庭。这对匈奴人来说,是一个

匈奴入上谷,杀略吏民。遣车骑将军卫青出上谷,骑将军公孙敖出代,轻车将军公孙贺出云中,骁骑将军李广出雁门,各万骑,击胡市下。卫青至龙城,得胡首虏七百人。公孙贺无所得,公孙敖为胡所败,亡七千骑。李广亦为胡所败,胡生得广,置两马间,络而盛卧,行十余里,广佯死,暂腾而上胡儿马上,夺其弓,鞭马南驰,遂得脱归。汉下敖、广吏,当斩,赎为庶人。唯青赐爵关内侯。青虽出于奴虏,然善骑射,材力绝人。遇士大夫以礼,与士卒有恩,众乐为用,有将帅材。——《资治通鉴》卷十八,中华书局1956年版

信号：原来安全的匈奴腹地，今后可能为汉军经常光顾——整个匈奴再也没有安全可言。被卫青攻陷的龙城，是匈奴祭祀天地祖先和大会各部落的王庭。对匈奴人而言，龙城不仅仅是他们的政治中心，更是一个宗教圣地。

卫青为何要进攻匈奴王庭龙城？

对匈作战的最大困难有三点：一是找不到，二是打不赢，三是划不着。

茫茫沙漠，上哪儿去找匈奴军队？这叫找不到。万一遇上匈奴主力，一万汉兵肯定打不赢，公孙敖、李广都吃了打不赢的亏，李广的亏吃得更大一点。

划不着，指兴师动众，根本遇不上匈奴军队，等于跑到大沙漠里溜达一圈又回来了，公孙贺来了个沙漠遛弯儿，劳而无功。

选择匈奴龙城，不会因找不到而无功而返。

匈奴王庭龙城，位于匈奴腹地。既然是匈奴祭祀天地、祖先之地，不可能没有匈奴人驻守。选择匈奴王庭作为目标，肯定不会像公孙贺一样无功而返。

龙城地处匈奴腹地，从来没有汉军到达过，因此，肯定不会有匈奴重兵防守。这就是兵书所讲的攻其不备。匈奴人一贯是青壮年出征，老弱者留守。在王庭既能找到匈奴人，又无匈奴重兵，汉军可以只管打，不用防。李广、公孙敖都败在遭遇匈奴重兵，寡不敌众。卫青选择了既可立功，又不会遭遇强敌的匈奴王庭，自然捡了个大便宜。这个便宜原本人人可捡，非专属卫青，汉武帝也未曾授意卫青；大家自由选择。李广、公孙敖、公孙贺也可以选择这一目标，但都错过了。

更重要的是,卫青学会了用骑兵军团大规模长途奔袭的战术,这是今后汉军与匈奴军队长期作战的主要模式。

卫青最突出的才能,表现为他顺应了战争策略的转变。

武帝一朝,汉朝对匈战略由开国以来的被动防御,转为千里奔袭的主动进攻,转为大规模骑兵军团的机动作战。卫青生逢其时,主动出击虽然胜负难料,但至少有立功的希望;被动防御即使打胜了,比起主动出击来说功劳更小。因此,生逢其时是卫青成功的重要因素。

卫青最大的运气,在于汉武帝敢任命他率兵出征。卫青从来没有上过战场,因为姐姐受宠,被汉武帝特别关照。这样,卫青被任命为车骑将军,率兵出征。没有汉武帝任将出征的语令,卫青不可能成为一代抗匈名将。

古人云:卫青不败由天幸。从这个意义上讲,的确如此,上苍给了卫青一个立功的时代。

元朔元年(前128),卫子夫生下汉武帝的皇长子刘据,晋升皇后。这年秋天,卫青领车骑将军职,率三万骑兵从雁门出塞,将军李息从代地出塞,两军夹击匈奴,卫青斩敌数千。这是卫青继龙城之战后又立

元朔元年春,卫夫人有男,立为皇后。其秋,青复将三万骑出雁门,李息出代郡。青斩首虏数千。——《汉书》卷五十五《卫青霍去病传》

的一功。

值得关注的是，这次雁门之战，汉武帝只派了卫青、李息两人，老将军李广等名将一概未用。龙城之战时，汉武帝第一次使用卫青。此时汉武帝对卫青的才华还心存疑虑，所以，派卫青、李广、公孙敖、公孙贺四员战将，兵力分配上是一人一万。龙城一战对卫青带有某种试探性。元朔元年（前128），汉武帝仅派卫青、李息两人出征，而且，卫青所率军队由当年的一万增至三万；李息从代郡出兵，带兵人数不详，最大可能是作为分散匈奴注意力的副将出征。这一变化，说明汉武帝对卫青的信任度大大增加。

元朔二年（前127），匈奴入侵上谷、渔阳二郡，杀死军民千余人，卫青、李息再次从云中郡出征。这次，卫青一直打到陇西郡，攻击了长期驻守河南地的楼烦、白羊王部，杀敌数千，俘获牛羊达百万，将楼烦、白羊王赶出河南地，并在此设立了朔方郡。

> 明年，青复出云中，西至高阙，遂至于陇西，捕首虏数千，畜百余万，走白羊、楼烦王，遂取河南地为朔方郡。以三千八百户封青为长平侯。
> ——《汉书》卷五十五《卫青霍去病传》

河南地特指河套以南之地，当年，秦始皇派大将蒙恬率兵30万从匈奴手中夺得。秦末大起义时，秦军无暇顾及此地，遂被匈奴占领，至此，河南地重归西汉政府。

汉武帝在河南地设朔方郡一事曾在朝廷引发一场争议，只有主父偃力主设郡，群臣多反对，汉武帝最终拍板，采纳了主父偃的意见，设立朔方郡，并迁十万百姓垦边。河南地军事价值极高，自卫青夺得河南地后，汉军以此为据，向北、向西发展，逐步打败匈奴右贤王部，成为最终战败匈奴的关键。

元朔五年（前124），汉武帝命令卫青率三万骑兵出高阙（今内蒙古巴彦淖尔盟杭锦后旗西北），卫尉苏建为游击将军，左内史李沮为强弩将军，太仆公孙贺为骑将军，代相李蔡为轻车将军，全部归车骑将军卫青统领，均从朔方郡出击。大行李息、岸头侯张次公为将军，全部从右北平郡出击。

这场大战的目标是匈奴右贤王。

但是，右贤王却认为汉军绝对不可能到达自己的驻地，当晚开怀畅饮，竟喝醉了。汉军夜晚抵达，迅速包围了右贤王部。右贤王闻讯大惊，立即带着一位爱妾、数百精锐随从，扔下大军，向北突围。汉将郭成等人穷追不舍，追了几百里，未能追上。但是，这一仗抓获右贤王手下的裨王十几位，男男女女一万五千多人，牲畜上百万头，大胜而归。接近边塞，天子派来的使者已经拿着大将军印在等候，随即在军中拜卫青为大将军，全体将领均率部隶属大将军指挥。

回朝后，武帝对卫青说，大将军卫青，亲率士卒奔赴战场，取得巨大成功，俘获匈奴王十余人，增封卫青八千七百户食邑。封其子卫伉为宜春侯，卫不

元朔五年春，令青将三万骑出高阙，卫尉苏建为游击将军，左内史李沮为强弩将军，太仆公孙贺为骑将军，代相李蔡为轻车将军，皆领属车骑将军，俱出朔方。大行李息、岸头侯张次公为将军，俱出右北平。匈奴右贤王当青等兵，以为汉兵不能至此，饮醉，汉兵夜至，围右贤王。右贤王惊，夜逃，独与其爱妾一人骑数百驰，溃围北去。汉轻骑校尉郭成等逐数百里，弗得，得右贤裨王十余人，众男女万五千余人，畜数十百万，于是引兵而还。至塞，天子使使者持大将军印，即军中拜青为大将军，诸将皆以兵属，立号而归。
——《汉书》卷五十五《卫青霍去病传》

疑为阴安侯，卫登为发干侯。卫青再三谢恩说："我能幸运地走到今天，全凭陛下的神灵庇佑。获此大胜，全靠将士们奋力死战。陛下已经增封了我卫青，我的儿子尚小，没有为国尽力，皇上裂土封三侯，这不是皇上鼓励将士们奋战疆场的初衷，卫伉等三个小娃娃怎么能够受封呢？"武帝回答："我不是忘了各位将军的功劳，请容我有时间加封。"于是，封公孙敖、韩说、公孙贺、李蔡、李朔、赵不虞、公孙戎奴均为侯。李沮、李息、豆如意等人为关内侯。

元朔六年(前123)春，卫青率合骑侯、中将军公孙敖，左将军、太仆公孙贺，前将军、翕侯赵信，右将军、卫尉苏建，后将军、郎中令李广，强弩将军、左内史李沮，杀敌数千。一个多月后，原班人马从定襄出发，杀敌一万多。苏建、赵信两军三千多人，遇上了匈奴单于亲率的主力，苦战一天多，汉军伤亡几尽。赵信是胡人、匈奴降将，一看形势不利，匈奴又引诱他，于是率其余部八百多人投降匈奴。苏建全军覆灭，独身一人逃回大营。卫青询问其罪，掌管军法的军正、长史、议郎一起讨论此事，议郎周霸说："大将军出征以来，从未杀

上曰："大将军青，躬率戎士，师大捷，获匈奴王十有余人，益封青八千七百户。"而封青子伉为宜春侯，子不疑为阴安侯，子登为发干侯。青固谢曰："臣幸得待罪行间，赖陛下神灵，军大捷，皆诸校力战之功也。陛下幸已益封臣青，臣青子在襁褓中，未有勤劳，上幸裂地封为三侯，非臣待罪行间所以劝士力战之意也。伉等三人何敢受封！"上曰："我非忘诸校功也，今固且图之。"乃诏御史曰："护军都尉公孙敖三从大将军击匈奴，常护军傅校获王，封敖为合骑侯。都尉韩说从大将军出窴浑，至匈奴右贤王庭，为戏下搏战获王，封说为龙额侯。骑将军公孙贺从大将军获王，封贺为南窌侯。轻车将军李蔡再从大将军获王，封蔡为乐安侯。校尉李朔、赵不虞、公孙戎奴各三从大将军获王，封朔为陟轵侯，不虞为随成侯，戎奴为从平侯。将军李沮、李息及校尉豆如意，中郎将绾皆有功，赐爵关内侯。沮、息、如意食邑各三百户。"——《汉书》卷五十五《卫青霍去病传》

过副将。如今,苏建弃军而归,可以斩了以明示大将军之威!"但是,军正闳、长史安反对:"兵法上讲,人数少的军队必然被人数多者所败。苏建以数千士卒与单于数万大军奋战一天多,没有一人有二心。自己跑回来却被斩杀,这会让此后打了败仗的人不敢回来。不应判死刑!"卫青表态说:"我有幸为天子掌军权,不怕没有军威。周霸要说杀人以立威,不合我的心意。即使我的职责可以斩将,但我不敢在军中擅自专权,应当将此权归于天子,由天子裁决,以示人臣不敢专权,如何?"军吏们都说:"好!"于是,将苏建囚在大营中。最终,汉武帝并未杀苏建,听任其出钱,赎为庶人。

卫青为人的低调,在处理苏建一事上表现得淋漓尽致。

卫青有一个外甥霍去病,是他的二姐卫少儿和平阳县吏霍仲孺的私生子。霍去病十八岁那年,被汉武帝任命为侍中。霍去病善于骑马、射箭,曾随大将军卫青出征,任票姚校尉,卫青受武帝特诏,专门给他配备了八百名由勇士组成的骑兵。霍去病率领这八百骑兵,离开大部队,直奔数百里,杀敌数远超自身八百

明年春,大将军青出定襄,合骑侯敖为中将军,太仆贺为左将军,翕侯赵信为前将军,卫尉苏建为右将军,郎中令李广为后将军,左内史李沮为强弩将军,咸属大将军,斩首数千级而还。月余,悉复出定襄,斩首虏万余人。苏建、赵信并军三千余骑,独逢单于兵,与战一日余,汉兵且尽。信故胡人,降为翕侯,见急,匈奴诱之,遂将其余骑可八百犇降单于。苏建尽亡其军,独以身得亡去,自归青。青问其罪正闳、长史安、议郎周霸等:"建当云何?"霸曰:"自大将军出,未尝斩裨将,今建弃军,可斩,以明将军之威。"闳、安曰:"不然。兵法'小敌之坚,大敌之禽也'。今建以数千当单于数万,力战一日余,士皆不敢有二心。自归而斩之,是示后无反意也。不当斩。"青曰:"青幸得以肺附待罪行间,不患无威,而霸说我以明威,甚失臣意。且使臣职虽当斩将,以臣之尊宠而不敢自擅专诛于境外,其归天子,天子自裁之,于以风为人臣不敢专权,不亦可乎?"军吏皆曰:"善。"遂囚建行在所。
——《汉书》卷五十五《卫青霍去病传》

汉武帝得到霍去病首战立功的消息后，特下诏书：票姚校尉霍去病杀敌两千零二十八人，抓获匈奴的相国、当户，斩杀匈奴单于祖父辈的藉若侯产，抓捕了单于的叔叔罗姑比，其功再次位居诸将之冠。因此，以二千五百户食邑封霍去病为冠军侯。

元狩二年（前121）春，霍去病第二次远征。这次出征是霍去病单独出战，而且，是以骠骑将军之名统率一万骑兵，从陇西郡出发历经五王国，杀折兰王，斩卢侯王，抓了浑邪王之子和该国的相国都尉，杀敌八千多，并缴获了匈奴休屠王祭天的金人。

元狩二年夏，霍去病与合骑侯公孙敖率数万铁骑同出北地郡，分道出兵。卫尉张骞、郎中令李广从右北平郡分道进击，但是，兵少，只是一支策应部队。

骠骑将军霍去病这次出征，以卫青首创的大迂回战略，深入匈奴腹地两千多里，越过居延，经过小月氏，到达祁连山，抓获匈奴单桓、酋涂王，以及相国、都尉等二千五百人，杀敌三万零二百人，另俘获

霍去病，大将军青姊少儿子也。其父霍仲孺先与少儿通，生去病。及卫皇后尊，少儿更为詹事陈掌妻。去病以皇后姊子，年十八为侍中。善骑射，再从大将军。大将军受诏，予壮士，与轻勇骑八百直弃大将军数百里赴利，斩捕首虏过当。——《汉书》卷五十五《卫青霍去病传》

于是上曰：「票姚校尉去病斩首捕虏二千二十八级，得相国、当户，斩单于大父行藉若侯产，捕季父罗姑比，再冠军，以二千五百户封去病为冠军侯。」——《汉书》卷五十五《卫青霍去病传》

元狩二年春为票骑将军，将万骑出陇西，有功。上曰：「票骑将军率戎士逾乌鞘，讨遫濮，涉狐奴，历五王国，辎重人众摄詟者弗取，冀获单于子。转战六日，过焉支山千有余里，合短兵，鏖皋兰下，杀折兰王，斩卢侯王，锐悍者诛，全甲获丑，执浑邪王子及相国、都尉，捷首虏八千九百六十级，收休屠祭天金人。」——《汉书》卷五十五《卫青霍去病传》

五王、王母、单于阏氏(yān zhī)、王子五十九人,相国、将军、当户、都尉六十三人。武帝加封霍去病食邑五千四百户。霍去病的手下封侯将领达三人。这一仗是个标志,从此,骠骑将军霍去病的地位与大将军卫青比肩。

霍去病的连年大胜,引发了一个新的机遇。

匈奴单于怨恨浑邪王所居西部多次被汉军打败,被骠骑将军霍去病消灭达数万,想召见浑邪王,并行诛杀。浑邪王和休屠王得到这一消息后,想降汉避灾。他们派人先在边境截住汉军士兵,让他们报告天子。此时,大行李息正在边地筑城,见到匈奴使者,飞报武帝。武帝听闻,担心匈奴诈降,袭扰边地,于是下令让骠骑将军霍去病率兵迎接。霍去病渡过黄河,和浑邪王大军相望。浑邪王副将看见汉军人多,不想降汉者随即逃走。

而去病出北地,遂深入,合骑侯失道,不相得。去病至祁连山,捕首虏甚多。上曰:『票骑将军涉钧者,遂臻小月氏,攻祁连山,扬武乎觻得,得单于单桓酋涂王,及相国、都尉,以众降下者二千五百人,捷首虏三万二百,获五王、王母、单于阏氏、王子五十九人,相国、将军、当户、都尉六十三人,师大率减什三,益封去病五千四百户。』——《汉书》卷五十五《卫青霍去病传》

霍去病看对方军心不稳，立即飞马入匈奴大军与浑邪王相见，杀掉不准备降汉的八千多人，并先让浑邪王乘车到达自己大营，完全控制浑邪王部，渡河降汉者有数万，号称十万。到达长安，武帝赏了几十万，封浑邪王食邑万户，为漯阴侯，其四员部下封列侯。霍去病因此又得到武帝的嘉奖与重赏。

霍去病的功绩极大地削弱了匈奴的力量，为西汉王朝的稳定和繁荣创造了有利条件，同时也展现了他的卓越军事才能和英勇无畏的精神。他的事迹被后人广为传颂，他成为中国历史上的一位杰出英雄。

其后，单于怒浑邪王居西方数为汉所破，亡数万人，以票骑之兵也，欲召诛浑邪王。浑邪王与休屠王等谋欲降汉，使人先要道边，得浑邪王使，即驰传以闻。上恐其以诈降而袭边，乃令去病将兵往迎之。去病既度河，病与浑邪王众相望。浑邪裨王将见汉军而多欲不降者，颇遁去。去病乃驰入，得与浑邪王相见，斩其欲亡者八千人，尽将其众渡河，降者数万人，号称十万。既至长安，天子所以赏赐数十巨万。封浑邪王万户，为漯阴侯。封其裨王呼毒尼为下摩侯，雁疵为煇渠侯，禽黎为河綦侯，大当户调虽为常乐侯。于是上嘉去病之功，曰：『票骑将军去病率师征匈奴，西域王浑邪王及厥众萌咸犇于率，以军粮接食，并将控弦万有余人，诛獟悍，捷首虏八千余级，降异国之王三十二。战士不离伤，十万之众咸怀集服。仍与之劳，爰及河塞，庶几亡患。以千七百户益封票骑将军。』乃分处降者于边五郡故塞外，而皆在河南，因其故俗为属国。减陇西、北地、上郡戍卒之半，以宽天下徭役。

——《汉书》卷五十五《卫青霍去病传》

李广

不教胡马度阴山

经过卫青、霍去病的连年出击，匈奴右贤王部受到汉军严重打击，但是，匈奴单于及左贤王部尚未受到重创。汉武帝及时调整了战略，将打击的重点放到了匈奴单于及左贤王部。攻打匈奴单于及左贤王部的战争将会怎样展开呢？匈奴单于在右贤王部遭受重创后将如何应对汉军的进一步打击呢？在对匈奴的最后大决战中大汉名将李广是否终于否极泰来封侯了呢？他的悲剧结局究竟是如何产生的呢？

李將軍像

公姓李諱廣隴西成紀人文帝時以良家子從征匈奴有功爲郎騎常侍數從獵格殺猛獸文帝曰惜廣不逢時令當高祖世萬戶侯豈足道哉歷上谷隴西北地雁門雲中太守武帝時爲右北平太守匈奴畏之號飛將軍廣善射嘗出獵見草中石以爲虎而射之中石沒矢結髮與匈奴大小七十餘戰元狩四年大擧匈奴令廣并於右將軍軍出東道迷惑失道當下吏問狀乃引刀自剄百姓聞之知與不知皆爲垂泣

一、漠北决战

元狩四年(前119),汉武帝召开军事会议,商议讨伐大策,汉武帝对诸将说:汉将赵信投降匈奴后,为匈奴谋划,认为汉军不可能越过沙漠并长期驻守。

针对匈奴的预判,汉武帝为了歼灭匈奴主力,决定采取更大规模的军事行动,他大胆地制定了大部队深入茫茫沙漠,远途奔袭深入漠北、犁庭扫穴、寻歼主力的战略方针。汉武帝集中十万精锐骑兵,组成两大兵团,由大将军卫青、骠骑将军霍去病各自率领五万大军,其中敢于深入敌后作战的勇士,全部划归霍去病。原定方案是霍去病从定襄出兵,面对单于。后来,抓到匈奴俘虏,得知单于在东面,于是更改方案,让霍去病从代郡出兵,大将军卫青改为从定襄出兵。大将军卫青部下,前将军是郎中令李广。李广这次出征并担任前将军,十分不易。原因很简单,武帝认为李广年龄大了。但是李广一直坚持,最终,武帝才答应了李广的要求,并让他担任了前将军。

赵信为匈奴单于谋划说:"汉军一旦越过

其明年,天子与诸将议曰:『翕侯赵信为单于画计,常以为汉兵不能度幕轻留,今我发士卒,其势必得所欲。』是岁元狩四年也。元狩四年春,上令大将军青、骠骑将军去病将各五万骑,步兵转者踵军数十万,而敢力战深入之士皆属骠骑。骠骑始为出定襄,当单于。捕虏言单于东,乃更令骠骑出代郡,令大将军出定襄。——《史记》卷一百十一《卫将军骠骑列传》

后二岁,大将军、骠骑将军大出击匈奴,广数自请行。天子以为老,弗许,良久乃许之,以为前将军。——《史记》卷一百九《李将军列传》

沙漠，人困马乏，我们匈奴可以坐等抓俘虏了。"于是，匈奴将其辎(zī)重全部运到最北面的驻地，精兵也全都留在漠北。大将军卫青改从定襄出兵，行军千里，刚好遇到匈奴单于的主力，双方列阵备战。卫青让战车列为环形，先派五千骑兵冲击匈奴，匈奴派出一万骑兵应对。傍晚，双方正要交锋，一阵大风突起，沙石扑面，两军互相看不清。卫青立即派出大部队从左右两面包抄匈奴军。单于看到汉军人数众多，打起来不一定对匈奴有利，于是，借着暮色，单于只带了数百亲信，向西北方向突围了。时已黄昏，汉匈厮杀，伤亡大体相当。汉军一直到抓了俘虏，才知道单于黄昏时已经开溜。卫青迅速派轻兵追击，大将军率军紧随其后，匈奴军因无单于也自行溃散。天亮后，追了二百多里，没能追上单于。杀了一万多敌军，直追到赵信城，发现了匈奴囤积的大量粮草。卫青将其中一部分补充军粮，其余全部焚毁。大军只逗留了一天，随即班师回朝。

大将军卫青这次出塞，抓到俘虏，得知了单于的驻地，求胜心切，立即亲率精兵迎战。同时下令让前将军李广合并到右将军

郎中令为前将军，太仆公孙贺为左将军，主爵赵食其为右将军，平阳侯襄为后将军，皆属大将军。兵即度幕，人马凡五万骑，与骠骑等咸击匈奴单于。赵信为单于谋曰：『汉兵既度幕，人马罢，匈奴可坐收虏耳。』乃悉远北其辎重，皆以精兵待幕北。而适值大将军军出塞千余里，见单于兵陈而待，于是大将军令武刚车自环为营，而纵五千骑往当匈奴。匈奴亦纵可万骑。会日且入，而大风起，沙砾击面，两军不相见，汉益纵左右翼绕击单于。单于视汉兵多，而士马尚强，战而匈奴不利，薄莫，单于遂乘六骡，壮骑可数百，直冒汉围西北驰去。时已昏，汉匈奴相纷挈，杀伤大当。汉军左校捕虏言单于未昏而去，汉军因发轻骑夜追之，大将军军因随其后，匈奴兵亦散走。迟明，行二百余里，不得单于，颇捕斩首虏万余级，遂至寘颜山赵信城，得匈奴积粟食军。军留一日而还，悉烧其城余粟以归。——《史记》卷一百十一《卫将军骠骑列传》

部,走东路。东路道远,水草不足,不适合大部队行军。李广对大将军说:"我作为前将军,理应迎敌,现在大将军让我走东路,恐不合适。我自二十岁结发之年即与匈奴作战,直到今天,才有了一个可以直接面对单于的机会,我愿作先锋,战死疆场。"大将军卫青出发前,武帝曾告诫他:李广命数不好,不能让他面对单于,担心不能达到目的。另外,卫青的恩人公孙敖刚刚因为受处罚失去侯爵,现任中将军,卫青想让公孙敖立功封侯,因此,才临时下令李广走东路,让出前将军的位置。这一切,李广都非常明白,但是,卫青听不进李广的陈述,让长史命令前将军:尽快按军令安排走东路!李广看后,心中极为愤怒,不和大将军卫青告别,率军和右将军会合,走东路。由于没有向导,迷失道路,未能和大将军会合。大将军和匈奴单于交锋,单于逃走,追也追不上,只好回朝。向南横越沙漠时,遇到迷路迟到的前将军李广、右将军赵食其。李广见过大将军,回到营中,大将军派长史送来慰问品,趁便询问李广、赵食其迷路的具体情况,准备上报汉武帝,李广未回答。大将军知道后,派长史催促李广到大帐说明实情。李广悲愤地回答:"各位将校都无罪,我自己迷路,我亲自到大帐说明情况。"李广对部下说:"我李广从二十岁参军,与匈奴打了七十多仗,这次能直接面对单于,大将军又调我走东路。东路路远,又迷了路,难道是天意?何况我李广六十多岁了,最终不能屈辱地面对刀笔小吏。"于是,拔刀自刎。听说李广自杀,李广军中无论将军、士兵,一片哭声。百姓听说后,无论认识和不认识的,无论年迈年幼者,全都落泪。只有右将军赵食其下狱,判为死罪,赎为庶人。

漠北之战,卫青杀敌一万九千多人,但单于逃脱。单于的一路狂奔导致匈奴十几天无首领,右谷蠡(lú lí)王自立为单于,直到后来单于出现,右王才去掉单于之号。骠骑将军霍去病的收获胜于大将军卫青,骠骑将军从代郡、右北平两地出击,深入大漠一千多里,抓获三位王,俘虏将军、相国、当户、都尉八十三人,杀敌七万零四百四十三人,重创匈奴左贤王部,并且封狼居胥山。武帝特别予以嘉奖,霍去病受封五千八百户。

这就是著名的漠北决战。

此战,匈奴左贤王部遭受重创,成为汉匈作战的一个重要节点。汉军方面,骠骑将军霍去病成为最大的赢家,大将军卫青未受封赏,前将军李广自杀。

广既从大将军青击匈奴,既出塞,青捕虏知单于所居,乃自以精兵走之,而令广并于右将军,出东道。东道少回远,而大军行水草少,其势不屯行。广自请曰:"臣部为前将军,今大将军乃徙令臣出东道,且臣结发而与匈奴战,今乃一得当单于,臣愿居前,先死单于。"大将军青亦阴受上诫,以为李广老,数奇,毋令当单于,恐不得所欲。而是时公孙敖新失侯,为中将军从大将军,大将军亦欲使敖与俱当单于,故徙前将军广。广时知之,固自辞于大将军。大将军不听,令长史封书与广之莫府,曰:"急诣部,如书。"广不谢大将军而起行,意甚愠怒而就部,引兵与右将军食其合军出东道。军亡导,或失道,后大将军。大将军与单于接战,单于遁走,弗能得而还。南绝幕,遇前将军、右将军。广已见大将军,还入军,大将军使长史持糒醪遗广,因问广、食其失道状,青欲上书报天子军曲折。广未对,大将军使长史急责广之幕府对簿。广曰:"诸校尉无罪,乃我自失道。吾今自上簿。"至莫府,广谓其麾下曰:"广结发与匈奴大小七十余战,今幸从大将军出接单于兵,而大将军又徙广部行回远,而又迷失道,岂非天哉!且广年六十余矣,终不能复对刀笔之吏。"遂引刀自刭。广军士大夫一军皆哭。百姓闻之,知与不知,无老壮皆为垂涕。而右将军独下吏,当死,赎为庶人。

——《史记》卷一百九《李将军列传》

大将军军入塞,凡斩捕首虏万九千级。是时匈奴众失单于十余日,右谷蠡王闻之,自立为单于。单于后得其众,右王乃去单于之号。骠骑将军亦将五万骑,车重与大将军等,而无裨将。悉以李敢等为大校,当裨将,出代、右北平千余里,直左方兵,所斩捕功已多大将军。军既还,天子曰:"骠骑将军去病率师,躬将所获荤粥之士,约轻赍,绝大幕,涉获章渠,以诛比车耆,转击左大将,斩获旗鼓,历涉离侯。济弓闾,获屯头王,韩王等三人,将军、相国、当户、都尉八十三人,封狼居胥山,禅于姑衍,登临翰海。执卤获丑七万有四百四十三级,师率减什三,取食于敌,逴行殊远而粮不绝,以五千八百户益封骠骑将军。"

——《史记》卷一百十一《卫将军骠骑列传》

二、不教胡马度阴山

自汉初至武帝朝,汉匈数十年交战史上,李广是一个绕不开的人物。李广自武帝朝以来,一直受到无数后人的关注,尤其是唐人。盛唐著名诗人王昌龄的《出塞》是歌咏李广的著名诗章:

> 秦时明月汉时关,万里长征人未还。
> 但使龙城飞将在,不教胡马度阴山。

此诗的"龙城飞将",据《史记·李将军列传》载:

> 广居右北平,匈奴闻之,号曰"汉之飞将军",避之,数岁不敢入右北平。

当指西汉名将李广。可见,李广作为一名边将,其杀敌御边的本领已经深深嵌入后人心中。

李广的祖上是秦朝名将李信,曾为秦始皇追杀燕太子丹。

汉文帝十四年(前166),匈奴军队大举入侵萧关,李广此年从军。到元狩四年(前119)漠北决战时,李广从军已有四十七年,是汉匈战争中的名将、宿将。从李广的从军时间及卒年推测,李广最初从军时只是二十岁左右的青年。

（侧注：王昌龄撰,李云逸注《王昌龄诗注》,上海古籍出版社1984年版）

（侧注：《史记》卷一百九《李将军列传》）

作为边将,李广最受后人关注的是其才华横溢。

李广在上谷太守任上,每天与匈奴数次交战。当时负责汉朝与各附属国关系的官员(典属国)公孙昆邪看见李广这么不要命地打仗,非常不安,向汉景帝哭诉:"李广才气,天下无双。自负其能,数与虏敌战,恐亡之。"汉景帝赶忙将李广调到上郡任太守。

> 徙为上谷太守,匈奴日以合战。典属国公孙昆邪为上泣曰:"李广才气,天下无双,自负其能,数与虏敌战,恐亡之。"于是乃徙为上郡太守。——《史记》卷一百九《李将军列传》

不仅汉景帝听信典属国公孙昆邪的说法,在此之前,汉文帝也曾感慨李广:

> 惜乎,子不遇时!如令子当高帝时,万户侯岂足道哉!
>
> ——《史记》卷一百九《李将军列传》

李广究竟有何才以至于受到汉文帝、汉景帝及典属国公孙昆邪的盛夸呢?

第一,智勇神射之才。

李广家族的射艺世代相传,李广精于射箭在中国历史上是有名的。《水浒传》中有一善射的名将花荣,绰号"小李广",可见,"李广"在中国就是神射手的代名词。

《史记·李将军列传》记载李广神射之事非常多。

一是射虎入石。

李广有一次外出打猎,将草中一块石头误以为虎,引弓射去,箭入石中。可惜,天机稍纵即逝。再让他冲着石头射,怎么也射不进去了。

这是一只假老虎,遇上了真老虎,李广又该怎么办呢?打虎是武松的专利,射虎是李广的绝技!他任边右北平郡太守时,为民除害,射杀猛虎,一箭没有毙命,老虎跳起,抓伤了他。李广不顾生死,最终将虎射死。

二是射杀匈奴射雕手。

一天,汉武帝派到李广上郡太守任上的监军(宦官)带了几十个骑从外出,与三个匈奴人狭路相逢。宦官仗着自己人多势众,没有把这三个匈奴人放到眼里,并和三个匈奴人对射起来。结果,三个匈奴人个个是神射手,转眼之间把宦官监军的骑从差不多杀光了。监军受了伤,夺路逃回。李广马上断定:这三人一定是匈奴的射雕手。他未和部下商议,毅然带着一百随从追了上去。当看到三个匈奴人时,李广让一百骑从从左右两翼包抄上去,自己连射两箭,杀死其中两人,活捉一人,后来得知,此三人果然是匈奴射雕手。

三个匈奴射雕手够勇猛的了。大汉监军仗着人多,与三个匈奴射雕手交战,几十个骑从竟然全被三个匈奴射雕手射杀。但是,三个匈奴射雕手遇到李广,一下子怂了,死了两个,被俘一个。李广的射技,真是了得!

第二,镇定自若的应对之才。

李广完胜匈奴射雕手,正欲回营,突然数千匈奴骑兵冲了过来。见李广仅率一百骑从,匈奴骑兵以为他们是汉军设下的诱饵,立即占领山头摆开阵势。

广出猎,见草中石,以为虎而射之,中石没镞,视之,石也。因复更射之,终不能复入石矣。广所居郡闻有虎,尝自射之。及居右北平,射虎,虎腾伤广,广亦竟射杀之。——《史记》卷一百九《李将军列传》

面对数千敌兵,骑从们全吓蒙了,都想掉头逃跑。李广说:"此地离我方大军几十里,如果掉头逃跑,百十号人立刻会被杀光。如果留下来,他们不知虚实,误以为附近有伏兵,反而不敢出击。"于是,李广让骑从继续向前,一直走到离匈奴二里地远的地方才停下来,并且命令手下的士兵全部下马,解下马鞍。骑从惊慌失措:敌人如此之近,一旦冲杀过来,我们甚至都无暇备鞍。

李广说:"如果我们跑了,他们肯定全力追击;如果我们不逃,还卸下马鞍,他们反倒疑神疑鬼,不敢攻击了。"

匈奴骑兵见汉兵如此反常,不知他们葫芦里卖的什么药。过了一会儿,对方一个骑白马的将军出阵,李广带领十几位骑兵奔过去一箭将他射杀,然后,又回到自己的队伍中。这一次,李广玩得更出位,干脆让士兵们把马放开,一个个躺在大漠上,悠然自得地晒日光浴。

天色暗淡下来,太阳落山了。李广这一出攻心战,弄得匈奴骑兵如堕迷雾,始终不敢出击。后半夜,匈奴骑兵撑不住了,莫名的恐惧笼罩全军,大军连夜撤兵。天亮,李广率队回大营。大部队虽然早已知主将外出,但不知道李广的具体位置,因此,无法进行支援。

匈奴大入上郡,天子使中贵人从广勒习兵击匈奴。中贵人将骑数十纵,见匈奴三人,与战。三人还射,伤中贵人,杀其骑且尽。中贵人走广。广曰:"是必射雕者也。"广乃遂从百骑往驰三人。三人亡马步行,行数十里。广令其骑张左右翼,而广身自射彼三人者,杀其二人,生得一人,果匈奴射雕者也。已缚之上马,望匈奴有数千骑,见广,以为诱骑,皆惊,上山陈。广之百骑皆大恐,欲驰还走。广曰:"吾去大军数十里,今如此以百骑走,匈奴追射我立尽。今我留,匈奴必以我为大军之诱,必不敢击我。"广令诸骑曰:"前。"前未到匈奴陈二里所,止,令曰:"皆下马解鞍!"其骑曰:"虏多且近,即有急,奈何?"广曰:"彼虏以我为走,今皆解鞍以示不走,用坚其意。"于是胡骑遂不敢击。有白马将出护其兵,李广上马与十余骑奔射杀胡白马将,而复还至其骑中,解鞍,令士皆纵马卧。是时会暮,胡兵终怪之,不敢击。夜半时,胡兵亦以为汉有伏军于旁欲夜取之,胡皆引兵而去。平旦,李广乃归其大军。大军不知广所之,故弗从。——《史记》卷一百九《李将军列传》

一位名将，一定具有过人的应对之才。因为战场上什么意外都会有。面对意外，如何应对，是任何一位将军都不容回避的问题。李广以一百骑从应对四千敌兵，唱了一出"空城计"，迎敌而上，卸鞍纵马，仰卧休兵，吓退敌军。

第三，简易带兵之才。

李广的才气还表现在他的带兵上。李广带兵非常奇特：

一是行军不按建制，不成行列。

二是驻扎不按建制，各随其便。

三是夜间不打更巡逻。

四是大帐很少使用文书。

军队的战斗力在于建制。建制一乱，队伍即成一盘散沙，但是，李广带兵，是才将带兵，非常规将领带兵。这样，士兵们少了许多辛苦，乐于跟随李广出战，也愿意为李广拼死力战。军队不按建制行军、休息，夜间不打更，这在中国军事史上绝无仅有。

凭借李广的才能和近半个多世纪的从军资历，他理所应当封侯。事实上，李广也确实有过封侯的机遇。

第一次机遇：汉景帝平定吴楚七国之乱。七国之乱时，李广是太尉周亚夫的部将，他夺得叛军军旗，立下大功。但是，李广私受梁孝王刘武的将军印，汉景帝因此没有给李广封侯。这是李广第一次可能封侯的机会，他错过了。

汉景帝和他的弟弟梁孝王在立储问题上一直矛盾尖锐。梁孝王是窦太后的幼子，窦太后一直想让梁孝王在景

> 从太尉亚夫击吴楚军，取旗，显功名昌邑下。以梁王授广将军印，还，赏不行。——《史记》卷一百九《李将军列传》

帝之后继位为君。汉景帝对窦太后偏爱梁孝王，一直采取两面战术：一方面明确表态，支持弟弟上位，说"千秋之后传位梁王"，另一方面，对梁王一直严加防范。平定七国之乱，汉景帝早在周亚夫出征之前，就定下了让梁国与吴楚叛军血拼，然后断吴楚叛军粮道的总体战略。既败吴楚，又借吴楚之手，削弱梁国。

李广公开接受梁孝王的将军印，犯了汉景帝的大忌。尽管李广刚立大功，汉景帝依然对他采取冷冻政策，不予封侯。李广不自觉地卷入宫廷斗争，成为汉景帝和梁孝王斗法的牺牲品。不予封侯是汉景帝对李广的有意压制。

李广作为朝中将军，不顾汉景帝的忌讳，私受诸侯王将军印，说明李广缺乏政治敏感。汉代一直非常忌讳中央官员与地方诸侯的交往，吴楚七国之乱爆发后，更不许中央官员私交诸侯。李广犯了大忌，机遇就这样与他擦肩而过。

第二次机遇：雁门之战。李广以四千骑兵遭遇匈奴四万主力，兵败被俘，虽最终脱身归队，却失去战功，未得封侯。

第三次机遇：右北平之战。李广以郎中令率四千骑出右北平，博望侯张骞率一万骑分道进击。仅仅走了数百里，匈奴左贤王部四万骑兵包围了李广，双方军力十比一，相当危险。李广镇定自若，先派自己的儿子李敢独闯敌阵，稳定军心；再让军队摆成环阵，四面迎敌。在矢下如雨、汉兵死伤过半的危急关头，他让士兵只拉弓不放箭，节省箭支，自己再以强弓射杀敌将数名，力挫敌军锐气。日暮黄昏，官兵们都吓得面无人色，李广却意气自如，劲头更足。军中无人不服李广的胆量。第二天，李广再战。张骞率领的大军到达，匈奴四万大军退走。这一仗，李广几乎全军覆灭，功过相当，无赏。

第四次机遇：元狩四年(前119)的漠北决战。这是李广一生中最后一次出征。他第一次被任命为前将军，前将军是先锋，最有可能在接敌之战中立功封侯。但是，大将军卫青得知匈奴大单于的具体位置后，强行调前将军到右将军赵食其部，逼迫李广走东路。同时，卫青安排新近失侯的公孙敖为前锋，希望公孙敖立功封侯。

卫青为什么要这样做呢？

一是汉武帝临行前的交代。

二是卫青对公孙敖的私心。

李广能参加漠北决战，是他多次请战才争取得到的，汉武帝本心不愿李广参战。汉武帝不让李广参战，一是认为李广年龄大了(六十多岁)，二是对李广有看法。在李广坚持要求下，汉武帝最后才同意并任命其为前将军。但是，汉武帝暗中告诫卫青：李广年迈，命不好，不要让他与匈奴单于对阵，以免误事。

卫青执行汉武帝的旨意，似无责任；但是，调走李广后，卫青把机会给了公孙敖。公孙敖和卫青是好友，当年卫青被长公主囚禁几欲丧命，公孙敖带人强行救出卫青。救命之恩，卫青岂能

后二岁，广以郎中令将四千骑出右北平，博望侯张骞将万骑与广俱，异道。行可数百里，匈奴左贤王将四万骑围广，广军士皆恐，广乃使其子敢往驰之。敢独与数十骑驰，直贯胡骑，出其左右而还，告广曰："胡虏易与耳。"军士乃安。广为圜陈外向，矢下如雨。汉兵死者过半，汉矢且尽，广乃令士持满毋发，而广身自以大黄射其裨将，杀数人，胡虏益解。会日暮，吏士皆无人色，而广意气自如，益治军。军中自是服其勇也。明日，复力战，而博望侯军亦至，匈奴军乃解去。汉军罢，弗能追。是时广军几没，罢归。汉法，博望侯留迟后期，当死，赎为庶人。广军功自如，无赏。——《史记》卷一百九《李将军列传》

以为李广老，数奇，毋令当单于，恐不得所欲。——《史记》卷一百九《李将军列传》

忘记？因此，遵旨调开李广后，卫青任命公孙敖为前将军，这使李广失去最后一次可能封侯的机会。

由此看来，李广正如武帝所言，命不好。但是，究竟是他生来运背，还是各种原因所致？恐怕一言难尽。

如果李广继续担任前将军，会不会封侯呢？因为历史不能假设，无解。但是，李广被调往东路之后失期获罪，确是他自杀的重要原因之一。

李广确实有机遇不佳的时候，但是这种情况并非李广一人所有，当时许多将领都有类似经历。《史记·卫将军骠骑列传》的末尾，司马迁记录了卫青、霍去病、李广之外的诸多抗匈将军的命运，很多人和李广差不多。

龙城之战时，李广已是资深将军，卫青初出茅庐，可是，卫青直捣龙城，斩敌虽不多，但反响极大。李广全军覆灭，侥幸逃归。

卫青初次出征即直指龙城，不是天意，而是人意。龙城非卫青所专有。这一选择可以给四人中每个人，包括李广。李广没有做此选择，看起来是命，但又不全是命。

李广自文帝朝从军，至景帝朝，一直是在防御战中与匈奴对阵。这种防御战，李广打了多年，他的才气、勇气得到充分发挥，使他成为声名显赫的一代名将。但是，到了武帝朝，汉匈作战发生了很大变化。其中，最重要的一点即是由被动防御转变为主动进攻，由阵地防御转为运动战。汉军要深入匈奴腹地，长途奔袭，在运动中寻找机会歼敌。卫青用此法首战龙城告捷，霍去病更是将这种无法之法发挥到极致。这种运动战，比起文、景之世的防御战差别极大，它要求指挥员敢于深入敌后，善于在运动中歼敌。李广恰恰在新形势下未能跟上这一重大变化。

汉武帝必须对全军负责，因此，李广的任性、恃才而骄、多次失败是汉武帝发动的漠北决战中必须考虑的重要因素。但是，武帝的这一考虑恰恰成为李广自杀的重要原因。因此，我们既要看到汉武帝在漠北决战中对李广的处理不公，又要看到汉武帝为全军负责的态度。

龙城之战时，李广从军已三十七年，当年二十岁的青年，已是近六十岁的老将军。比起敢闯、敢打、敢深入的卫青、霍去病，李广似乎不大适应长途奔袭、运动歼敌的新战法。

李广自杀之后，和他一起的右将军赵食其被判死刑，赵食其交钱赎罪，免死废为庶人。为什么李广不走赵食其之路呢？李广大半生位居高官，五十万是交得出来的，而且，此前他多次因误期、失军判为死罪而舍财保命，为什么这一次李广非得一死呢？

这是无声的抗争。

李广早就明白，自己从军的机会已经不多了。这次被任命为前将军，更是弥足珍贵。因此，他非常珍视。但是，李广并不知道汉武帝在任命他担任前将军之时，已吩咐卫青到时调离李广，他至死不知道，汉武帝这次派他出征从一开始就毫无意义。

卫青在临战关头将他调开，李广既无奈，又悲愤。公孙敖和卫青的关系，李广清楚；卫青的私心，李广也清楚。最令人痛心的是李广至死未看出汉武帝这一隐形杀手！

一个为国征战一生的老将军，已届年迈仍三番五次要求出征，汉武帝嫌他老，李广本人不知道自己年迈吗？他非常清楚！如此年龄，还执着地要求出征，为了什么？为封侯啊！依汉武帝之才，他应当看得清清楚楚！满足一个老将军的最后愿望，同时也满足战争的需要，又有何妨？汉武帝何必要管到这种程度呢？

这更是男人的血性。

士可杀不可辱。卫青强调李广至右路军，李广再三抗议无效后未向卫青辞行，愤然踏上东路。虽然非常失礼，但李广是被逼无奈啊！他不能允许卫青如此塞私货。所以失期之后，李广仍拒绝面对刀笔之吏，细数迷路详情。

右将军可以忍气吞声，交钱买命，但李广不行。李广的血性决定了他只能自杀，不能被杀！

"宁为玉碎，不为瓦全。"敢于玉碎的人，必定尽情尽兴尽力尽一切可能地活过。胜固可喜，败亦犹荣。李广以死向命运、向世间一切不公抗争！

漠北决战后，匈奴单于兵败，左贤王部几乎被霍去病全歼，匈奴只能向环境更严酷的北方逃遁。

汉武帝从继位之日起，一直期盼着的这一天终于到来了。一个强大的汉帝国在与宿敌匈奴的斗争中崛起了。

这里有自汉初至武帝时期数代君王的努力，亦有张骞、卫青、霍去病、李广等汉武边将的艰苦卓绝的奋斗，李广甚至为此付出了生命。历史证明：他们是中华民族真正的脊梁。

> 广不谢大将军而起行，意甚愠怒而就部。——《史记》卷一百九《李将军列传》

张骞

一位青年的强国梦

汉武帝建元三年（前138），一位27岁的年轻人，奉命开始了一次西行探索。他的西行，开辟了一条千古传颂的丝绸之路，让世界得以了解一个精彩的中国。这位感动中国乃至全世界的伟丈夫就是张骞。他奉汉武帝刘彻之命，开始了一场彪炳史册的旅行。

張騫

騫漢中人建元中為郎應募
使大宛尋河源乘槎經月至一處見
織女以石支機見騫取石與之

河源槎

乘槎去訪雖驗破
覓河源竟何遇覓何
遇織女來取得支機石怡
悔宣房塞子決不止何不視
塞河源回機堂

一、一张大网

在西汉诸帝之中，汉武帝最具有战略眼光，也是武帝一朝对匈作战的总策划。汉武帝刘彻荣登大位的第三年，即派张骞出使西域。一次，汉武帝偶然从匈奴俘虏口中意外得知：让汉朝吃尽苦头的匈奴，有一个天敌——月氏(zhī)，这句话让汉武帝怦然心动，一张大网在其脑海中逐渐清晰。

匈奴和月氏怎么会结仇呢？

匈奴首领头曼单于因为宠爱幼子，便想将太子冒顿(mò dú)废掉，立幼子为太子。当时秦朝已经败亡，匈奴刚刚摆脱秦的武力压迫，正处在恢复期，月氏比匈奴强盛。头曼单于想出一招"借刀杀人"计：把太子冒顿作为人质送到月氏。月氏人以为这是头曼单于显示信义的举动，不料，头曼单于却出兵袭击月氏。头曼单于预计：月氏定会杀掉人质冒顿。不巧，冒顿偷了一匹快马，奇迹般地逃回匈奴。头曼单于的行为不仅激怒了月氏，也激怒了冒顿，最终，冒顿用残酷的方法，训练了一支对其唯命是从的部队，他以自己的鸣镝(dí)为信号，引导自己的部下射杀鸟兽和自己的宝马、爱妾，凡不敢射者一律斩首。最终，以鸣镝为号，弑父自立。

单于有太子名冒顿。后有所爱阏氏，生少子，而单于欲废冒顿而立少子，乃使冒顿质于月氏。冒顿既质于月氏，而头曼急击月氏。月氏欲杀冒顿，冒顿盗其善马，骑之亡归。头曼以为壮，令将万骑。冒顿乃作为鸣镝，习勒其骑射，令曰："鸣镝所射而不悉射者，斩之。"行猎鸟兽，有不射鸣镝所射者，辄斩之。已而冒顿以鸣镝自射其善马，左右或不敢射者，冒顿立斩不射善马者。居顷之，复以鸣镝自射其爱妻，左右或颇恐，不敢射，冒顿又复斩之。居顷之，冒顿出猎，以鸣镝射单于善马，左右皆射之。于是冒顿知其左右皆可用。从其父单于头曼猎，以鸣镝射头曼，其左右亦皆随鸣镝而射杀单于头曼，遂尽诛其后母与弟及大臣不听从者。冒顿自立为单于。——《史记》卷一百十《匈奴列传》

人质事件彻底改变了两个民族的关系，匈奴与月氏成为仇家。弑父自立的冒顿单于率领匈奴精锐，打败月氏，迅速强大起来，冒顿单于死后，他的儿子老上单于继位，继续征讨月氏。老上单于不仅杀死月氏国王，还把他的头颅作为饮酒的酒杯。

月氏人恨死了匈奴，但势单力薄，苦于没有可以结盟攻打匈奴的民族。他们只能离开故地，逃往远离匈奴的西边。

匈奴与月氏的怨仇，让汉武帝看到一个潜在的同盟。他想联络月氏，共同对付匈奴。汉武帝准备怎样完成这场战争联盟呢？

西汉王朝刚建立时，力量弱小。被秦朝击败北窜的匈奴，利用西汉初建、无暇他顾的机会，迅速占领了河套地区。

汉武帝即位伊始，定下的强国战略，就是征伐匈奴；而且，他为此坚持了44年。

为了实现"大一统"的强国之梦，西域、西南夷、两越这些陌生而令人神往的广袤地域，都进入了汉武帝这位皇帝的视野，当然，年轻帝王最先看到的是西域。西南夷、两越则是在其后逐渐进入武帝视野的。

西域，指包括今天我国新疆在内的广大中亚地区。汉武帝时代西域各国与匈奴族的生活习俗有很

> 是时天子问匈奴降者，皆言匈奴破月氏王，以其头为饮器，月氏遁逃而常怨仇匈奴，无与共击之。汉方欲事灭胡，闻此言，因欲通使。——《史记》卷一百二十三《大宛列传》

多相似之处，他们大都属于逐水草而居的游牧民族。他们在汉朝和匈奴两大势力之间徘徊，在双方势力的此消彼长中生存。

刚刚即位的汉武帝果断派人出使月氏，就是着眼于对匈奴的战略包围。此时，汉匈之战尚未开始，汉武帝已经未雨绸缪，酝酿对匈奴作战的大手笔行动。

年轻的皇帝和年轻的帝国一样，充满勃勃的雄心和无尽的想象力。这次出使西域，他甚至来了个"选秀"，让最有才智、最能代表大汉形象、最富有牺牲与开拓精神的人来完成这一重要战略任务。汉武帝的"选秀"显然不是为了娱乐，他究竟为什么出此怪招来确定使者呢？

第一，月氏位置不明。

公元前2世纪，没有精密地图，没有指南针，更没有越野车和GPS全球定位系统，没有人去过西域，没有人知道月氏在哪儿，有多远的路。那个地方远在天边，如同传说。即使送公主去匈奴和亲，还能从大汉帝国和匈奴两亲家手里拿到点"红包""车马费"，而出使一个未知国度，充满无穷变数，风险系数极高。因此，出使西域绝不是人人抢着去的"肥缺"，汉武帝只能通过公开招募，招募愿意投身这一事业的最富冒险精神的优秀人才。

第二，任务要求极高。

出使月氏，一是路途遥远，二是必经匈奴，随时可能被扣留。所以，使者既要身体素质好、能吃苦耐劳，又要机智勇敢、百折不挠。这种高素质、复合型的人才，不是百里挑一，而是万里挑一。仅仅在大汉皇宫中，坐井观天，挑挑拣拣，显然不够。所以，只能放眼天下，通过招聘，找到合适的人选。

建元三年(前138)，张骞率领一百多名随行人员，和一名叫甘父(即堂邑氏之奴，又名堂邑父)的匈奴人向导，从陇西出境。不久，在经过匈奴之地时，他们被匈奴人抓捕。

张骞被羁留在匈奴，一待就是十多年。匈奴人并没有亏待他：帮他娶妻生子，操持生活。这对一个普通男人来说，算是成家立业了。张骞也确实入乡随俗：看惯了大漠孤烟，听惯了马嘶雕鸣，人们对他并没有敌意，最初的看管也渐渐放松。恍惚间，"他乡"俨然成了"家乡"。所有匈奴人都认为，经过十几年安逸的生活，张骞恐怕早遗忘了长安的模样，至于出使西域的宏愿，更是磨灭得无影无踪。

人的一生有几个十年？

张骞等待着，苟活着。

元朔元年(前128)，张骞带着随从成功出逃，夫妻父子，从此天各一方，牵挂一生。

张骞一行向西跑了几十天，终于到达一个王国，张骞以为到了大月氏，一问才知是大宛(yuān)。大宛早听说汉朝富有，想与汉朝交往，苦于没有门路。看到张骞，引为上宾，还为他配备了专人向导和翻译，情真意切，一直送他到达康居(qú)，康居人又把他转送到大月氏。

到了大月氏，张骞以为自己终于可以不辱使命了，很快就能得胜回期了。不料，十几年过去，西域各国的内政外交、力量对比发生了翻天覆地的变化；张骞回味汉武帝的嘱托，眼看大月氏的现状，恍若隔世。大月氏原国王被匈奴杀死后，太子继位当国王。这个国王已征服大夏，定居下来。那里土地肥美富饶，很少有外敌侵犯，百姓平安快乐。祥和的大月氏不愿再纠缠本国和匈奴的历史恩怨，昔日的仇恨早已被时间抚平。况且，大汉在哪里？张骞这么一个执着、怪异的汉人，到底有什么企图？

张骞极力游说，始终没有得到月氏的明确表态。

无奈，在月氏住了一年多以后，张骞动身沿羌人居住的地方回到长安。人们常说，同一个人不会被流星砸中两次，厄运的概率也是有限的。然而，张骞偏偏再次遭逢匈奴骑兵。这样，张骞在匈奴又被扣留了一年多。

元朔三年（前126），匈奴单于死，匈奴左谷蠡王攻击太子於单，自立为单于，国内大乱，张骞乘机带着胡人妻子以及堂邑父逃回汉朝。

张骞历险十三年后回朝复命，虽未完成联合月氏共同对付匈奴的目标，但是，汉武帝已经深深为他的忠诚和坚持所感动，封张骞为太中大夫，封堂邑父为奉使君。

张骞出使十三年，两次被匈奴扣留，于异国娶妻生子，仍毅然决然地返回故土，回朝复命。两千多年来，令无数后人为之动容、唏嘘感喟。

西行十三年，如果没有建功立业的雄心壮志，绝难支撑到最后。张骞出使西域，去时一百多人，十三年后，只有他和堂邑父归来。

大减员原因颇多，死亡是主要原因，但意志力的涣散同样不容忽视。张骞出使既是外交又是探险。当年，这个英俊的少年郎之所以抛却长安的繁华、郎官的安稳，真正的原动力恐怕还是他对大汉帝国强烈的使命感。之后他被软禁于匈奴十几年，娶妻生子，生活安逸，却始终没有丢弃使者的符节，无时无刻不寻求出逃的机会，没有顽强的使命感，如何支撑？

张骞回朝述职，汉武帝认为他熟悉边地情况，多次派他率部对匈作战。然而，大使者张骞做不好大将军，因延误作战时机被判死刑，后赎为平民。

二、凿空西域

张骞虽被贬为庶民，仍常常得见武帝。武帝向他咨询西域及其周边国家情况，张骞不厌其烦地讲述外面的世界。

汉武帝的强国之梦再次升腾，他决心联络西域诸国，准备对匈作战，一洗西汉建国以来对匈奴作战失利之耻。

张骞常对汉武帝说：我在匈奴时，听说乌孙国王叫昆莫，他的父亲，是匈奴西边一个小国的君王，为匈奴所杀。昆莫出生就被弃于荒野。但是，鸟儿衔着肉飞来喂他，狼跑来给他喂奶。单于以为他是神，就收养了他。昆莫成年后，单于让他领兵打仗。昆莫屡立战功，单于就把昆莫父亲的百姓给了他，命令他长期驻守西域。昆莫内抚百姓，外攻拓土，逐渐有了几

> 是后天子数问骞大夏之属。骞既失侯，因言曰："臣居匈奴中，闻乌孙王号昆莫，昆莫之父，匈奴西边小国也。匈奴攻杀其父，而昆莫生，弃于野。乌嗛肉蜚其上，狼往乳之。单于怪以为神，而收长之。及壮，使将兵，数有功，单于复以其父之民予昆莫，令长守于西域。昆莫收养其民，攻旁小邑，控弦数万，习攻战。
> ——《史记》卷一百二十三《大宛列传》

万名能征善战的勇士。单于死后,昆莫率众远迁,保持中立,不再朝拜匈奴。匈奴派突击队攻打昆莫,从未获胜,匈奴人越发认为昆莫是神,于是仅仅约束控制他,不敢发动攻击。如今,单于刚被我们打败,原来浑邪(yé)王所控之地出现权力真空。而蛮夷之人,素来贪图汉朝的财物,如果此时厚赠乌孙,诱使他东迁至原来浑邪王的地盘,同我朝结为兄弟,可能性还是很大的。如果成功,相当于砍断匈奴的右臂,西边的大夏等国都可以招为大汉的属国。

汉武帝听得入神,深以为然。元狩四年(前119)张骞二使西域。这一次,汉武帝任命张骞为中郎将,率领三百人,每人两匹马,几万头牛羊,携带钱财布帛,价值几千万;还配备多名持符节副使,一旦道路打通,他们就前去与西域诸国交涉。张骞的主张实质是"以夷制夷",这在汉匈关系中是有渊源的。汉文帝时,匈奴强盛,屡次寇边。晁错上书,其中就有"以蛮夷攻蛮夷,中国之形也"《汉书·晁错传》。文帝大为嘉奖。由于河西走廊已经打通,不需再穿越匈奴控制区,所

> 单于死,昆莫乃率其众远徙,中立,不肯朝会匈奴。匈奴遭奇兵击,不胜,以为神而远之,因羁属之。今单于新困于汉,而故浑邪地空无人。蛮夷俗贪汉财物,今诚以此时而厚币赂乌孙,招以益东,居故浑邪之地,与汉结昆弟,其势宜听。听则是断匈奴右臂也。既连乌孙,自其西大夏之属皆可招来而为外臣。——《史记》卷一百二十三《大宛列传》

> 天子以为然,拜骞为中郎将,将三百人,马各二匹,牛羊以万数,赍金币帛直数千巨万,多持节副使,道可使,使遗之他旁国。——《史记》卷一百二十三《大宛列传》

以,这次出使,张骞没有像第一次那样被匈奴扣留的危险。他们顺利抵达乌孙,献上礼物,向昆莫说明来意:如果乌孙东迁到浑邪王的旧地,汉朝将送一位诸侯的女儿给昆莫做妻子。

面对张骞的厚礼、厚盼,昆莫非常犹豫,这是为什么呢?昆莫此时年事已高,他有个儿子叫大禄,性格强悍,擅长领兵,现率领一万多骑兵另居他地。大禄的哥哥是太子,太子有个儿子叫岑娶,太子早死。太子临终前对父亲说:一定要让岑娶做太子。昆莫答应了,让岑娶当了继位人。大禄极度不满,就怂恿他的兄弟们造反,蓄谋攻打岑娶和昆莫。昆莫害怕大禄杀害岑娶,就分给岑娶一万多骑兵住到别处,自己留下一万多骑兵自卫,这使得乌孙国一分为三。加之昆莫年事已高,只是一个"名誉"国王,不敢独自与张骞敲定东移之事。乌孙国对汉朝一无所知,直到张骞到来他们还不知道汉朝在哪儿,多大多小,实力如何,能否打得过匈奴。况且,乌孙国臣服于匈奴多年,大臣们都害怕匈奴,不敢东迁。即使可以一人拍板,昆莫也难下决心,放手一搏。

骞既至乌孙,乌孙王昆莫见汉使如单于礼,骞大惭,知蛮夷贪。乃曰:"天子致赐,王不拜则还赐。"昆莫起拜赐,其他如故。骞谕使指曰:"乌孙能东居浑邪地,则汉遣翁主为昆莫夫人。"乌孙国分,王老,而远汉,未知其大小,素服属匈奴日久矣,且又近之,其大臣皆畏胡,不欲移徙,王不能专制。骞不得其要领。昆莫有十余子,其中子曰大禄,强,善将众,将众别居万余骑,兄为太子,太子有子曰岑娶,而太子蚤死。临死谓其父昆莫曰:"必以岑娶为太子,无令他人代之。"昆莫哀而许之,卒以岑娶为太子。大禄怒其不得代太子也,乃收其诸昆弟,将其众畔,谋攻岑娶及昆莫。昆莫老,常恐大禄杀岑娶,予岑娶万余骑别居,而昆莫有万余骑自备,国众分为三,而其大总取羁属昆莫,昆莫亦以此不敢专约于骞。——《史记》卷一百二十三《大宛列传》

国与国的关系，最重要的是利益。张骞不再勉强，分别派出副使出使大宛、康居、大月氏、大夏、安息、身(yuān)毒、于阗(tián)等邻国。乌孙王昆莫派出向导和翻译送张骞回国。乌孙国的几十名使者，带来了几十匹好马，答谢汉武帝，并了解了汉帝国土地辽阔、物产丰富，乌孙国更加重视汉帝国。张骞回到汉朝，被任命为大行(主管政府接待的官员)，位居九卿之列。

此后，一睹汉朝地广人多、物产丰富的乌孙国使者将大汉的富饶通报了国王，乌孙国开始结交汉朝。很快，张骞派出沟通大夏等国的使者，也大多不辱使命，同该国专使回朝面圣。西北各国陆续和汉朝交往。张骞两次出使都是为了对匈作战，第一次是想联合大月氏打击匈奴，第二次是想迁移乌孙到浑邪王之地居住。命运似乎总在捉弄这个执着的使者，张骞两次出使，目的都未实现。但是，历史并不以成败论英雄。张骞兴国安邦的宏愿虽未实现，两次西行却为他在身后赢得了巨大的声誉。

首先，促进了汉朝和西域的相互了解。

> 乌孙发导译送骞还，骞与乌孙遣使数十人，马数十匹报谢，因令窥汉，知其广大。骞还到，拜为大行，列于九卿。岁余，卒。乌孙使既见汉人众富厚，归报其国，其国乃益重汉。——《史记》卷一百二十三《大宛列传》

> 其后岁余，骞所遣使通大夏之属者皆颇与其人俱来，于是西北国始通于汉矣。——《史记》卷一百二十三《大宛列传》

张骞的两次出使为什么会失败？很重要的原因就是西域诸国对大汉帝国一无所知。作为凿空西域第一人，张骞面临的这些疑难杂症都是难免的；而正是有了张骞的第一次，让西域诸国了解了一个强大富庶的汉朝，也将汉朝人的视野延伸到了遥不可及的西域诸国。

其次，促进了经济、文化的交流。

张骞的出使大大促进了西域诸国和汉朝的经济、文化交流。西域的葡萄酒、胡桃、石榴等物产以及珊瑚、玳瑁、琥珀、玻璃、象牙等制品传入汉朝。汉朝的炼钢技术、凿井技术和利用渠道引水的方法传到大宛，进而传到西域各国和欧洲，提高了这些地区的生产技术水平。中国精美的丝织品使西方人叹为观止，连接东方的中国和西方罗马帝国的神秘的丝绸之路正式建立。此外，在文化方面，尤其是在佛教史上，张骞的凿空西域也值得大书特书。

再次，扩大了中国的版图。

西域有广义与狭义之分，狭义的西域即今天的新疆。正是张骞通西域使中国中央政府的行政权力第一次触及新疆。

不仅如此，张骞曾向汉武帝报告，他在西域大夏看到产自中国蜀地的邛竹杖和蜀布，当地人说这些东西是从天竺（今印度）贩来的。他认为，既然天竺可以买到蜀地的东西，一定离蜀地不远。汉武帝即派张骞带着礼物从蜀地出发，去结交天竺。汉武帝因此而开发西南地区。

每当我们自豪于祖国辽阔的领土，都不应忘记张骞当年的开拓之功。所有为中华民族做出巨大贡献的人，都会永远活在民族的记忆之中。

命运往往如此。重重地为你关上一扇门，同时会悄悄打开另一扇门。雄姿英发如张骞，终其一生都在梦里"金戈铁马"，然而两次离乡背井，二十年游说四方，他所有的盟军都退却了；甚至一临沙场，就领了个"死罪"，灰溜溜地回到老家。最后一次联合乌孙国对匈奴作战失败，仅仅一年，张骞就去世了，我们似乎感到了他的郁郁而终。但是，罗马人民因他而领略了丝绸的华美，大汉子民品尝了石榴的甘甜。"壮志未酬身先死"，生命却并未因此而虚度。由张骞从一位普通郎官到名垂青史的英雄的经历，可见汉武帝的强国意识、识人慧眼。

武帝时期，张骞出使西域，缘于汉武帝下定决心，要与匈奴一决高下，打出汉帝国的威风。

三、白登之围：没有实力就只有尴尬

西汉建国之初，匈奴已是新建帝国的大敌，彼时汉朝国穷军弱，高祖刘邦曾在平城被围七日。

刘邦建汉称帝后，大封诸侯王，韩王信获封颍川，后迁至太原郡，以晋阳（今山西太原）为其都城。后，韩王信上书，认为晋阳离边境远，要求迁至马邑（今山西朔州），更利于御边，得到高帝批准。韩王信迁都后，与匈奴多次交战，胜少败多。汉高祖六年（前201），冒顿单于以10万铁骑围攻马邑，韩王信无奈之下派使者与匈奴讲和。刘邦派兵救援，得知此事，猜忌韩王信。刘邦写信斥责韩王信，韩王信担心被刘邦误杀，遂以马邑降匈奴，并与匈奴联手，攻下太原郡。

高祖七年（前200）冬，刘邦亲率32万大军，北征匈奴，并平定韩王信叛乱。在太原郡，刘邦大败韩王信，斩杀韩王信的手下大将王喜，韩王信逃归匈奴。韩王信的部将曼丘臣、王黄，拥立赵王后人赵利，聚集韩王信残兵，准备再次联合匈奴与汉军决战。匈奴派左右贤王将一万多名骑兵，和王黄驻屯广武以南，在晋阳被汉军大败，至离石（今山西吕梁离石区），再次被汉军打败。

连续的胜利，让高祖刘邦滋生了轻敌思想。于是，他派人侦察匈奴虚实。冒顿单于利用刘邦骄傲轻敌的思想，将其精兵锐卒隐藏起来，肥牛壮马也藏起来，只展示老弱士兵和瘦弱牲畜。连续派出的使者全都说，匈奴可打。只有刘敬，回来后告诉刘邦，两国交兵各显其强才合乎逻辑。如今，匈奴展示的全是老弱士兵和瘦弱牲口，这不正常，这仗不能打。此时，汉军20多万已经出发，越过句注山。刘邦听了刘敬的话，骂骂咧咧地说："齐国小痞子，靠着两片嘴捞了个官，现在又胡言乱语，乱我军心。"于是，将刘敬戴

> 匈奴数入，晋阳去塞远，请治马邑。上许之，信乃徙治马邑。秋，匈奴冒顿大围信，信数使使胡求和解。汉发兵救之，疑信数间使，有二心，使人责让信。信恐诛，因与匈奴约共攻汉，反，以马邑降胡，击太原。七年冬，上自往击，破信军铜鞮，斩其将王喜。信亡走匈奴。其将白土人曼丘臣、王黄等立赵苗裔赵利为王，复收信败散兵，而与信及冒顿谋攻汉。匈奴使左右贤王将万余骑与王黄等屯广武以南，至晋阳，与汉兵战，汉大破之，追至于离石，复破之。匈奴复聚兵楼烦西北，汉令车骑击破匈奴。匈奴常败走，汉乘胜追北。
> ——《史记》卷九十三《韩信卢绾列传》

上刑具,关押到广武。

刘邦率军先期到达平城(今山西大同),此时,汉军主力尚未到达。冒顿单于见汉兵蜂拥而至,于是在白登山设下伏兵。刘邦率军一进入白登山,冒顿单于立即率领40万骑兵截断汉军的后方部队,将刘邦的先行部队围困于白登山。汉军内外不能联系,前后不能相救。刘邦发现被围,数次突围,均告失败。此后,冒顿单于率骑兵四面围攻,匈奴的骑兵队伍十分壮观:西面是清一色的白马,东面是清一色的青马,北面是清一色的黑马,南面是清一色的红马。此时正是隆冬时节,气候极寒,汉军士兵冻掉手指头者达十分之二三。刘邦采纳陈平的意见,派使者贿赂匈奴阏氏,阏氏告诉冒顿单于两主不相困,他们就是占了汉朝的土地,也不能长期居住,何况汉主也有神佑。单于正为王黄、赵利约

汉七年,韩王信反,高帝自往击之。至晋阳,闻信与匈奴欲共击汉,上大怒,使人使匈奴。匈奴匿其壮士肥牛马,但见老弱及羸畜。使者十辈来,皆言匈奴可击。上使刘敬复往使匈奴,还报曰:『两国相击,此宜夸矜见所长,今臣往,徒见羸瘠老弱,此必欲见短,伏奇兵以争利。愚以为匈奴不可击也。』是时汉兵已逾句注,二十余万兵已业行。上怒,骂刘敬曰:『齐虏!以口舌得官,今乃妄言沮吾军。』械系敬广武。——《史记》卷九十九《刘敬叔孙通列传》

好相会而大军未来感到困惑,担心他们与汉军联手,于是采纳阏氏意见,将包围圈让开一角。刘邦让士兵个个将弓拉满,向外,从那一角向外移动,与后面的大军会合。冒顿单于也率兵退去,刘邦于是派刘敬出使匈奴,订和亲之约。

汉初,刘邦横扫天下,称雄中原,但白登之围让高祖刘邦明白了,自己尚未达到民富国强的境界,不得已而采取和亲的办法暂时缓解汉匈矛盾,可见此时的匈奴对汉朝威胁之大。

从公元前200年的白登之围,到公元前138年张骞出使西域62年的时间,汉匈关系发生了一个极大的变化:汉武帝开始谋划对匈奴的真正打击,彻底解除草原民族对农耕民族的巨大威胁。这一巨大变化的基础是汉帝国正走向富强!

> 是时汉初定中国,徙韩王信于代,都马邑。匈奴大攻围马邑,韩王信降匈奴。匈奴得信,因引兵南逾句注,攻太原,至晋阳下。高帝自将兵往击之。会冬大寒雨雪,卒之堕指者十二三,于是冒顿详败走,诱汉兵。汉兵逐击冒顿,冒顿匿其精兵,见其羸弱,于是汉悉兵,多步兵,三十二万,北逐之。高帝先至平城,步兵未尽到,冒顿纵精兵四十万骑围高帝于白登,七日,汉兵中外不得相救饷。匈奴骑,其西方尽白马,东方尽青駹马,北方尽乌骊马,南方尽骍马。高帝乃使间厚遗阏氏,阏氏乃谓冒顿曰:『两主不相困。今得汉地,而单于终非能居之。且汉王亦有神,单于察之。』冒顿与韩王信之将王黄、赵利期,而黄、利兵又不来,疑其与汉有谋,亦取阏氏之言,乃解围之一角。于是高帝令士皆持满傅矢外乡,从解角直出,竟与大军合,而冒顿遂引兵而去。汉亦引兵而罢,使刘敬结和亲之约。
>
> ——《史记》卷一百十《匈奴列传》

苏武

一个不屈的脊梁

在中国，上过学没上过学的人都知道一位了不起的人物，他活在爷爷讲给孙子的故事里，他活在戏曲里，活在影视剧里。总之，他一直活在国人的记忆里，从不曾被忘记。虽然他只是一个牧羊倌，但他的精神内核是忠贞不渝，是对国家的忠贞，是对民族的忠贞。他就是苏武。

穌學鄉

前漢書贊云孔子稱志士仁人有殺身以成仁無求生以害仁使於四方不辱君令蘇武有之矣

公諱武字子卿其也杜陵人官移中廄監武帝使以中郎將持節與張勝常惠等出使匈奴單于欲降公使衛律召公受辭公引佩刀自剌律驚自抱持之馳召醫鑿地為坎置熅火覆公其上蹈其背以出血公氣絶半日復息單于壯其節逎人侯問當公愈復使衛律說公不從單于乃幽置大窖中絶不飲食天雨雪公卧齧雪與旃毛幷咽之又徙公牡海上使牧羝乳乃得歸廩食不至掘野鼠去草實而食之杖漢節牧羊卧起操持節旄盡落積五六年後精有飴終復窮厄李陵復說公降公拒之聞武帝崩南向號哭嘔血旦夕貼數月昭帝即位使人再求公常惠教言天子射上林中得雁足有係帛書言武公及常惠等在某澤中以諫單于單于乃歸公及常惠等公始以彊壯出及還鬚髮盡白年八十餘圖形麒麟閣

晚笑堂畫傳　漢　九

中国民乐中有一首非常有名的曲子叫《苏武牧羊》。我们现在听到的用各种中国传统乐器演奏的《苏武牧羊》的曲子非常多，二胡、箫及其他民乐都有。总之，《苏武牧羊》是中国民乐中最负盛名的乐曲之一。

同样，在中国国画中也有大量以"苏武牧羊"为题材的作品。

无论民乐，还是绘画，记载苏武北海牧羊的原始文献都来自《汉书·苏武传》。《汉书·苏武传》是苏武和父亲苏建的合传，但合传中苏建的内容非常少，合传主体记载的是苏武。《汉书·苏武传》中明确记载"苏武牧羊"的一段文字是：

> 乃徙武北海上无人处，使牧羝，羝乳乃得归。别其官属常惠等，各置他所。武既至海上，廪食不至，掘野鼠去草实而食之。杖汉节牧羊，卧起操持，节旄尽落。

《汉书》卷五十四

这段话是什么意思呢？这段话有四层意思：

第一，终身监禁。

匈奴单于把苏武迁到了当时无人居住的北海。据学者考证，此处的"北海"即今俄罗斯境内的贝加尔湖。"羝（dī）"是公羊，"牧羝"即放牧公羊，"羝乳"

就是公羊生子,"羝乳乃得归"是说公羊产了小羊才放他回来。公羊产崽当然是件不可能的事,因此,单于这道命令,等于判苏武终身监禁北海。

第二,绝粮。

苏武到北海后,匈奴并没有按时供应他粮食。没有粮食,苏武怎么生活呢?他挖野鼠,在野鼠洞里面寻找草籽等野鼠储备的食物来生活。

第三,孤身一人。

苏武的随从被分别安置他处,仅他一人独处绝境。孤独往往是杀人的第一凶手。

第四,不忘使命。

苏武最令人感动的不是北海牧羊,而是身处绝境之时不忘使命:"杖汉节牧羊,卧起操持,节旄尽落。"今天我们看到的"苏武牧羊"的所有图画中都是一位须发尽白的老人,手持汉节牧羊,"汉节"是汉朝使节的信物。苏武无论睡觉还是起身,任何时候都手持汉节,节上的旄是牦牛尾做的,时间一长,牦牛尾完全脱落了,但他仍然紧握这根已经节旄尽落的大汉使者的信物。

这就是我们看到的有关苏武牧羊的最早最可靠的文献记录。

"苏武牧羊"这一广泛传诵的故事潜藏着两大问题:

第一,苏武为什么会到匈奴去呢?

第二,苏武到匈奴后究竟发生了什么,致使他被匈奴单于流放到北海去了呢?

一、谁也躲不过意外

我们据文献记载回放一下苏武当年出使匈奴的情况。

苏武出使匈奴的时间是汉武帝天汉元年（前100）。

苏武之父苏建为官，所以苏武的兄弟们都蒙受皇恩做了"郎"。"郎"是皇帝的警卫、侍从，他们在皇帝出行时是侍从，不出行时就是警卫，这是苏武出使前担任的官职。后来，他做了"栘(yí)中厩(jiù)监"，即一个养马的小官。

当时社会的大背景是什么呢？汉匈战争。

汉武帝从十六岁即位到七十岁去世，执政五十四年，对匈奴作战坚持了四十余年，因此，汉武帝一生中最重要的一件事是对匈奴作战。

汉武帝对匈奴作战出自两方面的原因：一是他不愿意延续从汉高祖刘邦开始的和亲政策，二是汉武帝太渴望扩大大汉的疆土。大汉疆土的北边被游牧民族匈奴所占，西北面也被匈奴人卡住。基于这两方面的原因，汉武帝发动了连绵四十余年的对匈奴作战。

苏武被扣匈奴是个人卷入战争的悲剧。

具体而言，此事是由两方面原因造成的。

第一，汉匈战争中使节来往出现了障碍。

元封四年（前107），匈奴"贵人"到访汉朝，突然得病，虽经汉朝全力抢救治疗，但是，人算不如天算——"贵人"死了。匈奴单于误以为大汉扣留并杀死了他的使节。所以，当汉朝使节出使匈奴的时候，匈奴扣留了汉朝的使节路充国等。作为对等原则，匈奴使节出使汉朝，也被大汉扣押。怀疑与过激导致了误解的加深，汉匈关系跌入了低谷。

且(jū)鞮(dī)侯单于即位后，担心大汉趁匈奴单于更替之际讨伐他，所以他说：大汉天子是我的长辈。他把当时扣留的始终不降匈奴的汉使全部放回，向大汉示好。汉武帝很欣赏且鞮侯单于的做法，为答谢匈奴单于的美意，特派苏武携带丰厚的礼物出使匈奴。

第二，奉命出使发生了意外。

公元前100年，苏武以中郎将的身份持汉节护送当时被扣留在大汉的十几批匈奴使者，同时带去了很多财物，希望用这些行动交好单于，答谢他的善意。

苏武的副使是中郎将张胜，随行的有临时被征集过来充当使节助手的常惠，还招募了一百多人。

苏武出使匈奴本来是一场正常的外交活动，而且是汉朝答谢匈奴的善意之举；但是，苏武到达匈奴以后，却遭遇了一件意外的事情，这场意外改变了苏武的命运，也导致了后来苏武牧羊的故事的发生。

到底是什么事件导致苏武被扣在匈奴呢？

> 匈奴使其贵人至汉，病，汉予药，欲愈之，不幸而死。而汉使路充国佩二千石印绶往使，因送其丧，厚葬直数千金，曰"此汉贵人也"。单于以为汉杀吾贵使者，乃留路充国不归。——《史记》卷一百十《匈奴列传》

> 且鞮侯单于既立，尽归汉使之不降者。路充国等得归。单于初立，恐汉袭之，乃自谓"我儿子，安敢望汉天子！汉天子，我丈人行也"。汉遣中郎将苏武厚币赂遗单于。——《史记》卷一百十《匈奴列传》

原来，苏武到达匈奴后，面见了匈奴的单于，交还了被扣的匈奴使节，还赠送给匈奴单于很多礼物。

任务完成，苏武就要回国了，但是匈奴出现了一桩谋反案。这桩谋反案的主角是两个人，一位是緱王，另一位是虞常。緱王是昆邪王姐姐的孩子，当年随同昆邪王一起降汉，后又随浞野侯赵破奴被匈奴俘虏，緱王又改投匈奴。緱王和虞常一起商议，打算劫持单于的母亲阏氏，逃回大汉，用单于的母亲阏氏作为献给大汉的礼物。

汉朝另一位降将卫律手下一批人因为不愿投降匈奴，也参与了叛乱的策划，并计划刺杀卫律。

这些事都发生在苏武到达匈奴之前。

恰巧发动这场政变的虞常在汉朝任职时和苏武的副使张胜关系特别好，所以，张胜陪同苏武到达匈奴后，虞常暗中拜访了张胜。他对张胜说：我听说大汉天子非常恼怒卫律，我能为大汉天子杀死这个人。我母亲和弟弟现在都在大汉，我希望杀了卫律以后，能给我的母亲和弟弟一些奖赏。

张胜处理这个事件很不谨慎。本来，这是匈奴政权的内部事件，作为奉命交好匈奴单于的汉朝使节，介入这样一个非常事件要十分谨慎，结果张胜轻率地答应了虞常的要求，而且赠给虞常很多财物，这等于支持了这场叛乱。

一个多月后，单于外出打猎，只有他的一些子弟和阏氏留守。緱王和虞常认为这是一个机会。这个时间，正好是苏武准备回国之时。虞常等七十多人想趁机发动叛乱。但是，这七十多个人中有一个人连夜告发了这桩谋反案。单于虽然在外，但单于的子弟还在，所以，他们紧急调动军队，和缑王、虞常作战，主谋缑王及其随从全部战死，只有虞常一个人被活捉。

匈奴单于派卫律审查这个案件。张胜知道后，很担心，因为张胜曾经答应过虞常在叛乱前的要求。他听说叛乱失败，虞常被俘，担心自己对虞常说的话被揭发出来。万般无奈，他才把情况报告给了苏武。

苏武听后，立即判断：事情到了如此地步，虞常肯定会牵连张胜，张胜作为副使肯定会牵涉自己。等到事情暴露，匈奴审判自己，再被处死，定会使国家蒙受羞辱，因此，苏武的第一反应是自杀，结果被张胜、常惠这些人阻止。

卫律在审理这个案件时，果然发现了虞常叛乱牵涉汉朝副使张胜，所以，卫律就把这件事情报告给了单于。单于非常恼怒，召集了匈奴贵族一起商议，想杀掉汉朝的使者苏武。

单于手下的左伊秩訾对单于说："现在有人想劫持大王的母亲阏氏，你要判他死罪，而且要把牵连到的汉使也杀掉。我问你一句，假如他们的这个阴谋是谋杀单于，你怎么处理？"换句话说，谋杀单于是重罪，一定要处死，但是现在仅仅是劫持单于的母亲，犯罪的等级还没有达到最高级别，处死他，显然不妥

> 武曰："事如此，此必及我。见犯乃死，重负国。"欲自杀，胜、惠共止之。
> ——《汉书》卷五十四《苏武传》

当。将来要是犯更重的罪,单于就没有办法加重处罚了。

那该怎么处理呢?左伊秩訾提出来四个字:

"宜皆降之。"

应当把这些人全部抓起来,迫使他们投降匈奴,到了他们要谋害单于的时候,才能够处死他们。单于觉得左伊秩訾的意见有道理,便采纳了。

二、铁骨铮铮的硬汉

单于派卫律招苏武接受审判,苏武告诉他的随从常惠,作为大汉使者,接受匈奴的审判,有辱大汉国威,国家的颜面就被他丢尽了,即使他活着,"何面目以归汉",于是拔出佩刀自杀。卫律在旁,看到这个情况,非常吃惊。他亲自抱着苏武,骑着快马,找到医生,在地上凿了一个坑,用小火烧着,把苏武放在这个坑上面,然后在苏武的背上敲打至背部出血。抢救了半天,苏武才活了过来。

苏武被抢救过来后,他的助手常惠等号啕大哭,用车拉着苏武回到大汉使节驻地。

匈奴单于非常崇尚气节,他认为苏武的气节太令人感动了,所以他早晚不断派人打听苏武的情况,而把苏武的副使张胜抓了起来。

> 武谓惠等:"屈节辱命,虽生,何面目以归汉!"引佩刀自刺。——《汉书》卷五十四《苏武传》

> 单于壮其节,朝夕遣人候问武,而收系张胜。——《汉书》卷五十四《苏武传》

过了一段日子，苏武的身体渐渐恢复了。单于派人通知苏武，让苏武亲自参加审理这次叛乱的另一个主谋——被活捉的虞常。单于想借杀虞常这个恐怖场面，威逼苏武投降。审判中，当着苏武的面，卫律用剑把虞常杀了。杀了虞常以后，卫律说："汉使张胜谋杀单于近臣，当死。"大汉副使张胜要谋杀单于的近臣，所以被判为死刑。"当"就是"判"。"单于募降者，赦罪"，能够投降单于的，可以赦免罪过。说完，举剑要杀张胜。张胜一看这个架势，瘫了，降了。

> 《汉书》卷五十四《苏武传》

卫律对苏武说："副有罪，当相坐。"你的副手有罪，你应当连坐。苏武反驳："本无谋，又非亲属，何谓相坐？""之前我们没有商议，我不知道这件事情，而且我们又不是亲戚，谈什么相坐？"卫律又把剑举起来，摆出一副要杀苏武的姿态。《汉书》记载了此时苏武的表现："武不动！"

> 《汉书》卷五十四《苏武传》

张胜架不住这个阵势，降了，苏武面对同样的局面纹丝不动。卫律逼降落空了。

卫律看苏武不降，马上改变手法。

用什么手法呢？劝降。怎么劝降呢？他说："苏君啊，当年我卫律投降匈奴的时候，被匈奴的单于赐封为王，我现在手下有几万人，漫山遍野都是我的牲畜。我富贵到这个程度，可见匈奴的单于对我们这些投降的人非常厚待。假如苏君您今日投降，那么，明天您就会像我一样称王,'拥众数万,马畜弥山'。如果您不这样,那么您死在这个荒远之地,谁知道您为国家献出了生命?"《汉书·苏武传》记载了三个字:"武不应。"苏武丝毫没有因为卫律的这番劝说,为所谓的荣华富贵而改变自己的想法。

律曰:『苏君,律前负汉归匈奴,幸蒙大恩,赐号称王,拥众数万,马畜弥山,富贵如此,苏君今日降,明日复然。空以身膏草野,谁复知之!』武不应。——《汉书》卷五十四《苏武传》

卫律一看,逼,逼不降;劝,劝不降。所以,卫律又说:"你要是因为我投降了匈奴,我与你结拜为兄弟。你要是不听我的话,将来后悔了,想见我你都见不到。"苏武听后,指着卫律破口大骂:"你作为大汉的臣子,不顾汉朝的恩义,背叛汉主,投降匈奴,苟且在这个蛮夷之地,我凭什么要见你这号人呢?更何况单于信任你,让你来决定我们这些人的生死,你不摆平自己的心态,反而想通过这件事挑起汉、匈两个民族之间的争斗,你想想,你这样做会是什么样的结果?当年,南越王杀汉朝的使者,结果南越被平定,成了大汉所属的郡县。宛王杀汉朝的使者,结果他的头被挂在了城门上。朝鲜杀汉朝的使者,即时被诛灭。只有匈奴现在还没这样。你太清楚我这个人是不会投降的,所以你想用这个事情让两国之间发生战争,那么,匈奴的大祸从我开始就会产生了。"

女为人臣子,不顾恩义,畔主背亲,为降虏于蛮夷,何以女为见?——《汉书》卷五十四《苏武传》

且单于信女,使决人死生,不平心持正,反欲斗两主,观祸败。南越杀汉使者,屠为九郡,宛王杀汉使者,头县北阙,朝鲜杀汉使者,即时诛灭。独匈奴未耳。若知我不降明,欲令两国相攻,匈奴之祸从我始矣。——《汉书》卷五十四《苏武传》

苏武既不被死亡吓倒,又不为富贵所利诱,始终坚持一点,不能够叛主背亲!苏武忠于君主,忠于自己国家的信念,表达得非常强烈。

卫律知道，苏武是不可能投降的，怎么办呢？卫律报告了单于。单于一看自己的目的达不到，越发想逼降苏武。于是，他下令将苏武幽禁在大地窖中，断绝苏武的饮食。天下着大雪，苏武在地窖中，一连数天只吃雪和毡毛，竟然奇迹般地活了下来，匈奴人都认为苏武是尊神。

正是在这种情况下，无计可施的匈奴单于才下令将苏武迁到北海牧羊。这才有了我们听到的《苏武牧羊》的著名民乐、看到的《苏武牧羊》各种版本的名画。

三、死了这条心吧

熬过了卫律逼降，苏武又遇到了另一个重要的考验：李陵劝降。

李陵在西汉对匈作战中是一个非常重要的人物，他是对匈作战名将李广的孙子，也是一个非常重要的将领。但是，李陵后来因为战败降了匈奴。

李陵降匈奴有其不得已之处：一是兵力悬殊，五千步兵应对八万匈奴骑兵；二是力战无援。李陵且战且退，竟得不到应有的增援。但是，无论如何，降于匈奴毕竟是李陵人生中的重大失节。

当初，苏武和李陵在西汉中央政府都做侍中，是

> 律知武终不可胁，白单于。单于愈益欲降之，乃幽武置大窖中，绝不饮食。天雨雪，武卧啮雪与旃毛并咽之，数日不死，匈奴以为神。——《汉书》卷五十四《苏武传》

同事。苏武出使匈奴的第二年,李陵投降。李陵投降后,不敢见苏武,因为自己投降了,苏武始终未降。后来,单于特派李陵到北海劝降苏武。李陵到后,给苏武置办了酒席,对苏武讲了一番话:

第一,你的忠义无法显现。

单于知道我李陵和你在汉朝的关系一向很好,所以派我来劝说足下。我要对你说的是,你会被终生囚禁在这个地方,因为单于下令让你放牧公羊,公羊生了小羊你才能回去,这是件不可能实现的事情。你何苦一个人在一个渺无人烟的大草原上生活,一直到老死?你的信义怎能表现出来呢?

这一点的核心是说,单于想招降你,想重用你。你自己在这个地方,你再忠于自己的国君,忠于自己的国家,谁也看不到。你的信义没有人能看得到。

第二,你哥哥因武帝死了。

前几年,你哥哥作为奉车都尉随从汉武帝到雍地械阳宫,扶车辇时,车辇碰到柱子上,把车辕折断了。帝王所坐车的车辕被碰断,碰断的人就犯了大不敬罪,所以你哥哥前几年已刎颈自杀了。

第三,你弟弟因武帝死了。

你弟弟随从汉武帝到河东去祭祀后土,随从宦官和黄门驸马争着上船,随从宦官把黄门驸马推到黄河里淹死了,凶手逃了。汉武帝下令,让你弟弟追捕凶手。你弟弟没抓到凶手,最后因担心自己没完成皇上的使命,饮药自杀了。

第四,你母亲已故去,妻子也已改嫁。

我亲自为你的母亲送葬到阳陵。你的妻子因为太年轻,听说已经改嫁了。

李陵劝降这几点的杀伤力在哪儿呢?

第一,你在这儿吃再大的苦,你的信义谁也看不到。

第二,你哥哥因为随从汉武帝自杀了,你弟弟跟随汉武帝祭祀也自杀了,你母亲去世了,你老婆改嫁了。只剩下你的两个妹妹,还有你的两个女儿和一个儿子。现在又过了十几年,这些人现在到底什么情况,一无所知。人生就像早晨的露水,很快就过去了。你何必要这样糟践自己呢?更何况,我李陵当初投降匈奴的那段时间,天天就像疯了一样,自痛愧对汉朝,老母亲也被囚监狱,你现在的痛苦怎么也超不过我李陵当年的痛苦。而且,当今皇上年龄大了,法令无常,被杀的大臣有几十家,你想想你在这儿还为谁守节呢?

希望你能听我的劝告,别再说这说那了。

李陵劝降这番话比卫律逼降更具有杀伤力。卫律是以死相威逼,相威胁。李陵讲的这四点完全是苏武家里的情况。

你个人忠义无人知晓,你家已是家破人亡,这都与当今皇上有关。这是李陵劝降苏武的最核心的一些话。这些话对苏武来说有很大的杀伤力;当今皇上进入了晚年,杀了很多大臣,你何苦为这样一个年迈且昏聩的皇上去守节呢?苏武听了这些消息后,怎么回答的呢?

苏武回答了两点:

第一,我做的一切都心甘情愿。

我苏武父子没有什么功德,我们身为将领,而且被封侯,兄弟又得到皇帝的信任,这一切都是当今皇上赐予的,所以我们今天能够杀身报效皇帝,即使我们承受再大的苦,甚至是付出自己的生命,我们都心甘情愿这样做。

第二,我为君死犹如子为父死。

我们作为臣子侍奉君主,就像儿子侍奉父亲一样,子为父死,没有什么遗憾。

而且,最后说了一句话,"愿勿复再言",封住了李陵的口。

苏武这番话非常重要,这是苏武忍受北海牧羊等所有痛苦而能坚持自己信念不变的最重要的原因。

李陵和苏武相处了几天,再一次劝苏武:"你还是听我一劝吧。"苏武说:"我已经认为自己是一个死去的人了,如果你一定要逼我投降,那么请断绝今日咱们的友谊,我死在你的面前。"李陵看到苏武如此忠诚,叹了一口气说:"义士啊,义士!你真是个义士,我李陵和卫律的罪过上通于天。"李陵流下了羞愧的眼泪,和苏武洒泪而别。

卫律是个蠢人,他只知道人都会像自己一样趋利避害,他不懂有的人骨头很硬,至死都不会折腰。李陵自认为比卫律聪明,因为人心

武曰:『武父子亡功德,皆为陛下所成就,位列将,爵通侯,兄弟亲近,常愿肝脑涂地。今得杀身自效,虽蒙斧钺汤镬,诚甘乐之。』——《汉书》卷五十四《苏武传》

臣事君,犹子事父也,子为父死亡所恨。——《汉书》卷五十四《苏武传》

陵与武饮数日,复曰:『子卿壹听陵言。』武曰:『自分已死久矣!王必欲降武,请毕今日之欢,效死于前!』陵见其至诚,喟然叹曰:『嗟乎,义士!陵与卫律之罪上通于天。』因泣下沾衿,与武决去。——《汉书》卷五十四《苏武传》

有坚硬的一块，也有柔软的一块。他的劝降是朝人心的柔软处动刀。李陵断定苏武内心有两块柔软之处：第一块柔软之处是名扬天下，第二块柔软之处是亲人安危。

李陵刺向苏武柔软之处的第一刀是告诉苏武：你身处无人知晓的北海，至死都不可能回国，你忠贞于武帝的英名将会没世无闻。

李陵刺向苏武内心柔软之处的第二刀是告诉苏武：你的兄弟都因为武帝自杀了，老母辞世，夫人改嫁，两个妹妹与三个孩子生死不明。这是深深的一刀。

卫律、李陵是汉人投降匈奴两种典型的代表。卫律代表了死心塌地为匈奴人服务的一类，李陵代表了投降匈奴而又心中有愧的一类。李陵虽与毫不知廉耻的卫律不同，但在劝降苏武、为单于服务上他的作用更大。第一次劝降失败的李陵并未甘心，走后，派他的妻子送给苏武几十头牛羊，这既是关心，又为二次劝降埋下了伏笔。

过了几年，李陵第二次来到北海，告诉了苏武一个重大信息，这个信息对苏武的精神打击极大。那么，李陵告诉了苏武什么呢？

李陵说，我们匈奴的侦察兵抓到大汉云中郡的百姓，抓的时候，听说云中郡的太守以下的官吏和百姓都穿上了白服，什么原因呢？就是当今皇上过世了。苏武听说以后，"南向号哭，欧血，旦夕临数月"。什么叫"南向号哭，欧血，旦夕临数月"？面向南，因为苏武被扣匈奴北海，就是今天俄罗斯西伯利亚的贝加尔湖，远在大汉土地的北边。一直哭得口中出血，而且是早晚各哭一次，这种情况一直坚持了几个月，所以叫"旦夕临"，"临"是"哭丧"，"数月"，就是一连哭了好几个月。

从中可以看出，苏武精神层面最原始最核心的是忠君，是对汉武帝本人的忠心耿耿。武帝派他出使匈奴，现在自己无法回去复命，武帝死了，所以他要通过号哭表达他对武帝的忠诚。那个时代，对君主的忠诚，其实就是对自己国家的忠诚。忠君和爱国在当时是一而二、二而一的，二者密不可分。

四、荣归故国

武帝死后，昭帝即位。几年后，匈奴和汉朝的关系从战争状态恢复到和平状态，两个民族又恢复了和亲。此时，大汉向匈奴提出要求被扣留的苏武回国，匈奴人诡称苏武死了。

接着，发生了一个戏剧性事件。汉朝使节再次来到匈奴时，当年陪同苏武一起出使的随从常惠，和他的看守说好，看守陪他一起夜见汉使。因为看守担心他逃掉，所以常惠让看守陪着一起见汉使，常惠的做法很聪明。见到汉使后，常惠把他们被扣留的经过和现在的情况全部告诉了汉使。而且，教汉使说：匈奴单于不是说苏武已死了吗？你告诉单于，说我们大汉天子在上林苑打猎，打到一只大雁，这只大雁脚上拴着一块帛书，说苏武在北海。使者闻讯，非常高兴。第二天，按照常惠的安排，责备单于。单于一听，十分吃惊，他不知道汉使怎么知道苏武还活着，而且就在北海牧羊。所以，马上向汉使道歉，说苏武等人确实还活着。

匈奴单于决定放苏武回国。临行，已投降匈奴的李陵，摆酒宴祝贺苏武。李陵对苏武说：您这次回去，可以说是名扬匈奴，功显汉室，无论在匈奴还是大汉，您既扬了名，又显了功。古代载于竹帛、绘于丹青的人，没有一位能超过您！我李陵虽然很怯懦，假如当时大汉能够赦免我的罪过，保全我的老母，我也能为国家做点事。可是现在，我的家族被灭了，我还有什么可顾虑的呢？我今天说这些，无非是让你知道我的心。我是一个在异域生活的人，我们这次分别就是永诀了。李陵边歌边舞，唱了一曲：跨越万里啊渡过沙漠，为君率兵奋战匈奴。回归之路已断兵器已毁，将士们战死啊我名声已败。老母已死，即使想报汉恩我将如何做！唱完，李陵哭了，与苏武诀别。

苏武归国前，单于召集苏武及其下属，除去以前已经投降匈奴的和已经死去的人，随同苏武回去的只有九人。

始元六年(前81)春天，苏武回到京城。苏武回来后，第一件事就是备了一份祭礼，亲

数月，昭帝即位。数年，匈奴与汉和亲。汉求武等，匈奴诡言武死。后汉使复至匈奴，常惠请其守者与俱，得夜见汉使，具自陈道。教使者谓单于，言天子射上林中，得雁，足有系帛书，言武等在某泽中。使者大喜，如惠语以让单于。单于视左右而惊，谢汉使曰：『武等实在。』——《汉书》卷五十四《苏武传》

『陵虽驽怯，令汉且贳陵罪，全其老母，使得奋大辱之积志，庶几乎曹柯之盟，此陵宿昔之所不忘也。收族陵家，为世大戮，陵尚复何顾乎？已矣！令子卿知吾心耳。异域之人，壹别长绝！』陵起舞，歌曰：『径万里兮度沙幕，为君将兮奋匈奴。路穷绝兮矢刃摧，士众灭兮名已隤。老母已死，虽欲报恩将安归！』陵泣下数行，因与武决。——《汉书》卷五十四《苏武传》

于是李陵置酒贺武曰：『今足下还归，扬名于匈奴，功显于汉室，虽古竹帛所载，丹青所画，何以过子卿！』——《汉书》卷五十四《苏武传》

自到汉武帝陵园,祭拜汉武帝,因为他是汉武帝派出的使节,他回大汉,祭拜汉武帝,是向汉武帝复命:我的任务完成了,我回来了。

最终,苏武被汉昭帝封为典属国。"典"是主管之意,"属国"是被大汉管辖的其他民族的国家,典属国就是管理少数民族事务的官员。

随同苏武一起出使的常惠等,后来都做了中郎。其余六个人,因为年龄大了,给了赏钱,回家了。常惠后来做到右将军,还封了侯。

苏武这次出使匈奴,从出使到回来一共历经十九年。出去时是壮年,回来时头发、胡子全部白了,因而我们今天看到的几乎所有《苏武牧羊》的画卷,画的都是白发、白胡子的老人。

五、图画麒麟阁

苏武回国后,遇到了三件大事。

第一件,儿子之死。

苏武回国第二年,汉昭帝朝出现了一桩谋反案。这个谋反案牵涉武帝的托孤重臣上官桀及其儿子上官安、武帝时期主管经济的大臣桑弘羊,另外两位是汉武帝的儿子燕王刘旦、汉武帝的女儿盖长公主。出人意料的是,苏武的儿子参与了这桩谋反案,被杀。

这桩谋反大案是如何发生的呢?

当初上官桀奉命和大将军霍光一块儿作为托孤大臣后,上官桀和霍光两人之间产生了诸多权力之争。上官桀多次写奏章,通过汉武帝的儿子燕王刘旦上书告发霍光。

他们在向汉昭帝反映霍光问题时,特意拿苏武作为一个例子,说苏武出使匈奴近二十年，坚持气节，不降匈奴，回来只做了典属国这样一个不重要的官。大将军霍光手下的一些官员，没有多少功劳，却做了高官。

霍光查处这个案件时，发现这桩谋反案的几个重要案犯上官桀、桑弘羊和苏武的关系都很好，而且，苏武被授官职过低被燕王作为自己一个主要过失告发，苏武的儿子又是这个谋反集团的成员之一。所以，当时西汉中央政府在审理这一案件时，请求批准逮捕苏武。大将军霍光处理这个事件很谨慎，他把廷尉要求逮捕苏武的报告压了下来，仅仅免了苏武的官。

> 及燕王等反诛，穷治党与，武素与桀、弘羊有旧，数为燕王所讼，子又在谋中，廷尉奏请逮捕武。霍光寝其奏，免武官。——《汉书》卷五十四《苏武传》

这说明什么？这说明在霍光的心目中，苏武是一个忠臣，是一个忠于自己的君主、忠于自己国家的忠臣，所以，霍光没有对苏武采取过激行为。

第二，匈奴之子归国。

昭帝死后，苏武参与了拥立新君的活动。因为昭帝死后，宣帝身份特殊，他是生活在民间的一个皇子。皇子怎么会生活在民间呢？原来他是"巫蛊事件"被杀的戾太子刘据的孙子，史皇孙刘进之子。

以后，卫将军张安世推荐苏武，说苏武懂得很多朝中典故，而且"奉使不辱命"。宣帝认为苏武是老臣，让他初一和十五才上朝，其他时间可免于上朝，优待苏武。苏武把得到的赏赐都给了他的兄弟，家里没有任何余财。

苏武在世时,皇后的父亲平恩侯、皇帝的舅舅平昌侯、乐昌侯、车骑将军韩增、丞相魏相、御史大夫丙吉这些皇亲国戚和朝中重臣都非常敬重苏武。

苏武年迈,儿子因为参与谋反案已被杀,汉宣帝同情他,问左右的人:苏武在匈奴的时候,有没有孩子?苏武通过皇后的父亲平恩侯回汉宣帝说,他当初在匈奴时,匈奴人为他娶了一个妻子,他回来时,他的妻子刚好生了一个儿子,最近有书信到来,希望汉朝派使者拿着钱和自己的书信把自己的儿子赎回。汉宣帝答应了这件事,后来苏武与胡地妻子所生的儿子苏通国随同使者来到汉朝,汉宣帝让他做了"郎"。苏武一直活到八十多岁才去世。

第三,图画麒麟阁。

甘露三年(前51),单于入朝,汉匈关系缓和下来,汉宣帝想到了很多功臣、重臣,于是在麒麟阁上画了十三位功臣。这是中国历史上非常有名的一个事件,叫图画麒麟阁。这些人不但画出像,而且要写上官职、姓名,其中有典属国苏武。苏武虽然在十三

卫将军张安世荐武明习故事,奉使不辱命,先帝以为遗言。宣帝即时召武待诏宦者署,数进见,复为右曹典属国。以武著节老臣,令朝朔望,号称祭酒,其优宠之。武所得赏赐,尽以施予昆弟故人,家不余财。——《汉书》卷五十四《苏武传》

武年老,子前坐事死,上闵之,问左右:『武在匈奴久,岂有子乎?』武因平恩侯自白:『前发匈奴时,胡妇适产一子通国,有声问来,愿因使者致金帛赎之。』上许焉。后通国随使者至,上以为郎。——《汉书》卷五十四《苏武传》

甘露三年,单于始入朝。上思股肱之美,乃图画其人于麒麟阁,法其形貌,署其官爵姓名。——《汉书》卷五十四《苏武传》

个人中间排名最后，但是，苏武图画麒麟阁，轰动一时，流芳百世。说明宣帝时期，人们还记得苏武为国家、为民族立下的功劳。

苏武在中国历史上是一个非常有名的人。西汉以后，苏武的事迹越传越广，那么，我们究竟应当怎么看待苏武这个人呢？

汉代扬雄在《法言》一书中评价苏武时说：

张骞、苏武之奉使也，执节没身，不屈王命，虽古之肤使，其犹劣诸？

扬雄在《法言》中把苏武和张骞并列，张骞通西域，苏武使匈奴，并特别点明张骞和苏武最重要的四字评价："不屈王命。"

王充在《论衡》中讲到苏武，提到两句话，叫"武入匈奴，终不左衽"。"左衽"是少数民族的服饰。苏武在匈奴十九年，始终坚持穿戴汉朝服饰，以示不降。

宋·柴望《秋堂集》卷一载《苏武》诗：

十九年间不辱君，论功何独后诸臣。
若教倒数凌烟像，也是当时第一人。

虽然柴望之诗不乏调侃之意，但称颂苏武仍然是历史主流评价。

《法言》卷八，丛书集成初编本，中华书局1985年影印版

文渊阁《四库全书》本，上海古籍出版社1987年影印

华佗

敬业神医

在世界华人的范围里边,有一个约定俗成的习惯,每当人们发自内心地赞叹一位医生的医术精湛时,经常会送给这位医生八个字:华佗再世,妙手回春。就是说,在世界华人的心目中,华佗是神医的代称。华佗是东汉末年的一位民间医生,他以自己高超的医术为病人解除痛苦,在当时就非常出名。但是,中国古代名医众多,为什么后人称赞医生医术高明的时候,偏偏要说华佗再世?华佗的医术,究竟有哪些神奇之处?他为什么会成为后人心目中的神医呢?

良醫華佗

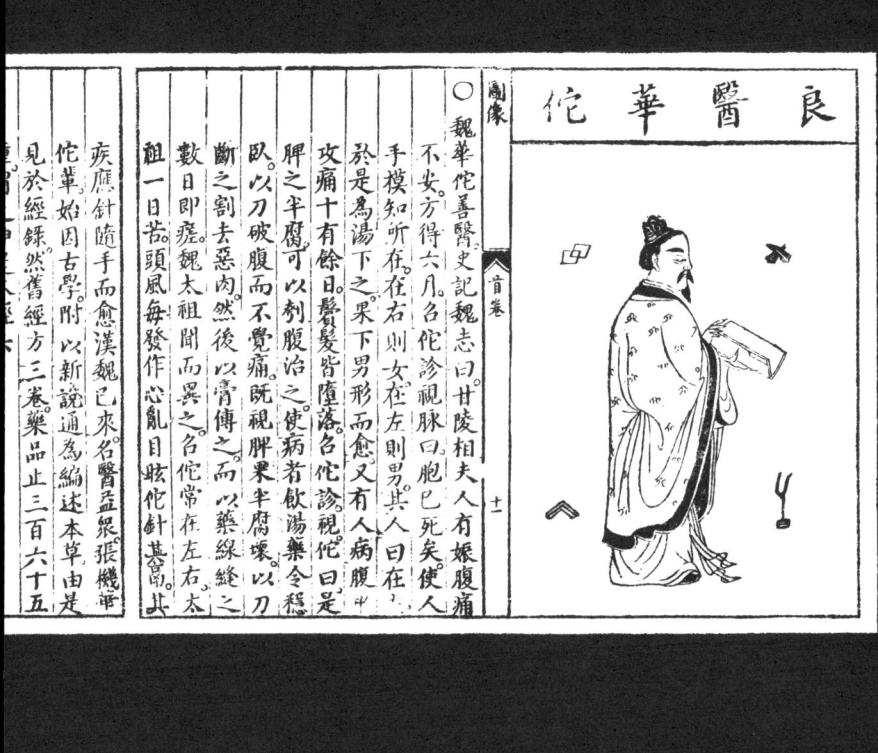

○圖像

○魏華佗善醫史記魏志曰甘陵相夫人有娠腹痛不安方得六月佗診視脈曰胞已死矣使人手摸知所在在左則女在右則男其人曰在於是爲湯下之果下男形而愈又有人病腹中攻痛十有餘日鬚髮皆墮落佗診視曰是脾之半腐可以剌腹治之使病者飲湯藥令穩臥以刀破腹而不覺痛既視脾果半腐壞以刀斷之割去惡肉然後以藥綫縫之數日即瘥魏太祖聞而異之名佗常在左右太祖一日苦頭風每發作心亂目眩佗針甚鬲此

疾應針隨手而愈漢魏已來名醫盈眾張機華佗華始因古學附以新說通爲編述本草由是見於經錄然舊經方三卷藥品止三百六十五

一、神医传奇

卑微却不平庸。

中国传统正史的《二十四史》中，陈寿的《三国志》与范晔的《后汉书》，都有《华佗传》。

据史传记载，华佗字元化，名字叫旉(fū)，他是沛国谯(qiáo)人。谯，是当时沛国的谯县，东汉的谯县主要包括今天安徽的亳州，河南永城的一小部分。但是，两部正史都没有华佗家世的记载。我们不知道华佗的家庭是个什么样的家庭，也不知道华佗师从何人学医。

这，只说明一个问题，就是华佗在当时社会地位非常低下，由于他社会地位低下，有关他的身世、师承都没有记载。

两部正史都有《华佗传》，这已经很不简单了，毕竟入正史是非常困难之事。因为这不是个人生前通过努力能够做得到的事，而是在人身后著史者选择性书写的结果。虽然，两部正史都记载了华佗，但是，《三国志》将他收入《魏书·方技传·华佗传》，《后汉书》把他列入《方术传》。"方技"或"方术"是什么含义呢？中国古代，从事医学、天文、星象、占卜的一类人叫方士，或叫方术。这就是我们现在传世文献中所知道的华佗的基本状况。

整个帝制时代，包括华佗生活的时代，民间游医在社会中的地位都非常低下。再加上华佗在世的那个年代，是中国历史上东汉末年到三国初期诸侯割据、军阀混战的著名乱世，史籍文献保存困难，为修史者留下的可供记载的文献可能较少。今天我们能够看到的史书，只留下了他治病的一些小故事，后世流传的"华佗再世，妙手回春"这一说法，我们只能从华佗治病的小故事中去寻找答案了。

为什么我们总爱拿华佗作为神医的代称呢？

神医是干出来的。

第一，料病如神，预知生死。

这是华佗最神奇的一面。我们介绍一下史书中记载的华佗治病神奇的七大医案。

第一则医案。甘陵国（今山东临清）原国相的夫人怀孕六个月，突然感到腹痛，巨痛难忍，赶快请来华佗治疗。华佗把了把脉，说腹中有胎儿，但是，胎儿已经死了。华佗找了一位方便的人，为夫人摸摸腹部，看看胎儿在左边还是右边。华佗告诉这个人，如果在左边是个男胎，如果在右边是个女胎。这个人摸过以后，说在左边。华佗就准备了汤药，然后，让甘陵国相的夫人把药喝下去，喝下去以后，果然产下来一个胎儿，已经死了，是个男孩。这个男胎一产下来，甘陵国相夫人的腹痛立即就停止了。

这则医案里华佗一摸脉就知道有死胎，特别是据胎儿在左在右断定性别，太神奇了。说神医，这应当是明证。但是，甘陵国相及其夫人如此相信华佗也不简单，谁会愿意相信自己怀的孩子是个死胎呢？但是，他们还是按照华佗的意见办了。

> 故甘陵相夫人有娠六月，腹痛不安，佗视脉，曰：'胎已死矣。'使人手摸知所在，在左则男，在右则女。人云'在左'，于是为汤下之，果下男形，即愈。——《三国志》卷二十九《魏书·华佗传》，中华书局1982年版。以下所引《三国志》均出此本，不再一一注明版本

这是第一个医案。华佗能号脉断定胎儿生死。

第二则医案。一位县吏尹世得病，四肢都不舒服，口干，特别是不想听到人说话的声音，小便不通畅。华佗看完后说："回去试着吃点热食，如果吃后能发汗，此病即能痊愈。如果吃了热食后不发汗，三天后必死。"尹世回去，立即做了热食，吃后未发汗。华佗听到后说："尹世的脏气已经绝于内，死时会哭。"尹世果然下世了，走的情况和华佗预料的一样。

这则医案说明，华佗从病人的自诉与诊视，可以判定一位患者的生命能否延续，他要病人回去再用热食试试，不过是再验证一下自己的判断。

第三则医案。盐渎县（今江苏盐城）严昕和几个朋友一块儿去拜访华佗。等他们几个人进来后，华佗问严昕："您是不是感到身体有点儿不舒服？"严昕说："没有啊，我感觉很正常啊。"华佗说："我看你的面相，你得了急病，不要多喝酒，吃完饭赶快回家。"严昕吃完饭，坐了一会儿，和朋友一块儿坐车回家，回家的路上头晕目眩，坐不稳，从车上掉下来，同行的人赶快把他抱到车上，送回家，当天晚上他就死了。

素昧平生一位客人，仅仅看了面相，就断定此人得了重病，马上会挂了。结果，此客饭后倒在路上，回家当夜即死。华佗之神奇，再得见证。

县吏尹世苦四支烦，口中干，不欲闻人声，小便不利。佗曰："试作热食，得汗则愈，不汗，后三日死。"即作热食而不汗出，佗曰："藏气已绝于内，当啼泣而绝。"果如佗言。——《三国志》卷二十九《魏志·华佗传》

盐渎严昕与数人共候佗，适至，佗谓昕曰："君身中佳否？"昕曰："自如常。"佗曰："君有急病见于面，莫多饮酒。"坐毕归，行数里，昕卒头眩堕车，人扶将还，载归家，中宿死。——《三国志》卷二十九《魏志·华佗传》

第四则医案。前任督邮顿子献得病，好了后，请华佗为他再看一看。华佗为他把脉后，告诉他，病虽好了，但是，身体还很虚弱，在这个期间，千万记住，不能有性生活，如果有，就会发生不测，死前他的舌头会伸出几寸长。顿督邮得病康复的消息传到他妻子的耳朵里了，他的妻子跑了一百多里地来看他，当天晚上有了夫妻生活。三天以后，病发，督邮死了。临死之前，舌头伸出来有几寸长。

故督邮顿子献得病已差，诣佗视脉，曰：'尚虚，未得复，勿为劳事，御内即死。临死，当吐舌数寸。'其妻闻其病除，从百余里来省之，止宿交接，中间三日发病，一如佗言。——《三国志》卷二十九《魏志·华佗传》

本医案华佗料定某人只要有性活动就一定会死亡。夫妻久别有性生活实属正常，但华佗早就断定性生活会使病体虚弱的顿督邮死亡，也是一绝活儿。

第五则医案。徐毅督邮得了病，告诉华佗，说他昨天找了一个医官为自己扎胃管，但是，扎过后咳嗽得非常厉害，晚上都不能睡。华佗说："他没扎中你的胃管，却误伤了你的肝，你的饭量会因此一天天减少，而且五天以后就不行了。"果然，五天以后，这个徐督邮真挂了。

督邮徐毅得病，佗往省之。毅谓佗曰：'昨使医曹吏刘租针胃管讫，便苦欬嗽，欲卧不安。'佗曰：'刺不得胃管，误中肝也，食当日减，五日不救。'遂如佗言。——《三国志》卷二十九《魏志·华佗传》

第六则医案。广陵太守陈登是曹操非常信任的一个人，他得了一种怪病，这个病的症状是心烦、面红、吃不下饭，请华佗给他诊病。

华佗号了脉后就告诉他，你的腹中有好几升虫。然后，就让他赶快吃药。

华佗给他准备了两升药，喝下去后，大概有一顿饭的工夫,他吐出来好几升虫,吐完以后,病好了。但是,华佗告诉他:"你这个病三年后还会复发,如果发作的时候遇到良医,还能救活,如果遇不到良医你就挂了。"

三年后,陈登旧病复发。当时华佗不在,无人可治,陈登挂了。

这件事影响很大。因为,此陈登非寻常之辈,他曾经向曹操献计剿灭吕布,在曹操早期发展史上贡献不菲。

第七则医案。一个下级军官梅平,因有病被解除军职。梅平的家在广陵,有两百里地,他找了一亲戚家投宿,恰巧这天晚上华佗也来这家投宿。主人让华佗为梅平诊病,华佗号了脉后就告诉他:"太晚了,如果早叫我治,这个病不会发展到今天。"华佗接着说:"你赶快回家和家人见面,五天以后,你就不行了。"梅平听了以后就往家赶,五天以后,果然病故。

料病如神,预知生死是华佗的强项。人们把华佗看作神医,其中非常重要的一个原因就在于他这一长项。生死是人生大事,生命又有其非常独特的生命力,预知生死即使在医学较华佗时代已经有了天翻地覆变化的今

广陵太守陈登得病,胸中烦懑,面赤不食。佗脉之曰:"府君胃中有虫数升,欲成内疽,食腥物所为也。"即作汤二升,先服一升,斯须尽服之。食顷,吐出三升许虫,赤头皆动,半身是生鱼脍也,所苦便愈。佗曰:"此病后三期当发,遇良医乃可济救。"依期果发动,时佗不在,如言而死。
——《三国志》卷二十九《魏志·华佗传》

军吏梅平得病,除名还家,家居广陵,未至二百里,止亲人舍。有顷,佗偶至主人许,主人令佗视平,佗谓平曰:"君早见我,可不至此,今疾已结,促去可得与家相见,五日卒。"应时归,如佗所刻。
——《三国志》卷二十九《魏志·华佗传》

天,也不是一件简单的事。华佗诊断病人,往往能够做到这一点,一定有其依据,这一依据,一定是他长期行医过程中积累的宝贵经验。

从《三国志》中,我们看到了华佗诊断病情的故事,那么,《三国志》对华佗治疗疾病的案例,又有怎样的记载呢?

第二,治疗神奇,手到病除。

第一则医案。李将军的妻子得了重病,而且长期治不好,请华佗来给她看。华佗看了以后,把了把脉,就告诉李将军:"你的妻子在怀孕的时候,胎儿受过伤,这个胎儿至今留在你妻子的腹中。"李将军不信,他说:"夫人确实是怀孕时候受过伤,但是,胎儿已经产下来了,没有留在腹中啊。"华佗没说什么,走了。华佗走后,李将军妻子的病有所好转,但是过了一百多天,病又发作了,没办法,又请华佗来看。华佗把完脉以后还是撂出那段话。他说:"你妻子的腹中有胎儿,而且是死胎。你妻子当年怀的孩子是双胞胎,产下了第一个孩子,因为出血多,母亲没有感觉到腹内还有一个胎儿,接生的人也不知道,所以就接生了一个,而把另一个胎儿留在肚子里了。这个胎儿已经死了,死了很长时间,死过的胎儿,贴在你妻子的脊椎骨上,所以你妻子的脊椎骨非常疼,现在赶快吃药、针灸,让这个胎儿产下来。"

当时就开了汤药叫她吃。吃了药,配合着针灸,停了一会儿,他的妻子就感到腹痛得非常厉害,就像要生孩子一样。华佗告诉她,这个死胎时间过长,让她自己产下来是不行的,需要有人帮助把胎儿取出来,华佗指挥别人把这个胎儿取出来。果然取出来一个死去的男胎，有一尺长左右，手脚都长全了，死胎已呈黑色。

这是一个治疗死胎的典型医案。

第二则医案。

一个下级军官李成，吐血吐得很厉害，咳嗽得昼夜不得安宁，找华佗给他看病。华佗说："你虽然吐血，但病不在肺部，而在你的肠子里，你的肠子得了肠痈，我给你两钱散剂的药，你回去吃，一个月以后，就可以康复。但是你要记住，十八年后还会复发，我再给你配一服药，到十八年后复发的时候，你把它吃下去就能好，而且永不复发。"李成听了后很高兴，吃了药，好了。然后把另一服当宝贝一样藏起来了，因为十八年后还要复发。

过了五六年，李成的一个亲戚和他得了同样的病，病得要死了，他知道李成藏有治这种病的良药，就跟李成说："你看，我要死了，你现在很健康，你还藏着一服救命药，你把它拿出来救我的命，救了我的命，我再帮你找华佗要。"李成思想斗争很激烈，这药是他留着十八年后保命的，要给亲戚的话，自己十八年后没药了怎么办？但他又不忍心看着自己的亲戚死，最后咬了咬牙，给了亲戚。亲戚吃了这药以后好了，但是李成没有药了，心里就虚了，他又赶快去谯县找华佗，可是华佗已经被曹操抓到

> 李将军妻病甚，呼佗视脉，曰："伤娠而胎不去。"将军言："闻实伤娠，胎已去矣。"佗曰："案脉，胎未去也。"将军以为不然。佗舍去，妇稍小差。百余日复动，更呼佗，佗曰："此脉故事有胎。前当生两儿，一儿先出，血出甚多，后儿不及生。母不自觉，旁人亦不寤，不复迎，遂不得生。胎死，血脉不复归，必燥著母脊，故使多脊痛。今当与汤，并针一处，此死胎必出。"汤针既加，妇痛急如欲生者。佗曰："此死胎久枯，不能自出，宜使人探之。"果得一死男，手足完具，色黑，长可尺所。——《三国志》卷二十九《魏志·华佗传》

监狱里去了。

李成不愿意在华佗危难的时候去打扰他,就没有再去要这个药。十八年以后,李成的病果然复发了,由于没有华佗的特效药,最后他病死了。

此医案很有特色,华佗诊断这个病的时候说,咳嗽吐血,一般人认为是肺部疾病,但华佗认为病在肠子,这是中医一个典型特色:整体观。中医认为,人体的脏腑之间是互相影响的,一个脏器出现问题的时候,会影响到另一个脏器。人吐血的时候,不一定是肺部有问题,可能是肠子有问题,这就是中医认为的肺和大肠是互为表里的。

第三则医案。

东阳（今安徽天长）陈叔山两岁的孩子吃完奶就拉肚子,久治不愈,拉前直哭,孩子一天比一天瘦。最后问华佗,华佗说,把孩子的药停了,病根在他母亲身上。当年其母怀孩子时,阳气内收,母乳虚寒,孩子吃了带寒气的乳汁,才拉肚子,所以不能给孩子治病,要治母亲的病。陈叔山的妻子吃了四物女宛丸,十天时间,小孩儿不拉肚子了。

这是一个很神奇的例子,子病治母,孩子

初,军吏李成苦欬嗽,昼夜不寐,时吐脓血,以问佗。佗言:『君病肠臃,欬之所出,非从肺来也。与君散两钱,当吐二升余脓血讫,快自养,一月可小起,好自将爱,一年便健。十八岁当一小发,服此散,亦行复差。若不得此药,故当死。』复与两钱散。成得药去五六岁,亲中人有病如成者,谓成曰:『卿今强健,我欲死,何忍无急去药,以待不祥?先持贷我,我差,为卿从华佗更索。』成与之。已故到谯,适值佗见收,忽忽不忍从求。后十八岁,成病竟发,无药可服,以至于死。——《三国志》卷二十九《魏志·华佗传》

东阳陈叔山小男二岁得疾,下利常先啼,日以羸困。问佗,佗曰:『其母怀躯,阳气内养,乳中虚冷,儿得母寒,故令不时愈。』佗与四物女宛丸,十日即除。——《三国志》卷二十九《魏志·华佗传》

有病治他的母亲。这是中医非常典型的一个特点。中医认为：人的身体是一个整体，治病不能头痛医头，脚痛医脚。人的五脏六腑是一个中心，十二经络把人的整个脏腑连成了一个上下相连、内外相通、整体协调的整体。一个脏腑的疾病可以通过经络和五行的关系影响到另一个脏腑，所以可以通过五行相克的理论来调治，让人体内部达到阴阳平衡。这样，病就好了。所以吃奶的孩子和喂奶的母亲不能分离。

这组医案让我们感叹华佗医术的高明，同时也感慨中医治疗的神奇。

《三国志》和《后汉书》的《华佗传》还记载了华佗更为神奇的地方，不用药，也能将病人的病治好。

第四则医案。

这则医案讲情志疗法。

最早记载中国古代情志疗法的是《吕氏春秋·至忠篇》，此篇有一个很典型的例子。齐王有病了，然后跑到宋国请了非常有名的医生文挚。文挚来了后，号了号脉就对齐王的儿子说，他爹这个病可以治，但自己不能治。太子感到很奇怪，既然能治，文挚为什么不治呢？文挚说了两句话："非怒王则疾不可治，怒王则挚必死。"什么意思呢？如果不让大王生一场大气，这个病治不好；如果让大王生一场大气，病好了，他一定杀文挚，所以这个病能治，但是文挚不愿意治。给大王治好了，文挚的命都没了。太子一听，就一个劲儿地向文挚哀求，让文挚一定要治，说等大王的病好了，他拉着王后，他们两个一块儿替文挚求情，一定保证文挚的生命安全。文挚说：

"这样吧,你们真能保证我的生命安全,我就给大王治。"

太子跟王后立下保证,然后文挚开始治病。文挚跟太子约好去给齐王看病,齐王也准备好,但是每一次约好时间,文挚都不去,一连约了好多次,文挚就是不来。太子很纳闷,齐王已经憋了一肚子火了,等齐王气憋得够足了,文挚来了,穿了一双脏兮兮的鞋,径直走到齐王的卧室里边,给齐王问病的时候,又用他脏兮兮的鞋踩着齐王华贵的衣服,把齐王给气坏了。文挚问他什么症状,齐王气得不吭声,文挚又说了很多非常刺激齐王的话,然后走了。文挚一走,齐王气得哇哇叫,非要派人去杀文挚,但是齐王因为生了这一场大气,病好了。齐王大怒,非要烹文挚,太子、王后急忙为文挚求情,但却无法消解齐王的愤怒。最终,文挚被齐王所杀。这是一则非常典型的情志疗法的医案。

一位郡守病了,请华佗去看。华佗一看,认为这个郡守是因为生了一场大气得的病。要治此病,必须让他再生一场大气。华佗怎么治呢?他先要钱,要一次不够,要两次,不断地要,要了很多钱,就是不治病,这个郡守气得不得了。然后华佗把钱要足要够了,溜了。临走之前,他还写了一封

齐王疾痏,使人之宋迎文挚。文挚至,视王之疾,谓太子曰:『王之疾必可已也。虽然,王之疾已,则必杀挚也。』太子曰:『何故?』文挚对曰:『非怒王则疾不可治,怒王则挚必死。』太子顿首强请曰:『苟已王之疾,臣与臣之母以死争之于王,王必幸臣与臣之母,愿先生之勿患也。』文挚曰:『诺。请以死为王。』与太子期,而将往不当者三,齐王固已怒矣。文挚至,不解履登床,履王衣,问王之疾,王怒而不与言。文挚因出辞以重怒王,王叱而起,疾乃遂已。王大怒不说,将生烹文挚。太子与王后急争之而不能得,果以鼎生烹文挚,爨之三日三夜,颜色不变。文挚曰:『诚欲杀我,则胡不覆之,以绝阴阳之气。』王使覆之,文挚乃死。——陈奇猷《吕氏春秋新校释》卷十一《至忠》

信,把这个郡守给臭骂了一通。郡守付了很多钱,没有得到治疗,医生卷钱逃了,临走还留了封信。这个郡守气得大骂华佗,然后下令派人去追杀华佗。郡守的儿子知道华佗用这种办法治他爹的病,嘱咐郡守手下的人,不准追杀华佗。郡守一场大气以后,吐了好几升黑血,病全好了。

这是华佗非常高明的情志疗法。中医认为人有七情喜、怒、忧、思、悲、恐、惊。当人受到七情的刺激后,人的身体会产生一种反应,这个反应我们叫情志。但是,如果人体受的刺激过重,那么人体的平衡就被破坏了,人就要得病,所以郡守的病是受了刺激产生的,如果再去刺激他一下,就可以通过再度的刺激让他体内恢复平衡,病就好了。

麻醉药的前世今生。

通过史书记载的华佗给人治病的小故事,我们可以看到一个医术高明、治疗手法多样的华佗的形象。此外,华佗还有一个更大的神奇之处,传说华佗发明了麻沸散,用于外科手术。这件事,《三国志》《后汉书》等正史中都有记载,那么,这些正史又是怎样记载这件事情的呢?

华佗行医时,还有一个非常神奇的地方,就是麻醉。如果病在脏腑,针灸不能达到,必须破腹,

> 又有一郡守病,佗以为其人盛怒则差,乃多受其货而不加治,无何弃去,留书骂之。郡守果大怒,令人追捉杀佗。郡守子知之,属使勿逐。守瞋恚既甚,吐黑血数升而愈。——《三国志》卷二十九《魏志·华佗传》

他让病人饮用他自制的"麻沸散",喝过以后,人就像醉酒以后失去知觉了,然后,华佗把他的腹部剖开,给他做腹腔手术,如肠子有病,他把溃烂的肠子剪断,把剩下的肠子缝合一下。接着,再把腹部的伤口缝合起来,涂上一层神膏,四五天伤口即愈合了,无痛感,一个月后皮肤平滑。

若病结积在内,针药所不能及,当须刳割者,便饮其麻沸散,须臾便如醉死无所知,因破取。病若在肠中,便断肠湔洗,缝腹膏摩,四五日差,不痛,人亦不自寤,一月之间,即平复矣。——《三国志》卷二十九《魏志·华佗传》

有一个士大夫病了,请华佗去看。华佗说:"你的病不在外表,在你的腹腔里边,要做手术,但是你的寿命只有十年。我给你做了手术,十年以后你也得死,你的寿命只剩十年了。你这个病,并不会让你死,所以我劝你不要做手术,十年以后,命没了,你的病也没了。"这个士大夫的承受力比较弱,他觉得这个病让他很难受,坚持要做手术。华佗就给他做了手术,病治好了。手术完后,一切都很正常,十年后,这个人果然死了。

又有一士大夫不快,佗云:'君病深,当破腹取。然君寿亦不过十年,病不能杀君,忍病十岁,寿俱当尽,不足故自刳裂。'士大夫不耐痛痒,必欲除之。佗遂下手,所患寻差,十年竟死。——《三国志》卷二十九《魏志·华佗传》

这条记载至少可以让我们看到两点:

第一点,高尚的医德。

华佗不是不懂经济效益,而是不重经济效益。病人来了,他劝人家不要做手术。如果是一般无德之医,病人来了,先做检查,他收病人检查费;再开刀,收病人手术费。至于病人十年后是不是死，他不管，他收了钱就得了。

有人来看病，华佗劝人家别做手术，这个病要不了病人的命，病人就剩十年的寿命了，到十年时，病人死了，病也完了，何必做手术呢？但反过来，说明华佗医德很高尚。

第二点，高超的医术。

这是中国正史中第一次记载腹腔手术，人们因此把华佗视为中医外科的鼻祖，他是第一个做中医外科手术的人。但是，曹操杀死华佗以后，华佗的"麻沸散"就失传了，后来很多人在不断地寻找和研究。关于华佗的"麻沸散"是怎么配出来的，现在有很多种说法，但是，我们始终不知道华佗那个"麻沸散"真正的配伍。

史书中，如《史记·扁鹊仓公列传》记载，黄帝时期，有一个医生叫俞跗，他也能做外科手术，但俞跗做外科手术，传说的成分更浓了，他没有麻醉药，不知道用什么麻醉药。腹腔手术很麻烦，如果没有麻醉，把一个活人来一个大开膛，那人是绝对受不了的，手术亦无法做。所以，《史记·扁鹊仓公列传》中的记载，我认为不太靠谱儿，真正靠谱儿的是《三国志·华佗传》和《后汉书·华佗传》记载的华佗施行的外科腹腔手术。这个记载早于西方的腹腔手术一千多年，这是中华儿女引以为豪的一段历史。

腹腔手术，有一连串的难关，麻醉关、消毒关、止血关、输血关，甚至包括出现意外的急救关。华佗能够克服这些难关，是非常了不起的。但是，这一神奇的"麻沸散"未能传下来，为什么？因为华佗死于非命。

神医华佗为什么会死于非命呢？

二、华佗之死

专制权力是终极杀手。

神医华佗最终被鼎鼎大名的曹操所杀。

曹操和华佗之间到底发生了什么？一向以唯才是举闻名的曹操为什么要杀死身怀绝技的华佗？

华佗之死，流传最广的说法是《三国演义》中的：曹操得了头风病，头疼难忍，请华佗给他看病。华佗说，曹操这病，根在脑子里，需要让他喝一服药，然后用利斧劈开他的脑袋，祛除病根，病才能治好。曹操疑心很重，他觉得华佗这个医案不怀好意：好小子，想借这个机会替关羽报仇，杀我！一怒之下把华佗关到监狱里，杀了。

关于华佗之死，还有另一种声音：是他自己要挟曹操的结果。

历史的真相究竟是什么？曹操和华佗，一个是乱世枭雄，一个是走方郎中，两人似乎关系不大，华佗为什么会死在曹操的手上？

我们还是先把视线放在第一个问题上，曹操与华佗是如何交集到一起的？

《三国志》和《后汉书》都是在记载了大量的华佗的神奇事迹后写了一句话：

太祖闻而召佗。

太祖指曹操，曹操听说了华佗的事儿以后召见华佗。

史载曹操召见华佗之前的最后一件事是陈登之死。这样一来，曹操召见华佗就有了三种可能：

第一，曹操听说了大量华佗神奇治病的事情，召见华佗。

第二，曹操听说陈登如期而死，召见华佗。

第三，曹操听了上面两种说法后，召见华佗。

先讨论第一种可能。因为曹操跟华佗都是沛国谯人，他们两位是老乡。因此，华佗神奇的医术曹操不可能不知道。

再讨论第二种可能。曹操听说华佗预言陈登三年以后病要复发，如果没有良医还会死，结果陈登如期而死，于是相信了华佗医术的神奇而召见华佗。这种可能性有没有呢？这种可能性取决于曹操和陈登的关系到底怎么样。

熟悉三国历史的人都知道，陈登献计曹操灭了吕布，深得曹操信任、器重。陈登之死，至少在两个方面震惊了曹操。

第一，华佗的预言如期兑现。

第二，陈登如期而死。这一点对曹操影响最大，此时的曹操最需要的是生命的长度。

所以，我认为第三种可能性最大，一方面听到老百姓传闻华佗是神医，另一方面听说自己最信任的陈登三年后旧病发作死了，所以动了召见华佗之心。

因为此时华佗在曹操心中"神医"的地位已经确立起来了，所以曹操要召华佗。

当然，曹操要召见华佗，首先曹操得有病，没病他找个名医干吗？自己身体倍儿棒，整天找个医生跟着，不是个包袱吗？曹操恰好有头风病，而且他的头风病是持续性的神经疼，很难判断是什么原因造成的。当然,现代社会的检查仪器好,假如人们有头疼病,怀疑脑子里有什么了,不用利斧劈开,先做一个脑部核磁共振,看看脑袋里到底长了个什么,然后再治。但是,那个时候医疗条件不允许。

从客观上说,华佗的医术神奇;从主观上来说,曹操的确患病。两方面的因素促使曹操动了召见华佗之心。

当然,曹操召见华佗分了两步。

第一个阶段,"常在左右"《三国志·华佗传》。史书记载,曹操刚刚把华佗召来的时候,华佗经常在曹操的身边,而且曹操的头疼病一发作,华佗就给他针灸,针灸后针拔疼止,特别神。"常在左右",是因为曹操的病不是很重,不是每天都发作,他发作的时候才需要华佗,不需要的时候未必要请到身边来。此时,曹操对华佗的依赖性还不强。

第二个阶段,"太祖亲理"。"太祖"指曹操,"亲理",就是曹操亲自处理国家大政。这个时候,史书记载曹操是"得病笃重"《三国志·华佗传》,病得很重了,然后使佗"专视",召见华佗,专门为自己看病。大家注意这两个词,前边是"常在左右",现在发展为"专视",就是专门为自己看病。前面是一般需求,现在是特殊需求,这两种需求层级上差别很大。那么"太祖亲理"是什么时间呢?据我估计,大体在袁绍集团灭亡之后。建安十年(205)以后,曹操掌握了东汉政府的实权,亲自处理朝政。这就是"太祖亲理"。当然,随着处理朝政的繁忙,曹操的头风病天天发作,这个时候曹操就离不开华佗了,才让他"专视"。

但是,华佗在曹操身边只待了一阵儿,请假走了。以什么理由请假呢?两部史书记载的略有不同。

《后汉书》记载,回家取药方;《三国志》记载,收到家信。曹操怎么办？准假。

曹操不能不准，华佗回家取药方，如果曹操不让他回家取，他可以说没有药方，怎么治病。华佗收到家书，曹操不让他回去，那肯定不能笼络住华佗之心。曹操准假，让他走了。

但是，《后汉书》在讲华佗请假回去的时候讲了四点理由：

第一，华佗此人性格古怪（为人性恶）。

第二，内心很不得意（难得意）。

第三，耻于为医（且耻以医见业）。

第四，想家思归（又去家思归）。

《三国志》的记载有三大理由：

第一，耻于为医（然本作士人，以医见业，意常自悔）。

第二，非速治之病（佗曰：此近难济，恒事攻治，可延岁月）。

第三，思家心切（佗久远家思归）。

《三国志》成书在前，《后汉书》成书在后，但二书都有可供参考之处。

《后汉书》的记载，曹操显得很无人情味，责任全在华佗。华佗请假回家以后，以他妻子有病为由，多次续假不回去。曹操又写信催，又让地方官催促，华佗仰仗自己医术高明，始终不回：

乃就操求还取方，因托妻疾，数期不反。操累书呼之，又勑郡县发遣，佗恃能厌事，犹不肯至。

据《三国志》的记载，曹操显得颇有人情味：

> 到家，辞以妻病，数乞期不反。太祖累书呼，又敕郡县发遣。佗恃能厌食事，犹不上道。太祖大怒，使人往检。若妻信病，赐小豆四十斛，宽假限日。《三国志·华佗传》

《三国志》记载，曹操下令：如果华佗妻子确实有病，赐小豆四十斛，准其续假。今天看来，"小豆四十斛"确实不算什么，但在东汉末年的大饥荒年代，这已经是不菲的待遇了。但是，华佗不愿为曹操一人治病。

为什么曹操如此催促，华佗却死也不回去呢？《三国志》跟《后汉书》的记载都差不多，《三国志》的记载是"佗恃能厌食事"，《后汉书》记载的是"恃能厌事"。这两条记载一样，就是华佗仗着自己的医术高明，不愿意去为曹操一个人服务，结果曹操大怒，派人去查，看他妻子是不是有病，一查，发现他妻子装病。这是欺骗啊，曹操就派人把华佗抓起来，送到许县，投入狱中。一审，果如曹操预测，华佗是托妻有病不赴，非妻子真正有病。

> 操大怒，使人廉之，知妻诈疾，乃收付狱讯，考验首服。
> ——《后汉书》卷八十二下《方术列传·华佗传》

华佗入狱后，曹操手下的重要谋士荀彧曾经劝过曹操，说华佗不能杀，华佗医术太高明了，他的生死关系着多少人的生死，不能杀！曹操说了一句非常典型的话：

不忧，天下当无此鼠辈耶？《三国志·华佗传》

别发愁，杀了华佗，难道天底下再不能找到像他这样的人吗？《三国志》记载曹操用"鼠辈"一词形容华佗。此词反映出曹操非常看不起华佗。结果，巨星陨落，神医枉死。

华佗为什么被曹操杀了？仅仅是欺骗？曹操爱才、惜才、重才，为什么像华佗这样的神医他却要杀了呢？

巨星陨落。除了五禽戏之外，他高明的医术都没有流传下来，后世备感惋惜。

惋惜之余，我们必须回答一个问题：曹操杀害华佗的真正原因是什么呢？

我觉得要从两个方面看，一是从曹操看，二是从华佗看。

从曹操看，华佗可杀，杀而无事。

曹操为什么说华佗可杀呢？华佗确实犯了罪：欺骗罪。

按当时法律，欺骗曹操可杀。同时，杀了华佗后，会惹什么麻烦吗？不会。华佗是个医生，医生当时叫作方士，即方技之士，《三国志》把华佗收入《方技传》。方士是社会地位很低下的人，杀了一个社会地位很低的人，对政权没有威胁。所以，曹操称他为"鼠辈"，视为可杀，而且杀而无事。中国古代历来有句话很流行，叫"上医医国，其次疾人"。作为一个读书人，最高明者治理国家，叫"上医医国"。下一档次的叫"疾人"，为人看病。有本事者治国，没本事者看病。华佗只是一个看病的医生，在那个时代不受重视，所以被杀了。

华佗是神医，在民间拥有巨大的影响力，曹操可以不顾及吗？

当然可以。华佗拥有的是影响力，曹操拥有的是权力。影响力是虚的，权力是实的；影响力是软的，权力是硬的；影响力是柔性的，权力是刚性的。因此，曹操可以不顾及拥有巨大影响力的华佗，用自己手中的权力剥夺华佗的生命。

华佗有没有责任呢？有。什么责任？任性。这个责任主要是三点：

第一，不愿给曹操当侍医。华佗本是个走方郎中，四处游走，现在要给一个人看病，不愿意。

第二，思乡心切。思乡之心太浓，只想着自己的家。

第三，不了解曹操。曹操是什么人啊？曹操是军阀、枭雄、东汉的丞相。这样的人，华佗显然对他太缺乏了解。华佗不知道曹操是掌握着生杀大权的人，而且他找了个很拙劣的理由，说自己的妻子有病，这是很容易被查出来的，一旦查出来怎么办？华佗想都没想，华佗为曹操杀自己提供了借口。当然，这绝对不是说华佗对自己的被杀还负有责任。如果有责任的话，主要责任在曹操；一个毫无权力的被杀者还要为自己的死负责吗？

曹操不是爱才吗？为什么要杀华佗这样的有才之士呢？

封建专制制度从来都把"人"和"才"分开来谈。笼统说曹操爱人才是不对的，曹操爱的只是"才"，并不是有"才"的人。在所有专制制度下，当权者看重的只是一个人的"才"，而且是为我所用的"才"，他们并不重视有"才"之"人"。所以，我们不能笼而统之地讲曹操爱惜人才，只能说曹操爱"才"，他需要"才"为其政治服务。

曹操真正重视人才，就会尊重华佗这个人，尊重华佗的个人选择。

华佗不愿意去为曹操看病是他自己的权利，别人没有办法剥夺他的权利。曹操以此为由杀华佗，而且把华佗称为"鼠辈"，那就说明他既不重视华佗这个人，又不重视华佗之才。依曹操看来，像华佗这样的人，满天下都是。其实曹操错了，人才在任何一个社会都是稀缺资源。杀了华佗，后来曹操的小儿子曹冲有病，没人给他看病。曹冲临死的时候曹操后悔了，不该杀华佗啊。所以，曹操杀华佗实际上是既不重人，又不重才，他重的只是当权者的利益，当权者的面子，这是所有专制制度下当权者的通病。

《三国演义》记载华佗要为曹操劈开头颅治病的故事纯属虚构，不是历史的真实。但是，这个虚构并非完全不靠谱儿。

第一，华佗有麻沸散能够做腹腔手术。虚构的故事就发挥一下说他要做颅腔手术。

第二，华佗确实死于曹操之手。小说作者一发挥，就成了华佗要劈开曹操脑袋治病，曹操不干，杀了华佗。

根据前面的分析，华佗之死，曹操是罪魁祸首，难辞其咎。

关于华佗之死，近年有一个非常流行的说法，叫"要挟说"。这一派观点认为：华佗仰仗着自己高超的医术，要挟曹操给自己官做，结果,曹操不理会华佗,华佗就不给曹操治病,曹操一怒之下,杀了华佗。

事实真的如此吗?当做些分析。

所谓"要挟说",说华佗要挟曹操。提出新说者讲了三点理由:

第一,华佗心理失衡。

第二,华佗养病自重。曹操把华佗杀了以后,说华佗本来可以治好他的病,为什么不给他治呢?有意要养着他的病,一直不给他除根儿,华佗的地位就提高了,这就叫养病自重,养曹操的病,华佗得好处。

第三,华佗夸大病情。本来就是个头风病,华佗把曹操的病情夸大了。

上述三条,貌似有理,其实一条都站不住。

我们简单剖析一下。

先说心理失衡。心理失衡指什么呢?这些人认为华佗是个读书人,本来想做官,没做上,最后当了医生,他自己感到耻辱。当个医生耻辱这一点,《三国志》跟《后汉书》的《华佗传》都记载了,华佗确实有这个感觉。但是,说他心理失衡,我觉得有几点我们要提出来说一下。

第一,生逢乱世,不愿为官。华佗生活在东汉末年,他不愿意做官。早年,陈登的父亲陈珪推举华佗做孝廉,后来由太尉黄琬征辟。孝廉跟征辟是东汉为官的两条路,曹操就是二十岁举孝廉走上仕途的,这两条路华佗都不走。前面的推荐、征辟,他都没有去,后来他怎么可能依附曹操做官呢?实际上华佗是生逢乱世,不愿为官。

第二，要挟要官。说他要挟曹操要官，这不合逻辑。

华佗为什么会要挟曹操呢？两大理由，一是心理不平衡，一是认为当医生耻辱。我们推想一下，心理不平衡就一定会要挟曹操吗？换句话说，因为心理不平衡，所以要挟曹操？这个因果关系成立吗？因果关系有两种，一个原因必然生出一个结果，这叫必然性的因果。一个原因出现两个以上的结果，这种因果关系叫或然关系，不叫必然关系。因为心理不平衡，他可能去要挟，也可能不去要挟。因为心理不平衡去要挟曹操给官，这叫或然性因果关系，不是必然性因果关系，所以不能成立，这违反形式逻辑。

再一点，耻于为医。认为当医生是耻辱，所以要挟曹操。这也是一种或然关系。因为当医生是耻辱的，他可能去要挟曹操，也可能不去要挟，又是一个或然关系。所以这个提出新说的人实际上是把或然性因果讲成必然性因果，因此，要挟要官有悖逻辑。

第三，华佗乐于从医，而不是耻于为医。华佗作为一个读书人早年想为官，但没有做成，做了医生。但是，在行医的几十年间，华佗跟医学结下了深厚的感情，他知道乱世之中的老百姓非常需要良医。

我们可以举三件事。

第一个例子。华佗身陷狱中，知己必死，临终前把一部医书交给狱卒，想传下来。他告诉狱卒，这部书可以活人，后人都称此书为"活人书"，但是，狱卒害怕曹操的法律严酷，没敢接受，华佗一把火把医书烧了。一个医生在临死前还想把自己总结的医书传下来，他是乐于为医还是耻于为医呢？

第二个例子。一次，华佗在路上走，突然听见一个人痛苦地呻吟，华佗立即停下来，主动上去看他一下。原来是一个病人，吃东西咽不下去，很痛苦，不停发出痛苦的叫声。此人并不知道华佗是医生，也没有求他，华佗是听见呻吟声跑过去的。华佗告诉他，自己刚才路过那条街上有一个卖大饼的店，那个店里既有醋，又有蒜泥，让他赶快去要些醋和蒜泥喝了，华佗说完就走了。此人赶快找到那个卖大饼的店，买了三升醋和蒜泥，然后把这三升醋和蒜泥全喝了。喝完后，病人开始吐，结果吐出来一条虫，其实是一种寄生虫。华佗听见病人痛苦的呻吟，就主动去看病，看完说了个方子就走，分文未收。后来，这个病人打听到华佗的家，到他家去，车旁边挂着虫。车还没到华佗家门口，华佗的小孩儿看见车来了，而且车边挂了一条虫，就判断车上坐的这个病号肯定是碰见他爹了，车边那条虫就是明证。这位病人到华佗家里一看，华佗家里的墙上挂了几十条同样的虫。此故事说明华佗行医已到了痴迷程度。怎能说他耻于为医呢？

第三个例子。华佗传五禽戏，让后人学习五禽戏健身，还把他神奇的针灸术传给他的弟子。可见华佗是乐于为医，不是耻于为医。

再说养病自重。

养病自重是谁说的呢？曹操说的。什么时间说的呢？杀了华佗后说的。曹操杀了华佗之后说的话大家就得琢磨琢磨了。华佗是神医，杀华佗之前荀彧就曾劝阻曹操，但是，曹操坚持己见杀了华佗。杀了华佗后，曹操肯定会遭到舆论的谴责，得为自己开脱罪责，所以才提出养病说。养病说是曹操说的，此说为自己开脱罪责的成分很重，不能作为定论。

还有一点，缺乏理解。曹操是病人，病人求治心切。华佗是医生，医生无法根治曹操的头风病，治疗无门。医生跟患者的想法不一样，患者求治心切，希望一步到位把病治好；医生治疗无门，病人跟医生之间有时候很难相互理解。华佗认为不能够手到病除，曹操认为他养病自重。这是养病自重说出现的一个原因。

其实，假如华佗能够给曹操的病除根儿，同时又想求官，他为什么不以断根而求官呢？干脆一步到位把病治好，是更有利于得官的。所以，养病之说不能成立。

最后一点，夸大病情。夸大病情说同样没有道理。头风病确实很难治，即使在今天，神经性头疼病仍很难根治。华佗只不过如实告诉了曹操，而且头风病一般都有并发症，曹操的头风病一犯就会心慌、头晕。华佗如实相告，曹操却认为华佗夸大病情。

所以，提出新说者的这三种说法都不能成立。

那么，华佗的真正死因是什么？真正的死因其实是：

第一，触怒曹操。曹操又写信，又派人去请华佗。华佗欺骗曹操,死活不去,触怒了曹操,这是最重要的原因。

第二,曹操无视人才。曹操既没有把华佗看成人,尊重华佗的选择,又没有看重华佗的才,而是视华佗为鼠辈。既不重其人,又不重其才,他能不杀华佗吗?重人、重才,只要有任何一点体现出来,他都不会杀华佗。

唐代著名诗人刘禹锡曾经写过一篇非常有名的文章《华佗论》。此文写了两句非常有名的话:"执柄者之恚(huì),真可畏诸?"执柄者就是掌权者,掌握他人生杀大权的人,"恚"是愤怒。一个掌权的人发了脾气,发了火,真让人感到害怕。

刘禹锡的话说得非常准,曹操就是执权柄者,曹操生气,导致华佗被杀。其实刘禹锡只看到了第一点,触怒曹操了。

刘禹锡没有看到第二点:曹操没有把华佗当作人和才来看待,这才导致神医被杀。

曹操杀华佗后果严重,最起码有一点,"麻沸散"失传了,中医外科的发展受到重大打击,华佗的医方也没有传下来。所以,华佗之死是中医学史上一个重大损失。直到今天,我们讲华佗时,仍对神医华佗之死怀有一种深深的惋惜。

王安石

一位改革先行者

在中国的历史上,他是一个毁誉交加、最富争议的人物。称誉者把他视为一代贤相、圣人,说他以天下为己任,以强烈的主人翁意识,果敢无畏地变法,改变了北宋建国百年以来逐渐形成的贫弱局面;说他是中国十一世纪伟大的改革家;说他是三代以下中国唯一的完人。诋毁者则把他视为奸邪小人,说他的变法直接导致了靖康之难,正是他将北宋王朝引向覆亡,他是亡国祸首,千古罪人。对于同一个人,评价为什么会有天壤之别呢?他究竟是谁呢?

王文公

公作字說時用意良苦蓋其貯以運蓋其貼遇蓋其指皆流血不覺世傳公初生家人見有獾入其產室有頃公生故小字獾郎又傳公在金陵有僧清曉于蔣山道上見有童子數人持幡幢羽蓋之僧問之曰社迎王相公牆上書云中含法性外包塵氛到寺未久聞公薨

公諱安石字介甫臨川人少好讀書一過目終身不忘屬文動筆如飛見者皆服其精妙友生曾鞏攜以示歐陽文忠文忠為延譽登進士上第仕至宰相初封舒國公後改封荆加司空卒年六十八贈太傅諡曰文

一、万言不值一杯水

宋仁宗嘉祐四年，公元1059年，大宋王朝四海升平，八荒平静，士农乐业，文武忠良。京都开封车水马龙，舟来船往，行人如织，灯火彻夜通明，一片盛世繁华。这段历史，后人津津乐道，称之为仁宗盛世、嘉祐之治。然而，一个在地方任职将近二十年，刚刚被召进京都述职的官员，在盛世繁华的世界里感到了不安，他看到了这繁华背后隐藏的种种危机，他急切地向在位三十多年的仁宗皇帝献上了一封长达万言的奏书。这个人是谁呢？他在万言书中又说了些什么呢？

王安石的逆追求：不爱京官爱基层

这个人叫王安石。

王安石，字介甫，号半山，是抚州临川（今江西抚州市临川区）人。父亲叫王益，是宋真宗朝大中祥符八年（1015）的进士。王安石家族一门出过八个进士：他的叔祖（王贯之）、父亲（王益）、从弟（王沆）、兄长（王安仁）、弟弟（王安礼、王安国）、儿子（王雱）。虽然北宋科举考试录取人数剧增，但在六十九年之间，一个家族里面能出现八个进士，还是比较罕见的。

王益的一生基本都是在地方上做官，王安石出生的时候，他在临江军（今江西樟树）任判官，这是天禧五年（1021）农历十一月的事情。王安石出生之前，王益已经有两个儿子：王安仁、王安道。取名一个用"仁"，一个用"道"，这显然是深受儒家思想之影响。到王安石的时候，取名没有继续按照这个路数，而是取名"安石"。王益给王安石取这个名字,极有可能是受了东晋时期著名政治家谢安的启发。谢安,字安石,做过东晋的宰相。他在出仕之前,在社会上就有很大的名声,但他喜欢游山玩水,经常隐居在会稽东山,不愿出来做官,有人举荐他做官,他上任一个多月就不干了。当东晋王室处于危机的时候,天下的百姓之间流传着这样一句话:"安石不肯出,将如苍生何?"意思是说:"谢安不出来做官,叫天下的老百姓怎么办啊?"所以,谢安重新出来做官,这叫东山再起,取得淝水之战的胜利,挽救了东晋王朝的危机。王益给儿子取名安石,可能是崇敬谢安,希望儿子将来能够成就大事业。"安石不肯出,将如苍生何",这话确实应验在了王安石身上。这是后话。

> 《晋书》卷七九《谢安传》,中华书局1974年版

王益为官,长年在外,王安石也就随着父亲,从广东到四川,从河北到江南,几乎走遍了中国。王安石跟着父亲宦游各地,眼界大开,体验了民生疾苦,心胸更为广阔。直到王安石十三岁时,他才因祖父去世,随父亲回到临川,守制三年,这也是王安石读书较为集中的三年。史书上讲,王安石从小就喜欢读书,有过目不忘的本领。这三年,也正是他少年意气风发之时,豪气冲天。"谁将天下安危事,一把诗书子细论",这是王安石现存最早的诗歌《闲居遣兴》中的两句,诗歌以天下安危为己任,充满了对时局的

> 少好读书,一过目终身不忘。——《宋史》卷三百二十七《王安石传》

关切，其雄阔胸襟和盖世豪气，已一显无余，而这时的王安石，年龄只有十五岁。

王安石十九岁的时候，父亲在江宁通判任上去世。古人父去守丧三年，三年丧满，王安石决定进京赶考，以第四名考取进士，这一年是宋仁宗庆历二年(1042)。

根据宋代的笔记记录，王安石这次科举考试本来是考中头名状元的，当时的名次是：王安石第一，王珪第二，韩绛第三，杨寘第四。杨寘是杨察的弟弟，杨察是晏殊的女婿，晏殊是当时的宰相。当时很多人都认为状元非杨寘莫属。放榜之前，杨寘通过这层裙带关系，提前知道了自己考取了第四的名次。当时，杨寘正和一帮人在酒肆喝酒，得知这个消息时，一拍桌子，骂道："不知那个卫子夺吾状元矣！"卫子，是驴的别称。你看，古代知识分子骂人也不带脏字的，但依然是很狠毒的。进士的考卷是要进呈皇帝御览的。在呈献之前，主考官再一次确认王安石为头名，但是，宋仁宗读了王安石的卷子，不高兴了。为什么呢？因为王安石的赋中有"孺子其朋"这样的句子。这是用典，是《尚书》中的句子，出自周公对成王说的话："孺子其朋，孺子其朋，其往。"孺子，就是小孩子。汉语成语中有"孺子可教"这个成语，就是说小孩子是可以教诲的，形容人有出息，可以造就。对《尚书》中周公"孺子其朋"这句话，今天的人

《尚书·周书·洛诰》，见《十三经注疏》本《尚书正义》卷一五，上海古籍出版社1997年版。

有多种解释，一般多理解为：你这年轻的孩子啊，一定要和官员们搞好关系。这显然是长辈教育年轻人的口吻。周公训诫成王，那是很合适的。当时的王安石二十二岁，仁宗皇帝已经三十三岁，而且在皇帝的位子上已经坐了二十一年了，算是个"老皇帝"了。所以，宋仁宗对王安石这种教训的口吻很不习惯，很反感，于是大笔一挥，将王安石的头名状元给划拉掉了。不过，按照惯例，已经有官职的人不钦点为状元，第二、第三都有官职，第四杨寘就这样成了状元。笔记中说，当他在酒肆喝酒吐脏话的时候，还不知自己已经是状元了。这则笔记的记录者王铚最后感叹道，王安石是真正中了状元的人，但是他一生从来没有只言片语说及此事，这是怎样的气量啊！王安石虽然参加了科举考试，但对此表现得相当淡然。他写过这样的诗句说："刻章琢句献天子，钓取薄禄欢庭闱。"意思是说，挖空心思写出一些无用的词句献给天子，只是为了挣点钱，让老娘高兴高兴。一个"钓"字，无意中展现了王安石对科举考试，尤其是对科举考试考诗赋的态度(所以他在后来改革时把诗赋给改掉了)。

顺便说一下这一榜的前四名后来的发展。杨寘中状元授官后，未及赴任，母亲病逝，他因哀伤过度，很快病卒。后面的三人，后来都做到宰相的位置。一榜之中，出了三个宰相，这也是很罕见的。

> 然荆公平生未尝略语曾考中状元，其气量高大，视科第为何等事而增重耶！——王铚《默记》卷下，中华书局1997年版

> 《忆昨诗示诸外弟》，见王安石著，李壁笺注，高克勤点校《王荆文公诗笺注》卷二十，上海古籍出版社2022年版。以下所引王安石诗均出此本，不再一一注明版本

王安石进士及第后,被委任为签书淮南判官,淮南府治在扬州,这实际上是扬州地方长官的幕僚。在此期间,韩琦曾经做过扬州的地方高官(知扬州)。韩琦也是名人,后来做过宰相。他与范仲淹一起在北宋西部边陲抵御西夏,声名远播,后来支持范仲淹的庆历新政改革,改革失败后,被贬扬州。扬州是繁华之地,晚唐的杜牧曾经在此流连,有"十年一觉扬州梦,赢得青楼薄幸名"的诗句。王安石此时未婚,但并没有像一般的士人中举之后,流连青楼,放逸无状,而是将主要精力继续用在了读书、思考、著作上,经常通宵达旦,对此,扬州的最高地方长官韩琦还误解过王安石。

因为王安石经常彻夜读书,天快亮的时候,才稍稍睡一觉,然后匆匆忙忙地去上班,所以都来不及洗漱,再说王安石也是很不注重外表的一个人。这样的场面不止一次。韩琦觉得王安石年轻,怀疑他夜里出去"鬼混"了,就找了一个时机,不紧不慢地对王安石说:"你还年轻,千万不可荒废读书,更不要自甘堕落。"对于韩琦的误解,王安石没有作声,不解释,退下去以后感叹道:"韩公还是不了解我啊。"

王安石在淮南任上,曾经请假回到离开十年的临川家乡一次,与吴氏完婚。中学语文课本里经常选录的王安石的《伤仲永》,就是这个时候写成的。对

韩魏公自枢密副使以资政殿学士知扬州,王荆公初及第为佥判,每读书至达旦,略假寐,日已高,急上府,多不及盥漱。魏公见荆公少年,疑夜饮放逸。一日从容谓荆公曰:『君少年,无废书,不可自弃。』荆公不答,退而言曰:『韩公非知我者。』——邵伯温《邵氏闻见录》卷九,中华书局1997年版

于方仲永这个少年天才的陨落，王安石深有感触，方仲永的聪慧是受之于天，但没有后天的努力，最终与常人无异。在天道与人事之间，人事为重。重人事，轻天道，这一思想，也是王安石一生重要的哲学思想。

王安石在签书淮南判官任上，前后四年。按照宋朝的惯例，进士考试时取得甲科高等的，外放一任后，通过献文考试，申请进入三馆（昭文馆、集贤院、史馆）工作，这是清要之职，既清闲，又重要，要做高官，基本上都需要有这个经历，所以不少人对此梦寐以求，只要是具备此类条件的，都不会放过。王安石是以第四名及第的，当然具备这种资格，然而他的表现出乎常人意料，他不肯申请馆职，不想留在馆阁做京官，而是请求外任，还是要到地方上去。这次到鄞县（今浙江省宁波市鄞州区）做了知县。

王安石是带着忧伤的心情去鄞县上任的，并不是他不喜欢到地方上去，更不是不愿意到鄞县这个地方去，而是因为他一路上见到的民生疾苦。大宋王朝的庆历六年、七年，灾害频繁。先是京师冰雹如拳大，接着是地震，继之以罕见的大旱。风调雨顺的年份，百姓尚能勉强度日，一旦灾害频仍，百姓又该如何熬日子呢？不光天灾，还有人祸，辛苦耕种，交给官府，以事夷狄；千里大旱，劳役不减，基层官吏不知体恤，侵贪不已。这是王安石耳闻目睹的现实。

家家养子学耕织，输与官家事夷狄。今年大旱千里赤，州县仍催给河役。——《河北民》，《王荆文公诗笺注》卷二十一王安石到鄞县当年大旱,第二年又大涝。他先是救灾,接着又兴修水利。王安石针对民间基层的实际状况,对贫民实行借贷。为了使家庭经济条件不好的下层农户能及时地耕种,王安石在到鄞县的第二年,就在青黄不接的春季,把县政府粮仓中的存粮借贷给他们,约定秋收之后,增加少量利息偿还,这样既周济了百姓,使他们免受地方豪强的兼并,也使政府的存粮得到更新。这项措施,被视为后来王安石变法最初的成功试验。

鄞县任满之后,王安石又一次放弃了做京官的机会,到舒州(今安徽潜山)做通判去了。通判,就是地方的副长官。王安石在此期间,主要工作仍是兴修水利、整治农桑、救灾济贫,由此对民生的疾苦、官吏的腐败也经历了很多,了解了很多,体验了很多。在舒州做通判期间,朝廷两次召他赴阙应试,他都委婉地拒绝了,拒绝的理由是:祖母年老、先臣未葬、家贫口众、二妹当嫁。王安石热衷做地方官,并不是他矫情,应该是他给自己设定的理想路线:当几任地方官,"少施其所学"《上执政书》,把自己所学到的用在实践上,理论与实践结合,学以致用,积累基层第一手的经验,做一个真抓实干的大宋好干部。

舒州通判任满后,王安石再一次辞谢馆职,于

《乞免就试状》《辞集贤校理状》,见王安石撰,李之亮笺注《王荆公文集笺注》卷三,巴蜀书社2005年版。以下所引王安石文均出此本,不再一一注明版本

是朝廷改授群牧判官。群牧判官的职责是指导检查全国各地的养马场和养马监，虽然管马，但不是"弼马温"之类的官职，是实职，有实权，不过还是京官，也很清闲，虽然可以优哉游哉，舒舒服服，靠近中央，容易提升，但王安石认为这样的官职无所事事，关键是不能发挥自己所学，不能施展自己的才能，有一种无所作为的痛苦，所以多次请求外任。多次请求的结果是，嘉祐二年(1057)，王安石调知常州，次年，改任提点江南东路刑狱。提点刑狱，主要职责是掌管辖区内的司法、刑狱，以及举劾有关人员，监察地方官吏。虽然治所设在饶州，但不能安坐在饶州治所，必须常年在辖区巡视。王安石到任后，巡视辖区，足迹遍及今天的苏南、皖南、江西等地，在这个职位上也就半年左右的光景，朝廷下诏进京担任三司度支判官。三司是国家财政总理单位，度支判官的职位也很重要，可以直接了解到国家的财政状况，探明国家的困弊所在。王安石一如既往地上书请辞，在历经多日毫无结果之后，王安石才到汴京担任度支判官，时间大约在嘉祐四年(1059)的春夏之交。

由王安石以上的为官经历知道，由县到州，再到路，由民事、教育、刑法、马政，再到财政，社会接触层面不断扩大，平生所学的应用层面也在不断扩大，学以致用已经相当到位。这时候的王安石已经三十八岁了，他觉得可以有所行动了。就是在这次担任京官不久，王安石向宋仁宗献上了一份长达万言的奏疏，这份奏疏一般被称为《上仁宗皇帝言事书》或《上仁宗皇帝万言书》。在《万言书》中，王安石到底说了些什么呢？

《上仁宗皇帝万言书》：人生失意无南北

王安石从早年读书治学开始，就一直坚持经世致用，如果从庆历二年(1042)王安石进士及第踏入仕途开始算起，到嘉祐四年(1059)进京担任京官，王安石在地方为政近二十年，如果再算上早年一直跟随他的父亲王益在地方流动的时间，王安石在地方上"摸爬滚打"都已经快四十年了，所以他更能深刻体察到北宋建国以来各方面所积累形成的一些现实问题。针对这些问题，他"慨然有矫世变俗之志"，提出了系统的改革主张，要求对宋初以来的法度进行全面改革，革除长期以来形成的积弊。总之，王安石在进京担任京官不久，就呈献了这份洋洋万言的上书。万言说来说去，其实只有一个根本主旨，就是告诉宋仁宗必须改革了，别看现在外边的世界看起来挺精彩，其实这世道不改革就要完蛋了。

中国古代上奏给皇帝的奏疏，可谓堆积如山。可以肯定，其中大部分算是垃圾，王安石的《上仁宗皇帝万言书》却是精品，看问题稳准狠，思想深刻；议论严密，逻辑清晰，用语精当。虽洋洋万言，却毫无拖沓之感，不但体现了王安石成熟的写作风格，更成为王安石日后变法的思想基础。在《万言书》的最后，王安石言辞恳切，一再恳请仁宗皇帝"勉之""断之""留神而察之"。仁宗皇帝对此到底有何反应呢？

> 《宋史》卷三百二十七《王安石传》

> 安石献书万言，极陈当世之务。——李焘《续资治通鉴长编》卷一百八十八，上海古籍出版社1986年版。以下所引《续资治通鉴长编》均出此本，不再一一注明版本

可惜的是，文献中对此没有什么记载，我们的想象是：仁宗皇帝看了看这封书信，就扔到了一边。这个想象应该离事实不远。在宋代的历史上，宋仁宗在位四十二年，也算是一代明君了，他死的时候，连辽国的君主耶律洪基都号啕大哭。谥号为"仁"，也算是最高的赞誉了。作为这样的一代明君，他能认识不到当时的社会问题吗？为什么对王安石的改革主张无动于衷呢？

这两个问题，用两个词来概括，一个是心知肚明，一个是心有余悸。宋仁宗对大宋王朝建国八十多年来的问题，内忧外患，看得清清楚楚，也知道得改革了，这叫心知肚明。但是，一想到改革二字，宋仁宗的头就大了，这叫心有余悸。他也想改，并且也的确改过，就在王安石上书十七年前的庆历三年(1043)，他提拔重用范仲淹、富弼等一伙革新派，对大宋王朝的吏治进行了局部的改革，这次改革后来被称为庆历新政。

从本质上来讲，范仲淹的庆历新政都算不上改革，甚至称作改良更为准确，范仲淹等人的改革措施只不过是围绕官僚机构进行了微小调整，其他方面的变动更谈不上彻底。然而，只要是改革，就一定会触动一些人的利益，围绕官僚机构的改革，必然会触犯官员的一些既得利益。所以，即使这样微小的调整，在当时已经惊天动地了。改革措施一经发布，朝野议论纷纷，有的说规模太大了，有的说步子太快了，有的说力度太猛了，但几乎所有的人都清楚，范仲淹的改革措施针对的时弊是的确存在的，所以不能从具体内容上找碴儿，转而找到了一个打击改革派的利器——结党。朋党这一利器一出炉，就立刻引发了宋仁宗的反感与猜疑，因为这会危及皇权，更为致命的是，反对派模仿笔迹，伪造密信，说改革者要废掉宋仁宗，要另立新皇帝。对此，宋仁宗未必全信，但受此蛊惑，不免疑神疑鬼，自己先动摇了，说什么也不能一改把自己改没了。所以，原先慷慨激昂、励精图治的宋仁宗，果断下诏废除一切改革措施，将范仲淹等人贬黜，一年零四个月的改革就这样流产了。

庆历新政虽然偃旗息鼓，但是，守成有余、创新不足的宋仁宗，对于庆历新政改良造成的社会震动，尤其是引发的朋党之争，仍然心有余悸，所以看到王安石的《万言书》，想到改革二字，他是不会喜欢的，他是不会再冒这个风险的，将《万言书》扔到一边是必然的事。

宋代的笔记中还说，宋仁宗很不喜欢王安石的为人，认为王安石是奸诈之徒。宋仁宗的这个结论缘于一个偶然事件。

北宋的时候，每到春天，春暖花开之际，皇帝常常召集一些重要的大臣，参加一个宫廷聚会：赏花钓鱼宴，无非是看看花、钓钓鱼、射射箭、喝喝酒、作作诗之类的活动，皇帝借此表达君臣同乐的意思。有一年，宋仁宗又召集这样的聚会。王安石当时是知制诰，这是一个给皇家起草文件的官，当然有资格参加皇帝举办的聚会了。内宫的太监就把钓鱼用的鱼饵用碟子盛好，放在桌子上。不知什么原因，是味觉不灵敏，还是走神了，总之，王安石把放在身边的一碟鱼饵全部吃掉了。宋仁宗当时没说什么，但第二天见到宰相的时候，说了这样一段话："王安石是奸诈之人，如果是误食鱼饵，吃一粒就会发现了，结果他把一碟全部吃了，这不合情理。"是啊，一个人吃一粒鱼饵并不难,难的是把一盘鱼饵全吃了,还若无其事。宋仁宗认定,王安石这是在作秀,而且是秀给皇帝看的,有所秀,必有所图。从此,宋仁宗不喜欢王安石这个人。王安石担任知制诰,是在嘉祐六年(1061)六月,而这一年,宋仁宗也的确举办过赏花钓鱼宴,不过是在三月,所以这则笔记的记载不准确。如果王安石确有此事的话,亦与宋仁宗对其《万言书》的漠视没有任何关系,因为这已经是两年以后的事了。

总之,不论宋仁宗是否喜欢王安石这个人,在他经过范仲淹新政折腾之后,锐气没了,疑虑多了,所以,在宋仁宗的眼里,王安石的《言事书》,万言也罢,十万言也罢,百万言也罢,哪怕是写成一套丛书,说多少都是没有用的,"万言不值一杯水"。王安石献上改革万言书之后,宋仁宗连泡泡都没冒一个。

就在《万言书》上奏没有任何消息后不久,王安石又写了《明妃曲》诗歌二首。当时知识界的名人,像梅尧臣、欧阳修、司马光、刘敞等都有和诗,可见王安石这两首诗在当时就很有影响。这两首诗是借汉代的王昭君出塞的故事来说事的。自古以来,对这两首诗就有

仁宗皇帝朝,王安石为知制诰。一日,赏花钓鱼宴,内侍各以金楪盛钓饵药置几上,安石食之尽。明日,帝谓宰辅曰:"王安石诈人也。使误食钓饵,一粒则止矣;食之尽,不情也。"帝不乐之。

——邵伯温《邵氏闻见录》卷二

六月……戊寅,以王安石知制诰。《宋史》卷十二《仁宗纪》

戊申,幸后苑赏花钓鱼,遂宴太清楼。——《续资治通鉴长编》卷一百九十三

多种解释。其中第一首最后两句这么说：

君不见咫尺长门闭阿娇，人生失意无南北。

陈阿娇是汉武帝刘彻的第一任皇后，金屋藏娇的典故就来源于她。她在汉武帝即位之后被立为皇后，后来因为巫蛊之事又被废黜，退居长门宫。王安石这两句诗的意思是说：你没听说过汉武帝时的皇后陈阿娇吗？她失宠之后，幽居在长门冷宫。当时虽然只有咫尺的距离，也是不能和亲人见面的。自古以来失意之人，是不分南北的，是没有距离远近的界限的啊。

不管他人如何解释这两首诗，考虑到这两首诗的写作时间（上《万言书》没有任何消息后不久），考虑到古代文人惯用女子得宠、失宠表达遇与不遇的意思，王安石的这两首诗应该是有寄托的。我总觉得，面对宋仁宗的漠视，王安石这两首诗有借此自鸣不平的意味在内。

遇与不遇，是一直困扰古代知识分子的问题。王安石上《万言书》的时候，差不多四十岁了；宋仁宗差不多五十岁了（宋仁宗活了五十四岁，这一年已经算是暮年了）。王安石多年来积累的社会改革的思想已经成熟，他觉得宋仁宗能够提拔范仲淹一伙进行改革，应该是一个有锐气的皇帝，所以他才有了上《万言书》的举动。

但是，后来的事实说明，王安石在宋仁宗这里希望得到的"遇"，是永远没有机会实现了。嘉祐八年（1063）三月，在位四十二年的宋仁宗皇帝去世了，宋英宗即位。这年八月，王安石的母亲在京师去世。按照礼制，父母之丧，为子者须谢绝人事，居官者须辞官，守丧三年，这叫丁忧。王安石于是向朝廷告假，带领众兄弟，举家奉母柩回江宁与父亲王益合葬，并留守江宁，为母亲守孝。

宋英宗治平二年(1065)七月，王安石服丧期满，朝廷即诏其赴阙，按照惯例，官复旧职，结果朝廷先后三次下诏，王安石都以身体有疾为由拒绝了。宋英宗身体不行，病体虚弱，时好时坏，据说精神有时还不大正常，其间太后垂帘听政，其在位政绩乏善可陈，更不用说有什么改革的锐气了。英宗在位前后还不足四年，就去世了。宋神宗赵顼即位，这一年，赵顼二十岁。

二十岁，正是意气风发、血气方刚的年龄。当宋神宗名正言顺地坐上皇帝宝座的时候，面对的却是祖上传下来的一份千疮百孔的家业，他有使命感，他有责任心，他有宏伟抱负，他不想成为大宋王朝的末代皇帝，他毅然决定将大宋王朝从悬崖的绝路上拉回来。在这样的时刻，有一个人注定要浮出水面，他"蜗居"在何处呢？

二、百年无事藏危机

宋仁宗皇祐二年(1050)，王安石三十岁，正当而立之年。这一年的夏天，他在浙江鄞县知县任满，打算回抚州临川故里省亲小住，途经杭州，登临飞来峰，诗情蓬发，慨然一首七绝："飞来山上千寻塔，闻说鸡鸣见日升。不畏浮云遮望眼，自缘身在最高层。"后世史家一致认为，这是王安石变法的前奏。十八年后的熙宁元年(1068)四月，刚刚即位不久的宋神宗，急切地将蜗居江宁五年之久的王安石召回京城，一个励精图治的国君与一个磨砺以须的大臣走到了一起，一段空前绝后、影响历史大势的全面改革正式开幕。一个年轻的皇帝，即位不久，应该先以稳定皇位为第一要务，宋神宗为什么如此急切地要实施改革呢？在人才济济的大宋朝廷，他为什么唯独选中了远在江宁的王安石呢？

面子没了，因为"里子"烂了

治平四年(1067)正月，三十六岁的宋英宗驾崩，二十岁的长子赵顼即位，这就是宋神宗。按照惯例，新皇帝登基，要大赦天下，百官晋级一等，厚赏士卒，一切仿效仁宗驾崩、英宗登基时的规模与做法；而宋英宗登基时仅奖赏百官士卒这一项就大约花费了一千一百万贯、匹、两，其中京城的官员、士卒就花费了四百万。匹指的是绢，两指的是银子，学者统计，宋英宗登基光赏赐一项花费大约两千万缗，这大约是宋仁宗在位后期一年收入的六分之一。

但是，北宋建国以来新旧皇帝交替时形成的奖赏惯例，到宋神宗这里，再也"惯"不下去了。因为敕书刚刚颁布，负责财政的官员就匆匆前来汇报说，大宋朝廷的国库里没钱了，就剩下一堆烂账本了。敕书已下，文武官员、士卒将领都眼巴巴地等着领赏钱呢，这个时候说国库里没钱了，作为一国之君，而且是刚刚登上皇位的一国之君，这面子往哪里搁呢？

> 戊午，大赦，除常赦所不原者。百官进官一等，优赏诸军，悉如嘉祐故事。——《续资治通鉴长编》卷二百九

> 所费无虑一千一百万贯、匹、两，在京费四百万。——《续资治通鉴长编》卷一百九十八

> 百年之积，惟存空簿。——《续资治通鉴长编》卷二百九

神宗皇帝的面子算是掉在地上捡不起来了。要知道，宋英宗在位前后还不满四年，他登基时候能够贯彻的事情，现在怎么就不行了呢。宋神宗面对着的是官员的失望、幽怨、迷惘、复杂的眼神，他第一次深切地感觉到没有钱的无助。在这个世界上，钱虽然不是万能的，但没有钱是万万不能的。一个王朝，怎么说没钱就没钱了呢？

钱自然是花掉了。花到哪里去了？

一则养兵，宋太祖建国初年的时候，军队总额为二十二万人，太宗的时候六十六万人，真宗的时候九十一万人，到仁宗的时候，已经到达一百二十六万人，这在当时的世界上是最为庞大的军队。养兵的费用全部依赖国家财政，如此庞大的军队，当然需要庞大的支出。

再则养官。宋初官员人数较少，从宋太宗开始大规模地科举扩招，使北宋的官员骤增，除此以外，通过其他方式，如接班(以荫得官)、进言、临时工转正(胥吏出职)等得官，这一部分的人数又远远超过科举考试及第者。据马端临《文献通考》的记载，到宋英宗治平年间，官员有三万四千余人。我觉得这个数字还是不够准确的，或者统计的范围有限，或者只统计了官，没有统计吏。因为根据《续资治通鉴长编》的记载，在宋真宗咸平四年(1001)的时候，全国的官吏已经膨胀得不得了，朝廷无奈，只得遣使到地方减员，最后裁减十九万五千八百零二人，这个数字今天看来仍然令人瞠目结舌（2013年底国家公务员统计约700万）。注意，这是裁减的数字，保留下来的不知又有多少！谁来养活这批人？国家财政。官员多，财政支出必然多。庞大的官僚队伍，俸禄、赏赐、特支，每年国库中都拨出一笔惊人的钱粮开支。

三则养皇室。宗室成员众多，生活奢侈，日常开销之外，花钱的地方更多，如嫁一公主花费就七十余万缗。

四则丧葬庆典。各种祭祀活动，比如郊祀，少者一次花费六百万，多者一千三百万。至于天书屡降的闹剧、东封泰山、斋醮、建寺院、养僧尼，都花费大量的钱财。

五则输币。养兵虽多，战斗力极差，只得以钱财换和平。每年向辽贡献银十万两，绢二十万匹；向西夏贡献白银、绢、茶等二十五万五千。

除此以外，还有形形色色的赏赐，这些费用随意性很大，根本就没法儿预算。国家哪里都需要钱。结果是国家收入整体不断增加，财政支出也节节攀升。宋初建国以来积累的钱财在太宗时尚余大半；到仁宗皇祐年间已经没有结余；到英宗治平二年入不敷出，出现恶性财政赤字：一千五百七十余万。

迩者朝廷遣使，减省天下冗吏。今三司总括诸路，计省十九万五千八百二人。——《续资治通鉴长编》卷四十九

《宋史》卷一百七十九《食货志下·会计》

宋神宗当上了皇帝，成了大宋王朝的一把手，权力是有了，然而财政赤字还没补上呢，还哪有钱发奖金呢！宋神宗的面子"碎"了一地，是因为大宋王朝的里子烂了。总而言之，大宋王朝的日子是过不下去了。如果再像宋仁宗那样实行"拖字诀"，可以肯定，宋神宗将成为大宋王朝的末代皇帝了。

想想宋神宗，也真是可怜。他做的是一个两手空空的皇帝，一上台就面对一个烂摊子：国家收入每年都不少，可就是缺钱；国家养了那么多的官员，机构臃肿，叠床架屋，官员大都庸庸碌碌，尸位素餐，一旦有事，谁也没用；国家养了那么多士兵，可一打仗就败，只能用钱财买和平。内忧，外患，看来，不改是真不行了；然而，改革又谈何容易呢！

谁能担此重任：非常之事必待非常之人

虽然没有亲历庆历新政，但毕竟是二十来年前的事情，距离宋神宗时代还不算远，有些情况他还是清楚的。庆历新政，有范仲淹那样的能臣，事情还那么难办，阻力还那么大，改革最终还是被废除，所以，要改革，首要的是，必须有可用之臣。但是，眼下谁能牵这个头呢？

首先进入神宗视野的是富弼。富弼是三朝元老，更关键的是，他不仅经历了庆历新政，而且亲自参与了，是庆历新政时期叱咤风云的变法主持人之一，他与范仲淹一起主持了庆历新政，是改革派，所以，宋神宗认定富弼一定会坚定不移地支持改革。抱着这样的想法，宋神宗向富弼咨询如何富国强兵。但是，宋神宗失望了。"流水它带走光阴的故事,改变了一个人"(罗大佑《光阴的故事》),富弼已经不是以前那个锐意改革的富弼了,而国家还是那个烂摊子,而且每况愈下。二十年的时光磨平了富弼的棱角,他不再励精图治,只求在位期间不要出现大的乱子就阿弥陀佛了。面对新皇帝的咨询,他给热血的宋神宗浇了一盆冷水,甚至可以说是"冰水":

> 陛下临御未久,当布德行惠,愿二十年口不言兵!

《宋史》卷三百一十三《富弼传》

意思很明显,你刚刚当上皇帝,首先要做的是"布德行惠",希望陛下二十年内口不言兵。所谓布德行惠,不仅是对大宋子民,也包括对辽与西夏的"打赏",这真是"站着说话不腰疼"。这哪一项不需要钱财,神宗眼下登基后发的那点赏赐都凑不够,怎么布德行惠?"口不言兵"就是继续用钱财换和平,没钱光伸手指头能行吗?你不言兵就万事大吉了吗?

要知道,宋神宗是想有所作为的,他不仅要富国,还要强兵,他当上皇帝后去见皇太后时,穿的不是龙服,也不是便装,而是一身军服,这显然有重整河山的意味。因此,富弼的一番话,显然非常不合神宗的口味。史书的记载是:

帝默然。

不说话就是一种表态，算是对老臣的尊重吧。看来，富弼是老了，不中用了，指望不上了。

六十多岁的富弼不中用，那就再找一个年轻点的。对富弼极度失望的宋神宗把目光锁定在司马光身上。司马光小时候就因为砸了一个缸的事情声名远播，这时候已经成长为一位名臣，饱读诗书，明于治道，在士大夫阶层有极大的影响力。如果他能够继续发扬小时候砸缸的勇气与智慧，以他的影响力，牵头搞改革是没有问题的，所以宋神宗对他的期望值极高。但是，司马光辜负了这份期望，他给出的治国纲领是"官人、信赏、必罚"六字。司马光口口声声说这六个字是他平生努力学习的结晶，无非是要会用人，要诚信，要赏罚分明。司马光还说："陛下您千万不要觉得我说的不切实际，您可要仔细想想。如果真觉得我说的没用，那我这个人在这个世界上也就没用了。"其实，司马光所言，实在是老生常谈，不用他说，神宗也知道。他之所以絮絮叨叨地说他说的多么好，我觉得其实是他意识到自己所说的根本没有啥用，不能解决神宗眼前面临的问题。结果，宋神宗再次失望。

就这样，宋神宗把那些元老重臣一一过了一遍，

《宋史》卷三百一十三《富弼传》

群儿戏于庭，一儿登瓮，足跌没水中，众皆弃去，光持石击瓮破之，水迸，儿得活。——《宋史》卷三百三十六《司马光传》

今幸遇陛下始初清明之政，虚心下问之际，臣复以此语为先者，诚以臣生平力学所得，至精至要，尽在于是。愿陛下勿以为迂阔，试加审查。若果无足取，则臣无所用于圣世矣。——黄以周等辑注《续资治通鉴长编拾补》卷一，中华书局2004年版。以下所引《续资治通鉴长编拾补》均出自此本，不再一一注明版本

结果令他焦虑，令他疑惑，那些说起来一套一套的大臣，那些当初曾经勇敢无畏地革新的大臣，为什么现在一个个老气横秋，根本没有他想象得那么积极热切？自从他下诏要求文武群臣直言上书、直陈利害以来，章奏倒是上了不少，但不过是劝他要节约，要清政，等等，缺少气魄，没有大志，这与自己的宏伟抱负怎能吻合呢？一个个大臣的名字，在他眼前闪现，一个个又过去了。这个时候，一个人浮上了他的心头，这让神宗很兴奋。

这个人就是王安石。

在此之前，宋神宗和王安石是未曾谋面的，他是通过什么途径知晓、了解王安石的？

第一，《万言书》。当年，王安石写了洋洋洒洒的《上仁宗皇帝万言书》，虽然宋仁宗对此没有兴趣，在他那里没有引起半个"泡泡"，但《万言书》并没有被扔进历史的垃圾堆——它可能被某个认真负责的档案管理人员给存档了，所以，即便多年以后，宋神宗仍然有机会读到这尘封的长篇宏文。当然，还有其他可能，王安石的这篇宏文，在当时可能流传很广，宋神宗早就读过，对王安石的看法深有感触，只不过，那时的宋神宗还"不在其位，不谋其政"。

第二，韩维。

韩维是谁？是王安石的朋友。当宋神宗还身居东宫做他的太子的时候，长期做他记室参军的韩维，经常在他的耳边，开口一个王安石、闭口一个王安石地唠叨，称道王安石的学问，叹服王安石的为人，这让年轻的太子赵顼对王安石有了深刻的印象，宋神宗由此很想见见王安石。

第三，道听途说。

王安石性格简率，不会伪饰，是个地地道道的本色派，甚至本色得都过分了。比如他不修边幅，有时衣服脏破，也不知道浆洗缝补，一年四季难得洗浴，是个有名的邋遢鬼。对于日常饮食毫不讲究，不是一个精细之人。这些事情说明，王安石是一个很有个性的人。文人的类似逸闻趣事，往往成为人们茶余饭后的谈资，宋代的文人又那么清闲，对这类事情也很感兴趣（这也是宋代的笔记那么多的原因，没事闲的），也由此引发了他人了解的兴趣。因为体现王安石这种独特性格的生活做派很多，也成为神宗了解王安石的一个途径，而且神宗也有可能由此认定王安石是一个能成大事的人，因为成大事者不拘小节。

第四，屡辞京官。

王安石是一个务实且特别的人，他不愿留在京城的清闲的位子上尸位素餐，更喜欢到地方上去干点实事，朝廷三番五次地召他进京，他总是一而再再而三地拒绝。这样多次推辞朝廷的召唤的事情，宋神宗肯定是知道的。所以，他计划召王安石进京的时候，还非常担心王安石像从前那样一如既往地拒绝。

第五，文人诗歌应答。

这也是了解王安石的一个重要途径。比如，当时

帝由是想见其人。——《宋史·王安石传》

的文坛大佬欧阳修就有诗歌赞誉王安石：

> 赠王介甫
> 翰林风月三千首，吏部文章二百年。
> 老去自怜心尚在，后来谁与子争先。
> 朱门歌舞争新态，绿绮尘埃拂旧弦。
> 常恨闻名不相识，相逢樽酒盍留连？

这首诗前四句尤其著名，第一句说的是李白，第二句说的是韩愈，第三句说的是欧阳修自己，第四句说的是王安石。欧阳修将王安石比作李白、韩愈，还说自己人虽老雄心在，但以后恐怕没有人能与王安石并驾齐驱了。

生活逸事、迥异常人的做派、文人唱和应答，诸如此类的事情，必然使王安石在社会上有极高的知名度，作为未来皇位继承人的赵顼不会不知道。当然，我以为，宋神宗之所以想到王安石，关键还是因为《万言书》，这篇上书被梁启超称为"秦汉以下第一大文"，单纯洋洋洒洒的外在规模，已与宋神宗的宏大抱负吻合，更何况其内容极言变法，主张"变风俗，立法度"的大变革，有远见，与神宗皇帝的执政理念不谋而合。

所以，宋神宗很想见见王安石。不料，当神宗派人前往召见王安石的时候，王安石却称病婉言拒绝了。

王安石的孤傲，更引发了宋神宗的关注。于是，他召集国家重要部门的干部，向他们透露了准备重用王安石的想法，咨询一下他们的意见：先帝时候召王安石赴阙任职，他就拒绝了；现在我召他，他还不来。是真的病了，还是借此和我谈条件呢？没想到，这个问题引起了朝中大臣的激烈争论。吏部尚书曾公亮等人认为：王安石不论文学，还是气度、才能，都堪称一流，是辅相之才，应该重用。他不应圣召，一定是真病。参知政事吴奎等人坚决反对，认为：王安石这个人性格怪癖执拗，万一重用，一定会把天下搞乱。对于各位大臣的意见，宋神宗没有表态，他是一个很有主见的人。他先任命王安石知江宁府，几个月后又任命为翰林学士兼侍讲。

> 安石历先帝一朝，召不起，或为不恭，今召又不起，果病耶？有要耶？——《续资治通鉴长编》卷二百九

> 《续资治通鉴长编》卷二百九

其实，王安石的确也是在观察，如果还是遭遇从前的待遇，与其在京城碌碌无为，还不如在地方干点实事。而他观察思考的结果则是，这个年轻的皇帝是个干事的人，说不定是个干大事的人。所以，在翰林学士的任命下达七个月后，他决定进京受命了。

看似百年无事，实则四伏危机

熙宁元年(1068)四月，宋神宗召翰林学士王安石

进宫"越次入对"。次，就是等级、次序；入对，就是与皇帝直接对话，讨论问题。有人说，越次入对，是因为王安石级别太低，还不能和皇帝直接对话，所以才这样表达。这样理解似乎不确。我认为，皇帝是一国之君，"入对"是要走一定的程序的，"越次入对"就是直接跳过这些程序。通俗点说，宋神宗没有通过组织程序打招呼，直接点名让王安石进宫讨论问题。越次入对，不仅能够表达对王安石的恩宠，而且也反映了宋神宗心情的急切。这在当时朝野，应该是一件很轰动的事情。

君臣二人初次见面，似乎已经是多年熟悉的朋友了，没有更多的客套。宋神宗直奔主题："现在国家这个状况，治理应该从哪里入手？"类似的问题，在他登基之后，不知问过多少遍了，那些人不是回答什么仁啊德啊，就是说什么要节约。仁德这些东西远水不解近渴；节约，现在已经是杯水车薪了，还有什么可节约的。宋神宗虽然没有当面骂他们一帮废物，无所作为，但内心其实很不满意，也很着急了。因为他需要听到的是新的东西，切合实际的东西，有用的东西。这些东西，他们那里没有。所以，宋神宗一见到王安石，急不可耐地又抛出了这个问题，他的期待也是急不可耐。王安石想都不想，吐出了五个字："以择术为始。"这个答案，宋神宗闻所未闻，很符合他的期待。"术"就是方法、手段，结合具体语境，专指治理国家的方法。王安石的意思是说：当下治理国家，必须先选择一种恰当的方法，也就是要建立一套治理国家的制度。"术"本来就是法家的一个术语，这与那些动辄"礼""仁""德"的空谈是格格不入的，从根本上是有原则性分歧的(也注定了后来的斗争不可避免)。

表面上看，择术为先，似乎也没什么，其实不然，这实际上已经从根本上否定了北宋建国以来因循守旧的祖宗之法，把祖宗之法推翻，重新选择、制定对付当前内忧外患的新方案。宋神宗很兴奋，接着又问："学习唐太宗如何？"王安石断然给否了："陛下应该学习尧舜，学唐太宗干吗？唐太宗眼光短浅，所作所为不尽合乎法度。他只不过是摊上了个好时代，身在隋乱之后，他的子孙后代又没一个中用的，这样才显得他很牛。"为什么说要学尧舜呢？因为尧舜的治国方略："至简而不烦，至要而不迂，至易而不难。"这就是说，法律、制度要简单、明确、容易执行才行。听到这里，宋神宗那叫一个热血沸腾，说："光我一个人还不行，你要全心全意辅佐朕，咱共同努力，也许能达到这个境界吧。"

——《续资治通鉴长编拾补》卷三上

宋神宗一个问题接一个问题，王安石滔滔不绝，总能给出与众不同、令人满意的答案。两个人谈着谈着，越谈越有感觉。强烈的"知己感"激励着王安石

卿可悉意辅朕，庶几同济此道。——《续资治通鉴长编拾补》卷三上

慷慨陈词，把多年所思所想统统捧出来，献给血气方刚的皇帝；宋神宗"相见恨晚"，听着王安石的滔滔不绝，也激动不已。

眼看天色将晚，宋神宗意犹未尽，还在不断追问："祖宗守天下，能百年无大变，粗致太平，以何道也？"这是什么意思？意思说：我大宋建国以来，一代代遵从祖宗的法规制度，百年以来祖宗之法没有改变，基本上太平无事，这是为什么呢？宋神宗问的这个问题，是很有针对性的，因为他接下来计划改革，要改革，就得对百年以来基本没变的祖宗之法动手了。这是个非常关键的问题，得先弄清楚。王安石说："这个话题很大，三言两语说不清楚，我还是回去后详细写出来吧。"心潮澎湃的王安石当晚就完成了宋神宗布置的"作业"，这又是一篇名文，题目是《本朝百年无事札子》。

从宋太祖建国的建隆元年(960)算起，到熙宁元年(1068)，整整一百零八年了，这里说百年，是举其成数。在这份札子中，王安石先分析了北宋建国百年无事的原因：

太祖皇帝智慧卓绝，能够驾驭将帅，人尽其才，根据情况随时改革，所以能够平定内部动乱，抵御外族入侵，在各方面都是高手。太宗皇帝"承之"，真宗皇帝"守之"，仁宗皇帝、英宗皇帝"无有逸德"，意思是没做过什么出格的事。这就是本朝能够享国百年，天下太平的缘故。一般都认为，这是王安石对北宋开国以来几任皇帝的称颂，其实，称颂之中已经隐含批评，尤其是对太祖以后的几任皇帝，太宗继承，真宗坚守，继承也罢，坚守也罢，都不全面：太宗继承的是"聪武"、真宗坚守的是"谦仁"，仁宗、英宗则只不过"无有逸德"，就是很平庸了。按照"九斤老太"的话说，这其实是一代不如一代。英宗是神宗的父亲，王安石也真敢说，也真会说。所以，这几句话，貌似是王安石回答宋神宗垂询的百年无事的原因，其实王安石更是想借此说明国家马上有事的原因：继承、坚守不全面、不到位，抱残守缺，之所以暂时无事，不过是太祖创下的"红利"，后面的几任在坐享其成，不幸的是，这些"红利"，到你神宗的时候已经彻底消耗完毕了。

接下来王安石以宋仁宗为例，依旧在貌似称颂的外套下，将宋代建国百年以来积累的弊病全面揭示出来。之所以以仁宗为例，王安石自己说一则因为仁宗在位时间最久，再则王安石在仁宗朝干过，亲眼看到。此外，还有一项没有说出的原因，大宋王朝到宋仁宗的时候就应该彻底改革了，但是宋仁宗没有做到，这才给宋神宗留下了一个烂摊子。

王安石说宋仁宗"仰畏天，俯畏人，宽仁恭俭，出于自然"。这是称颂，也是批评，什么都怕，就会畏手畏脚，软弱无能，无所作为。王安石继续表扬仁宗心地善良，"未尝妄兴一役，未尝妄杀一人"，其实也是批评："宁屈己弃财于夷狄，而终不忍加兵。"军力不行，只能以钱财换和平，其实就是苟且偷安。"虽俭约而民不富，虽忧勤而国不强"，原因在"其于理财，大抵无法"。正因为如此，本朝累积的问题越来越多，结果国家农业、经济、军事全面失控，已经是一团糟了。之所以无事，是因为外敌还不够强大，没有大的灾害，这是老天爷在帮忙，是非常侥幸的事（虽曰人事，亦天助也），而老天爷不会总是垂青无所作为的人的（天助之不可常恃），关键还在于人事，如不改革，绝无出路。

最后，王安石信心充足地告诉神宗，如果想要发奋图强，"则大有为之时，正在今日"！

总之，王安石这篇《本朝百年无事札子》，貌似探讨宋初百年的太平，实则说明弊病丛生，危机四伏。说是无事，实则有事，而且箭在弦上，一触即发，不立即改，马上就完蛋。

> 见《续资治通鉴长编拾补》卷三上，《本朝百年无事札子》

札子送上去以后，宋神宗看了一遍又一遍，条条陈述，击中要害，宋神宗如坐针毡，恨不得变法立即开始。熙宁二年（1069）春天，宋神宗任命王安石为参知政事，一场影响历史大势、震撼中国的变革由幕后正式走向台前。

> 阅卿所奏书至数遍。——《续资治通鉴长编拾补》卷三上

三、不以成败论英雄

"一个少年皇帝一心一意在追寻重新塑造世界的伟大构想"（余英时），一个经世致用的大臣在殚精竭

虑地重整弊病丛生的王朝，就这样，两个人为了一个共同的目标走到了一起。熙宁二年(1069)的春天，一场震撼历史的大变革轰轰烈烈地正式展开。"一石激起千层浪"，改革进行得并不如意，与历史上所有的变法一样，王安石的新法遭遇了强大的阻力，反对派不断地、坚韧地充当变革的绊脚石，改革步履维艰。然而，王安石在宋神宗的信任与支持下，以"虽千万人，吾往矣"的精神，勇往直前。随着改革的渐趋深入，改革本身出现了一些问题，反对派一如既往地人言汹汹，改革的最高领导者、最强大的支持者宋神宗也开始犹豫、退缩。改革集团内部出现分裂，历史似乎变成了王安石一个人的表演，一个人孤独地支撑着等待谢幕。熙宁九年(1076)，王安石第二次罢相，隐居江宁，新法陆续废除。元丰八年(1085)三月，神宗皇帝去世。王安石及其追随者在皇帝支持下所倡导的变法运动，跌宕起伏，前后历时十七年，历史上一般称之为熙宁变法。

一个机构，三驾马车：王安石的班底

熙宁二年(1069)二月，应王安石的要求，宋神宗批准正式设立了一个前所未有的改革机构——制置三司条例司。这个机构的设立，意味着王安石变法从前期的理论探讨开始进入实质性阶段。为什么这么说呢？

北宋的中央行政机构可以概括为"二府三司"四个字。二府指的是中书门下(政事堂)与枢密院。中书门下是国家最高行政机构，长官为宰相；枢密院是国家最高军事机构，长官称枢密使。三司是盐铁司(掌管工商收入与军器)、度支司(掌管财政收入与漕运)、户部司(掌管户籍财富和专卖)的总称，这是国家的最高财务机构，长官为三司使。这三个部门互相独立，互不统属，分别向皇帝负责。这显然是皇权专制的一种体现。这种机构设置虽然有利于皇帝的大权不致旁落，其缺陷也因此而生。中书主政，却不知军事与财政收支；枢密院主兵，却不知政事与国计民生；三司主财，却不知政事与军事。政出多门、互相扯皮、影响效率也是必然的。王安石变法是要改变北宋百年来不断积聚形成的贫弱，也就是要富国强兵，这就涉及财政、军队以及中书的一些问题，涉及的不是一个部门的问题，很难由其中任何一个部门担当，必须设置一个新的机构，由此，制置三司条例司产生了。

制，意思是皇帝的命令，制置就是皇帝命令设置的意思，制置三司条例司是皇帝命令特别设置的机构。按照史书的记载，这个机构的职责是"掌经画邦计，议变旧法以通天下之利"，显然是策划变法改革国家财政的一个部门。按照现在的话讲，这是综合改革领导办公室，当然，这个综合主要是指财政与军事两个方面。

关于制置三司条例司的职责，《宋史》中的总结比较笼统，这个机构的功能在此后的变法中不断得到确认与明确：一是制定新法，二是有人事任免权，三是有权派遣使者到地方巡视新法执行情况，四是主宰中央财政大权，五是有权弹劾异见官员。所以说制置三司条例司是一个超越于二府三司之上的机构，其不仅侵夺了三司与枢密院的财政权与军事权,而且还染指了中书的立法权、行政权与检察权。因此,这个机构一经设置,就遭到了来自另一阵营的强烈批评。但是,不管如何批评,神宗皇帝是不会立刻废除这个他亲自下诏成立的机构的。事实上,只要宋神宗想让王安石牵头改革,就必须先成立这样一个机构。为什么呢?

首先,改革涉及二府三司,这三个部门哪一个都不足以承担全面改革的职能。

其次,王安石是以参知政事的身份主持变法改革的。参知政事虽然是副宰相,但毕竟还不是宰相,而且,在王安石进入中书之前,已经有四位宰执了。这四个人,没有一个是旗帜鲜明地支持王安石变法的,相反,倒是有人旗帜鲜明地坚决反对。当时的人对中书这五位宰执各有一字评语,合起来就是"生老病死苦"。

生,指的是王安石,五人之中,他虽然来得最晚,但生机勃勃,锐意改革。

老,指的是曾公亮,他年纪大了,在变法派与反对派之间摇摆不定。其实,曾公亮还是支持王安石的,不过没有公开旗帜鲜明地为其呐喊助威,暗地里帮助,至少不反对,公开场合则表现得与王安石好像不是一个阵营。即使如此,反对派对曾公亮的暧昧态度还很不满意,有一次,苏轼就好像掌握了真理

> 阴助之而外若不与同者。——《续资治通鉴长编》卷二百十五

一样，不慌不忙地指责曾公亮不能伸张正义，挽救朝廷，曾公亮也不慌不忙地说：圣上与王安石就好像一个人，这就是天啊。这回答的确很有意思，反对王安石就是反对圣上，反对圣上就是违逆老天爷。这话说得其实是很在理的。姜还是老的辣，不过再辣，毕竟他年纪大了。

> 上与安石如一人，此乃天也。——《续资治通鉴长编》卷二百一十五

病，指的是富弼，这是中书中真正的宰相，富弼是不主张变革的，宋神宗刚刚登基向他咨询的时候，他就言辞恳切地请求宋神宗"二十年口不言兵"。富弼与王安石一向不和，因此王安石进入宰执后，他就经常称病，不理政事。后来，王安石成为宰相后，他知道更不能与王安石争执了，就称病告退，出任地方。

死，指的是唐介。唐介是王安石变法的坚定反对者，多次与王安石在宋神宗面前争辩，宋神宗每每站在王安石一边，唐介因此特别郁闷，引发背上的脓疮，竟然死了。

> 介不胜愤懑，居顷之，痈发背而卒。——《续资治通鉴长编拾补》卷四

苦，指的是赵抃。赵抃也是王安石变法的对立派，但他无力阻止，每一项变法新令颁布，他都叫苦连天，指责新法的不是。

看看中书中这五个人，王安石一派，这是旗帜鲜明地要求变法的；富弼、唐介、赵抃一派，这是旗帜鲜明地反对王安石变法的；曾公亮算是个两面派。试

> 称苦者数十。——毕沅《续资治通鉴》卷六十六，中华书局2008年版

想一下，如果不新设一个机构，让王安石以参知政事的身份在中书省实施他的改革，先不说对互不统辖的枢密院与三司无法下手，就是在中书门下内部，王安石也是孤掌难鸣。如果弄个公开投票表决的话，对王安石而言，最好的结果是2:3，弄不好就是1:4，因为曾公亮在公开场合是不和王安石站在一起的。

王安石太清楚这个局势了，所以要求增设制置三司条例司；宋神宗也是太清楚这个局势了，所以他会批准王安石的请求，因为他想变法。所以，不管反对派如何指责，在这个时候，他们是不会有所动摇的。反对者的阵营一开始就很强大，御史吕公著、侍御史刘述、参知政事赵抃、侍御史知杂事陈襄、苏轼、司马光等纷纷上言，强烈指责制置三司条例司是如何名不正言不顺，坚决要求废除。尤其是一个叫吕诲的御史，也真难为他，为此专门给王安石罗织了十大罪状，全是些耸人听闻的狠话，就差没说王安石谋反了《论王安石奸诈十事状》。宋神宗果断将其赶出京城，出知邓州。

当然，对于朝野的议论汹汹，宋神宗也不能无动于衷，他需要制衡各个部门的权力，也需要照顾舆论的声音，制置三司条例司在制定并颁布了一系列新法之后，到第二年（熙宁三年）五月的时候，宋神宗还是将这一机构给撤销了。宋神宗下令撤销这个机构的理由是："今大端已举。"意思是说，设置这个机构的目的已经达到。的确，制置三司条例司在一年多的时间里，先后制定并颁布、实施了均输法、青苗法、农田水利法等新法。为了撤销制置三司条例司这件事，宋神宗还特意给王安石写信解释原因。

制置三司条例司虽然撤销了，但是这个部门的职责并入了中书。半年以后（熙宁三年十二月），王安石升任宰相，真正成为中书门下的一把手。其实，在制置三司条例司罢归中书之后，一直到王安石拜相这大约七个月的时间里，中书的政务实际上是由王安石以参知政事的身份在主持的。因为富弼已经罢相出判亳州，参知政事唐介已经郁闷死了。赵抃出知杭州，曾公亮虽居相位，也无所作为，而且，在九月也被罢免。宰相陈升之因为与王安石说不到一块儿，请病假了，而且当年的十月，他的母亲去世，他辞职丁忧去了。新拜的参知政事韩绛，与韩维是兄弟，是王安石变法的支持者。另一个参知政事是冯京，是富弼的女婿，他是不赞成王安石的，但在中书门下，以个人一己之力，也发挥不了多大作用，掀不起多大的浪。所以，即使制置三司条例司被撤销，合并到中书的司农寺等部门去了，改革的机构和权力还是牢牢地把控在王安石手中。还有，王安石在此期间，根据变法需要，调整了中书的组织，加强了中书的功能，选拔一些青年才俊，充实中书的职员，又奏请宋神宗批准设置中书检正官，作为实施新法的基本干部，不仅利于新法的实行，而且培植了一股新兴的政治势力。

由此可见，站在变法阵营的人虽不算多，但在神宗皇帝的鼎力支持下，王安石绝不是一个人在战斗，更为关键的是，他还有著名的"三驾马车"。

制置三司条例司设置的时候，由王安石与枢密院陈升之同领，后陈升之拜相，王安石又竭力推荐韩绛与其同领条例司。但实际主事的是变法派的副帅吕惠卿，他带领变法派骨干成员编修三司条例官、检正中书五房公事曾布，议政新法，起草条例。韩绛、吕惠卿、曾布，这是王安石变法倚重的三驾马车。

吕惠卿是一个有政治才能的人，在变法初期，他就曾与司马光等人公开辩论法令变更的问题，王安石看中了他的才能，举荐他任职三司条例司。在王安石推行变法大业时，吕惠卿鼎力相助，均输法、青苗法、募役法、农田水利法等变法新政策，都是他起草的。在反对派对新法进行攻击时，他能够坚守新法，有效地反击。王安石被罢相以后，他也能够坚持改革，孜孜努力，维护变法成果，所以获得了一个荣誉称号——"护法善神"。韩绛与韩维兄弟都是王安石变法的支持者，对王安石一直比较友好，对新法的执行也能尽心尽力，所以获得了"传法沙门"的荣誉称号。曾布是唐宋八大家之一曾巩的弟弟，也是进士出身，是王安石变法的骨干力量。

《续资治通鉴长编》卷二百五十二

总之，王安石变法初期，尽管有一大批人反对，但有宋神宗的坚强后盾，有三驾马车的鼎力分担帮助，有一批青年才俊各尽其职，虽然每一种新法发布，都会受到批判与抵制，变法者都需要与他们不断辩论斗争，但整体而言，变法进展得还算顺利。这时候的王安石的心情是愉快的，斗志是昂扬的，他这一时期的一首题为《元日》的七言绝句很能反映他的心态：

爆竹声中一岁除，春风送暖入屠苏。
千门万户曈曈日，总把新桃换旧符。

这首诗写的是正月初一的新年景象：一片爆竹声中送走了旧的一年，畅饮着醇美的屠苏酒，感受着春天到来的气息，初升的太阳照耀着千家万户，家家门上的桃符焕然一新。这首诗具有浓郁的生活气息，更具象征意味，爆竹似可象征疾风暴雨式的改革，后面的意象都是写改革带来的新气象。句句写新年，句句写新法。把元日的热烈景象写得如火如荼，这是对新法推行胜利的称颂以及美好前途的寄寓。

不过，话说回来，王安石的变革既然如此美好，挽救国家财政危机，增强国家军事实力，富国强兵，那为什么还有人反对呢？自古以来，变法总会损害一部分人的既得利益，会引发他们的抵制，这很好理解。但是，为什么那么多人反对呢？反对阵营中的社会名流就可以列出一长串：司马光、韩琦、富弼、文彦博、欧阳修、吕诲、范镇、范纯仁、吕公著、苏轼，等等，难道这些在历史上都卓有成就的人脑子都进水了，他们希望大宋王朝彻底消亡、万劫不复吗？

虽千万人，吾往矣：众人纷纷何足竞

答案当然是否定的。事实上，他们中大部分人并不反对变法，还希望积极变法，以拯救大宋王朝颓衰的趋势；他们反对的是王安石的变法，反对的是王安石的变法理念，反对的是王安石的变法措施。

如果说整个熙宁年间王安石都在殚精竭虑进行改革的话，那么整个熙宁年间司马光都在想方设法地反对变法。王安石与司马光，一个是变法的先锋者，一个是士人的精神领袖、变法的绊脚石，两个人都是君子，他们的冲突与斗争，很能反映出改革派与反对派的分歧。

司马光比王安石大两岁，他们的私交本来很好，相互之间诗词酬唱往来。前面讲过，王安石写过两首《明妃曲》，司马光就写了《和王介甫明妃曲》，也写得情辞凄婉，标新立异，旗鼓相当。治平四年(1067)九月，宋神宗擢升尚远在江宁的王安石为翰林学士，五日之后，又下诏把司马光迁升为翰林学士。翰林学士是负责为皇帝撰写诏令的官职，是清要之职，读书人无不引以为荣。但是，二人都连连辞却，王安石说身体不佳，司马光说不会写公文(四六)，不过最终都没有得到神宗皇帝的允许。两个人不约而同，是不是都意识到了日后的不和呢！

应该说明，司马光是不反对改革的，说司马光是反对改革派，那是不准确的。不过，在如何改、确立什么样的改革目标等问题上，他和王安石之间存在着重大分歧。

熙宁变法要解决的主要问题是国家的财政危机，正是在如何解决这个问题上，司马光与王安石出现了重大分歧。司马光主张节约，王安石主张"理财"。司马光认为，天地之间的财富是有定数的，不在国家，就在百姓。所谓理财，不过是"头会箕敛以尽民财"，按人头征税，用畚箕装取所征的谷物，意思是苛捐杂税，把老百姓的财富聚敛到国家而已。王安石则认为，真正善于理财的人，是"民不加赋而国用饶"，不用增加百姓的赋税，还能够让国库满满的，这的确是很美好的变革。在这个问题基础上，更是引发了义利之辨。反对派以"君子喻于义，小人喻于利"批判"理财"就是追逐财利，王安石则认为求利不可耻，义不与利结合，就是虚假的。颇具意味的是，做了近十年宰相的王安石，退居江宁以后，过着清贫的生活，而那些口口声声重义轻利的正人君子，却过着良园美宅、锦衣玉食、奢靡浮华的生活。

在如何治理国家这个问题上，王安石主张"法治"，用法令制度来规范、约束、引导人民，而司马光针锋相对，主张人治，主张用伦理道德来感化人民。这种治国理念的冲突，在变法尚未真正实施之前的熙宁元年(1068)已经有过一次激烈交锋。

熙宁元年七月，登州发生了一个有争议的案件。有个叫阿云的女子，在母丧期间，嫁给了一个叫韦阿大的人，因为嫌弃她的丈夫丑陋，就夜间趁其睡觉时杀他，结果没有杀死。案发后，阿云对杀人之事供认不讳。登州知府认为：服丧期间结婚，是不合法的，是无效婚姻，因此不能算杀夫，只能算是杀一个普通人，而且虽伤未死，再者阿云对伤人供认不讳，算是自首，不应判处死刑。此种判罚引发争议，宋神宗任命王安石与司马光重新审议此案。司马光从伦理道德出发，认为妻子杀夫，应该罪加一等，坚决主张死刑。王安石则据一些法律条文，认同登州知府的意见。文彦博、富弼等人都拥护司马光的观点。双方争执不下，此案前后拖了一年，一直到王安石执政的时候，有宋神宗的强大后台，才按照他的意见审理，让案件尘埃落地。

《续资治通鉴长编拾补》卷三下

从这个案件中，已经非常清楚地看到王安石与司马光的分歧，王安石遵照的是法律制度，司马光坚守的是儒家的伦理道德，而在坚持与执拗方面，两个人倒是相当接近，难怪有人称呼他们一个叫"拗相公"，一个叫"司马牛"。

因为在对待变法问题上存在较大的理念分歧，所以，变法尚未开始，两个阵营就已经开始站队了。随着变法条例的不断出台与实施，反对派更是不遗余力地攻击新法。其实，熙宁年间王安石的变法，即使放在今天，也会引发一连串的口水之争，何况是在差不多一千年之前。这些反对新法的人，有的是因为看不上王安石的做派，有的是因为政见不合，有的是因为利益被损。不管什么原因，他们在反对变法的态度上相当一致，很快凝聚成一股强劲的抵制新法的潮流，更可怕的是，最初的理性辩论很快演变成为一种感性的、党同伐异的意气之争。

但是，因为背后有宋神宗的大力支持，有三驾马车的鼎力相助，有一批青年才俊的协助，在人言汹汹的反对声中，在无所不用其极的抵制之下，王安石以"虽千万人吾往矣"的勇气与执拗，不畏天灾，不畏流言，不畏祖宗之法，大刀阔斧，在风风雨雨中勇往直前。这种改革的精神，一旦认定就勇往直前的勇气，不论在什么时候，都是令人肃然起敬的。然而，这样的局面并没有善始善终，王安石所仰仗的支撑、所依靠的力量、所实施的新法，开始出现问题。到底出现了什么问题呢？

两宫泣诉，一场大雨：泪水、雨水洗刷了宋神宗的意志

首先是王安石最强大的依靠宋神宗开始动摇。

因为在变法理念上的不同，在新法未颁布之前，反对派的阵营已经形成。所以，每一部新法出台实施，反对阵营都瞪着大眼，在那里等着吹毛求疵，何况新法在执行的过程中的确经常出现偏差，这就让反对阵营抓住了把柄，引来他们不间断的、持之以恒的、一个接一个的反对，他们当中甚至有人蛊惑、组织基层的民众到京城上访、闹事，策划聚众围堵王安石的家门，以此给宋神宗增加压力，要神宗罢免新法。作为皇帝，宋神宗要协调两个阵营，也对新法出现的问题产生疑虑，每次王安石都苦口婆心地解释，一部部新法得以顺利实施。这个时候，改革的阻力虽然总是"不失时机"地挡在前面，但还没有形成一种绝对强大的力量，因为有皇帝的存在，这是改革最强大的支撑。改革在一种胶着的状态下前行。

不过,这种胶着的状态很快就失去了平衡。什么原因呢?"天怒人怨"。从熙宁六年(1073)的秋天开始,老天爷一滴雨也没降,宋神宗多次下诏州县祈雨,没有任何的效果。大宋王朝遭遇了多年不遇的大范围的旱灾。反对阵营又拿天灾恐吓神宗,说这是"天怒",是新法引起的,尽管王安石用"天变不足畏"一再安抚神宗,神宗心里还是犯疑忌。久旱不雨,引发饥荒,而新法规定的各种征收却刻不容缓,一些变卖田产的灾民开始向京都等大城市逃亡,乞讨求生。这是"人怨",当然也与新法有关。

当时,负责监管京城一个城门的官员,看到每天大量流民,瘦骨嶙峋,衣衫褴褛,塞满道路,相互搀扶,涌入开封,便把这些凄惨的场景画成了画卷。这个人叫郑侠,是王安石一手提拔的。他入京之初,曾对王安石汇报颁布的各项新法的种种弊病,王安石没有回应。这个时候,他写了一份奏折,连同《流民图》画卷,假称密急公文,呈到了宋神宗那里。在奏折中,郑侠历数王安石新法的种种弊端,并且咬牙切齿地说:如果陛下停止新法,十日之内,必然下雨。否则,请将微臣斩首,以惩戒欺君之罪。

> 如陛下观臣之图,行臣之言,自今已往至于十日不雨,乞斩臣于宣德门外,以正欺君慢天之罪。——《续资治通鉴长编》卷二百五十二

在此期间,反对派也通过太后、太皇太后向宋神宗施加压力。两宫皇太后也常常哭天抹泪,要求罢除青苗法、免役法,说王安石要变乱天下,弄得宋神宗

心烦意乱，岐王赵颢也跟在后面添油加醋，说："太皇太后所说，句句在理，陛下一定要三思啊。"宋神宗对太后、太皇太后的话不好反驳，但对岐王，他就不用这样了，神宗有点儿恼羞成怒地说："天下是我败坏的，这个皇帝你来做好了。"在这个时候，宋神宗看到《流民图》，可以想象，他内心的感觉是怎样的，第二天，就废除了新法。事有凑巧，三天之后，憋了十个月的老天，竟然大雨倾盆。大雨来得正是时候，大雨来得也不是时候。这久逢的大雨缓解了旱情，也让宋神宗更加疑神疑鬼。虽然后来在吕惠卿的泣对下，大部分新法又恢复了，但是，在这样的处境下，王安石意识到，他得离开了。他不忍自己辛辛苦苦主持的变法就这样被一场雨水冲刷得干干净净，举荐了韩绛与吕惠卿，继续维护新法，巩固已有的成果。熙宁七年(1074)四月中旬，王安石第一次罢相，离开京城，出知江宁府。

> 越三日，大雨，远近沾洽。——《宋史》卷三百二十一《郑侠传》

都走了，只留下一个孤独的背影

宋神宗同意王安石罢相，出知江宁，是迫于无奈，这或许是暂缓之计，因为他授予了王安石随时进京的权力。宋神宗的动摇，还不是王安石最伤心的，因为变法还在继续；最令王安石伤心的，是变法阵营的分裂。变法阵营怎么就分裂了呢？是什么原因呢？

市易法颁布后，京城开封设置市易务，王安石提拔支持变法的吕嘉问为提举市易务。市易务是隶属三司的，但吕嘉问凭借王安石的信任与重用，根本就不把三司的领导三司使放在眼里，经常凌驾于三司使之上。当时的三司使是曾布，对吕嘉问的做法很不满。吕嘉问在执行市易法的过程中，滥用权力，多收免行钱邀赏，弄得京城商业怨声载道，这自然给了反对派口实。文彦博、苏辙、冯京、司马光都上书反对，要求罢废市易法。宋神宗深夜手诏派曾布去调查实情。曾布对吕嘉问本来就有私愤，何况吕嘉问多收钱也属实，曾布也清楚神宗对市易法还有看法，便抓住这一问题大做文章。曾布调查的结果是吕嘉问违法属实，他还汇报说，他亲自询问了商人，他们都痛哭流涕，对皇帝派人来考察实情感激涕零，希望能尽快废除此法。

宋神宗让曾布与吕惠卿一同彻查此事，吕惠卿对曾布也心怀不满，说他阻挠新法。曾布被赶出朝廷，出知饶州。曾布是王安石一手提拔起来的，是王安石班底的重要骨干，他的态度与做法，无异于一记重锤，给王安石沉重一击，也给宋神宗沉重一击。后来，王安石复相，宋神宗试探着问他要不要将在地方上任职的曾布召回，继续辅佐新法，王安石回答得很干脆："陛下无以其刀笔小才，而忘其滔天大恶。"看来，王安石对曾布的所作所为是伤心痛绝，对其完全失去了信任。

在王安石第一次罢相后，另一个变法骨干吕惠卿被提升为参知政事，变法还在进行。但是，吕惠卿这个人虽然有才，却心胸狭隘，还有野心。他很清楚王安石被罢，是神宗暂时不得已的事情，很快就有可能复出。他为了坐稳副宰相的位子，开始想方设法地迫害王安石，同时，他还建立自己的小集团，既不能与宰相韩绛好好配合，在朝堂上还每每与赞同变法的沈括等人对着干。宰相韩绛不能制衡吕惠卿，就向神宗建议王安石复相。

熙宁八年(1075)二月，王安石日夜兼程，从江宁赶赴京城，再次入相。复相以后，王安石与韩绛的关系也出现裂痕。在市易司用人问题上，韩绛与王安石发生冲突。韩绛建议市易司不能用那些只盯住"利"的官员，王安石抢白他说："市易司本来就是为求利而设的，不求利，还设它干吗？况且现在有的人既不明白义，也不懂得利，还在高位上安然自如；懂得利的人，又为什么不用呢？"这话说的，明显话里有话了：你王安石的意思无非是说我韩绛既不喻于义，也不喻于利，还身在相位，废物一个罢了。所以，韩绛坚决辞去了宰相之位。

对于吕惠卿，王安石不能容忍他的背叛，宋神宗

惠卿既得势，恐安石复入，遂欲逆闭其途，凡可以害安石者无所不用其智。——《续资治通鉴长编》卷二百六十

倍道赴阙。——《续资治通鉴长编》卷二百六十

市易务若不喻于利，如何勾当？且今不喻于义，又不喻于利，然尚居位自如；况喻于利，如何可废？——《续资治通鉴长编》卷二百六十四

还想协调二人关系，但一个执拗，一个偏狭。吕惠卿不断向神宗表示，二人只能留其一，还巧声怪气地对神宗说："陛下只要全部听取王安石一个人的，天下就大治了啊。"结果，十月，吕惠卿被罢，出知陈州，另一个变法派的重要成员章惇也因依附吕惠卿而出知湖州。

宋神宗与复相后的王安石，君臣之间的关系也开始发生微妙的变化。吕惠卿到地方上去，还在搞"倒王阴谋"，将王安石写给他的私信，断章取义，呈给神宗，其中有"无使上知"的话，意为不要让皇帝知道，这让神宗皇帝很不爽。对王安石的一些建议，神宗不再全部接受。王安石要求对不赞成新法者治罪，神宗并不听；相反，对于新法中出现的一些问题，神宗皇帝特别在意，不再以王安石的意见为准，而是亲自派人去了解实情。

> 陛下一听安石，天下之治可成也。——《续资治通鉴长编》卷二百六十六

反对派坚韧地攻击，后宫皇亲施加压力，曾布离去，吕惠卿反目，同一营垒分裂，神宗离心，王安石吃了反对者的亏，吃了执政者的亏，吃了小人的亏，吃了时代的亏。天时地利人和，这个时候，他一样都没沾。种种迹象表明，北宋熙宁年间大宋王朝的舞台上，仿佛只剩下了他王安石一个人，孤独地等待谢幕。

熙宁九年(1076)春天，王安石多次请求辞职。六月，儿子王雱(pāng)病逝。时间在流逝，人也在变化，已经成熟起来的宋神宗，似乎也不再需要这位曾经

的斗士，对其所作所为开始愈加不满，甚至厌恶。十月，王安石第二次罢相，出判江宁府，从此结束了他的政治生涯，专心佛老，不问世事。据说，在金陵赋闲的王安石经常书写"福建子"三字——这个曾经的护法善神吕惠卿。元祐元年(1086)，在新法被旧党尽废的日子里，王安石寂寞辞世。

尽管已经过去一千多年了，但是，如果想对王安石变法给出一个盖棺论定的评价，仍然是非常困难的。不管是肯定的，还是否定的，抑或是折中的评价，都可以毫不费力地举出足够的材料。《长编》中熙宁年间的史料，最多的肯定是关于变法的。变法两大阵营之间的较量，分量是最大的。但是我觉得，纯粹依靠这些资料，依然很难对王安石的变法给出一个普遍认同的评价。因为，这些史料，不少是站在反对派的立场上戴着有色眼镜来书写的。

可以肯定的是，王安石的变法，在一定程度上实现了他预定的目标，国家的财政状况明显好转，不仅解决了治平年间的财政赤字，而且直到北宋末年尚有余财。

王安石变法失败的原因很多，黄仁宇说："在我们之前900年，中国即企图以金融管制的办法操纵国事，其范围与深度不曾在当日世界里任何其他地方提出。""这种扩张性的眼界与传统的看法不同，当时人的眼光将一切视为不能改变的定数。因此王安石与现代读者近，而反与他同时人物远。"黄仁宇说得太专业、太学术了，还是一本通俗读物《帝国政界往事》的作者讲得更明白："天还没亮，而王安石起得太早了。"

不以成败论英雄。王安石变法虽然失败了，但他"虽千万人吾往矣"的勇气与精神，他的"视富贵如浮云"的人格品性，都是令我们肃然起敬的；而且，王安石在文学方面，正如他的为人行事一样，独树一帜，不愧于"唐宋八大家"之列。

四、自成一家王荆公

作为政治家、改革家，因为轰轰烈烈的熙宁变法，不论在当时，抑或以后，王安石都深受非议。正史尚有如此偏见，野史则变本加厉，都不遗余力地对王安石进行嘲弄与讥讽，将其视为异端，给他贴上了形形色色、稀奇古怪的标签，在民间的话语体系中，王安石甚至被描绘为猪狗的形象。但是，对于王安石的文学文章，即使是反对他的人也深为叹服，无话可说。他的散文，长则万言，短则百字，不拘成法，奇崛峭拔，振聋发聩，卓然立于"唐宋八大家"之列。他的诗歌更是以独特的风格，在北宋诗坛自成一家，号为"王荆公体"。

文以补世，实用第一

"唐宋八大家"之所以并称，主要是因为散文方面的突出成就。古人的散文概念，与今天的界定是不完全一样的。只要不是诗歌、韵文的散行文章，一般统称为散文。按照这样的规范，唐宋八大家的散文不仅包括我们今天常说的散文，还包括他们在行政领域的公文、日常领域的各种应用文，甚至还包括学术论文。

"文章千古好，仕途一时荣"，对王安石而言，文章与政治又何尝分离呢？

在文学思想上，王安石竭力倡导经世致用，也就是说写文章必须有直接的现实价值，所以，他对那种单纯堆砌典故、华美辞藻的文章是很不满意的，他说那样的文章就好比采摘了一些鲜花，堆砌在一起，看起来光彩夺目，是"小清新"，其实是毫无实际价值的。因为秉持这样的文学思想，王安石的散文中不少是论国事、谈政务的文章。此类文章，虽不追求语言华美，但必须表达准确，有理、有据、有力。前面讲到的《上仁宗皇帝言事书》《本朝百年无事札子》都是这类文章的典范。中学语文课本中选录的王安石的《答司马谏议书》，形式上看是一封书信，从内容上而言，也属于这类文章。

宋神宗熙宁二年(1069)二月，王安石被任命为右谏议大夫、参知政事，设置制置三司条例司，着手进行变法改革，并在当年颁布了均输法、青苗法、农田水利法等重要法令。其中青苗法引发的争议最大。此法于当年九月颁布并在个别地方试行，到第二年正月的时候，开始在全国范围内全面铺开。青苗法，简

> 某尝患近世之文，辞弗顾于理，理弗顾于事，以袭积故实为有学，以雕绘语句为精新，譬之撷奇花之英，积而玩之，虽光华馨采、鲜缛可爱，求其根柢济用，则蔑如也。——《上邵学士书》，见《王荆公文集笺注》卷三十八

单而言，就是在每年青黄不接的时候，地方政府将储备粮仓的钱粮贷给农民，在收获之后，增加百分之二十的利息偿还。这个利息虽然不少，但比起地方豪强的高利贷已经大大减轻。此法的实行至少有三大好处：一是可以救济百姓；二是政府粮食储备能够及时更新；三是可以增加政府收入。

但是，这个新法实施之后，立即遭到了反对者相当激烈的批评。司马光一方面要求神宗皇帝取消青苗法，另一方面，又以朋友的身份，于熙宁三年（1070）的春天，连续给王安石写了三封信，要求王安石废除新法。

第一封信写于二月二十六日，篇幅很长，有三千多字。变法总会引起一些人的不满与反对，纵有一万个变法的理由，也会有一万个反对的理由。关于这一点，王安石应该是有心理准备的。所以，当司马光三千多字的长信指责他实行新法的时候，他只是略作回复，这种回复可能是照顾情面，并没有跟司马光一一辩论。司马光引经据典的长篇指责，只获得了王安石情面上三言两语的回复，这让他很失落，就好像铆足了劲，一拳打下去，却打在了棉花上。所以，几天以后的三月三日，司马光写了第二封信，这封信写得很短，主旨还是攻击青苗法。他想象出了青苗法执行数年之后的一种可能：那个时候，国家仓库空了，百姓负担加重，官吏层层盘剥，父子结怨，兄弟离散。用这个可能威胁王安石，有点儿吓唬人的意味。司马光还说，到那个时候王安石就会觉得他说得一点也不过分，所以王安石现在应趁早赶紧罢除新法，恢复旧制。

这个时候，王安石才给司马光正式写了回信，这就是著名的

《答司马谏议书》。这封信写得简洁、干净、漂亮,从司马光啰里啰唆的三千多字的长篇大论中,王安石抓取了五个关键词:侵官、生事、征利、拒谏、天下怨谤,然后逐一驳斥司马光对新法的歪曲与诽谤。

在驳斥诽谤之前,王安石先提出一个最重要的原则问题——名与实,这是高屋建瓴。名正则言顺,言顺则事行,这是儒家的重要理论,也是司马光说来说去、经常唠叨的问题。但是,如果立场不同,对名与实的看法可能会迥然不同。司马光在来信中指责王安石实行变法是"侵官、生事、征利、拒谏,以致天下怨谤",就是从他认为的名与实的立场出发的。对于这些责难,王安石没有就一些具体的事实去辩驳,因为新法很可能会出现一些问题,那样就可能陷于被动招架的局面。所以,必须抛开这些东西,站在高处,深刻揭示出事情的本质,不去辩驳个别的现象,用简洁的语言,斩钉截铁地从根本上驳倒对方的责难,为变法正名。

关于侵官,司马光说制置三司条例司是侵犯了其他官员的权力。王安石对此反驳说:"我从圣上那里接受命令,制定法令制度并在朝廷上加以修订,然后交给主管官员去执行,这怎么能说是侵官呢?"

关于生事,司马光说派遣官员到各地执行变法

受命于人主,议法度而修之于朝廷,以授之于有司,不为侵官。——《答司马谏议书》,见《王荆公文集笺注》卷三十六

是惹是生非。王安石反驳说："这是推行先王的主张，做的是兴利除弊的事，怎么能说是生事呢？"

关于征利。司马光主要针对青苗法，说新法是聚敛财富的手段。王安石反驳说："这是为国家理财，怎么能算是征利呢？"

关于拒谏，司马光说的是王安石拒不接受反对派的意见。王安石反驳说："这是驳斥错误的言论，责难谄媚的坏人，当然不是拒谏。"

关于天下怨谤，司马光说朝野之外的士大夫，如出一口地非议王安石，天下百姓小吏、贩夫走卒，也纷纷指责王安石。因为变法必然会引起议论，所以王安石不但不会否认这个事实，而且还说早就预料到会如此，然后一针见血地剖析了其中的原因：怨谤之人都是惯于苟且、不忧国事、附和流俗、讨好众人，以此作为处世良方的人，接着以盘庚迁都为例，尽管议论纷纷，但盘庚认为做得对，就坚定不移地进行。

王安石不是不善于写长篇大论，他的《上仁宗皇帝言事书》就洋洋洒洒一万多字。这封书信之所以不像司马光那样写得很长，是因

——举先王之政，以兴利除弊，不为生事。——《答司马谏议书》，见《王荆公文集笺注》卷三十六

——为天下理财，不为征利。——《答司马谏议书》，见《王荆公文集笺注》卷三十六

——辟邪说，难壬人，不为拒谏。——《答司马谏议书》，见《王荆公文集笺注》卷三十六

——大夫在朝廷及自四方来者，莫不非议介甫，如出一口；下至闾阎细民，小吏走卒，亦窃窃怨咨，人人归咎于介甫。——司马光《与王介甫书》，见《温国文正司马公文集》卷六十，四部丛刊初编本

为没有必要。不去计较于司马光原信的引经据典，只抓住问题的本质，抓住一个"理"字——"助上大有为"。所以通篇只有三百多字，却把司马光三千多字的来信驳得全面溃退，一无可取。清代的刘熙载评价说："只下一二语，便可扫却他人数大段，是何简贵！"这样的评价，大意是说，王安石"一句顶一万句"，是很准确的。

这封书信很能代表王安石政论文的特色，针对性特别强，理足气盛，逻辑谨严，不慌不忙，不枝不蔓，势如破竹，不容置辩，处处表现出坚定、坚持、坚守，这是改革者王安石的风格，也是他古文的特色。千年以来，此文能够成为驳论文的典范，绝不是偶然的。

王安石的政论文当然通篇议论说理，即使他的一些记体文，也渗透着议论说理的特色。中学语文课本中选录的他的一篇《游褒禅山记》，就明显体现了这样的写作风格。

《游褒禅山记》是一篇游记，文章最后记下了明确的写作时间：至和元年(1054)七月某日。王安石在任舒州通判期满，离任赴京途中，路经褒禅山，与他的两个弟弟王安国、王安上以及萧圭、王回同游褒禅山，写下了这篇游记。

"唐宋八大家"都有游记体的文章，柳宗元的游记在后世最为著名。他在被贬永州时写了一组游记——《永州八记》，是这类文体的代表，中学语文课本中选录了其中的一篇《小石潭记》，很多人都能背诵。

先写写旅游的线路，详细写写一路上的好风景，其中寄托某种情感，这是游记的惯常写法。王安石的《游褒禅山记》与此有很大不同，是通过记游而说理的散文。通过登山探险的亲身经历，论述了志、力、物三者之间的关系。

天下的奇异雄伟、不同寻常的景物，常常在险远之处，人们却又很少能够到达。怎样才能看到奇景异观呢？这就需要志、力、物，三者缺一不可。一是"非有志者不能至也"。只有胸怀大志，才有可能到达理想的境地。二是有了大志，"然力不足者，亦不能至"。如果气力不足，也是不能到达理想境地的。三是有了大志和气力，"无物以相之，亦不能至也"。这里又强调了一个"物"字。当游览者走进昏暗之处的时候，如果不借助火把之类的"物"来照亮前进的道路，也是不能到达理想境地的。总之，只有具备志、力与相助之物这三个条件，才能到达理想的境地。反过来说，气力可以达到而又未能达到，别人嘲笑，自己悔恨。如果竭尽了自己的志气，也仍然达不到，也就没有什么可悔恨的了。这样，谁还能讥笑他呢？作

> 而世之奇伟、瑰怪，非常之观，常在于险远，而人之所罕至焉。
> ——《游褒禅山记》

者从正反两方面把道理说得清清楚楚。这就是作者游览华山后洞之后的感想。这个想法，是很深刻的，它的客观意义远远超过了游览，可以用于一切事情。

王安石的散文，秉承务必有补世用的目的，不作空言，不作华丽之言，简洁质朴，不拘成法，标新立异，自出机杼，这也是他能够名列"唐宋八大家"的重要原因。

"唐宋八大家"是以散文著名而并称的，但并不是说在其他文体方面他们的成就不高。的确，王安石在散文领域所取得的成就是非凡的。不过，他可不仅仅是一个散文家，在北宋的诗歌史上，王安石的诗歌也是别具特色的。对王安石而言，我认为，他的诗歌更能够代表他的文学成就。

不平则鸣，穷而后工

在王安石的一生中，熙宁九年(1076)第二次罢相，是一个明显的标志。前期在地方历练，在中央改革，风风火火，济世泽民；后期则彻底脱离了官场，赋闲金陵，远离政治，远离尘世，直至去世，大约有十年的光景。由于这种经历及其心态的变化，他的所有文字，在内容与风格方面，也呈现出明显的差别，这在诗歌方面表现得尤为突出。

如同他的散文一样，王安石前期的诗歌，是其从政、变法的一部分，针对性强，喜欢议论。新法颁布之后，反对者议论纷纷，从各个方面，通过各种途径攻击，竭力阻挠新法的实施。他有一首题为《众人》的诗歌，就是这种状况的直接反映：

众人纷纷何足竞,是非吾喜非吾病。
颂声交作莽岂贤,四国流言旦犹圣。
唯圣人能轻重人,不能铢两为千钧。
乃知轻重不在彼,要知美恶由吾身。

这是一首回击围攻者的战斗诗篇。面对一片吵吵嚷嚷的反对声浪,面对各种攻击、各种诋毁,王安石反而很高兴,表现得相当自信。这不仅是对异论的藐视,也让反对者找不到靶子。为什么这些人纷纷诋毁,王安石反而高兴呢?因为交口称颂的不见得就是贤人,比如两汉之交的王莽。王莽为人奸诈,依仗外戚专权,阴谋夺取刘氏天下,但唯恐人心不服,于是他表现得谦恭谨慎,礼贤下士,假行仁义,当时天下人都齐声称颂王莽的圣贤仁义。后来,他到底篡夺了刘家的天下。所以,别人齐声称赞的不一定就是好人。反之,众人流言纷纷诋毁的不见得就不是圣人,比如西周时期的周公旦。周成王年幼即位,周公尽心辅佐。当时管叔、蔡叔心怀不轨,但忌惮周公,于是在列国之间散布流言蜚语,说周公欺负成王年幼,图谋篡位。周公为了天下,暂时辞别相位,避居洛阳。后来管叔、蔡叔谋叛,周公平定叛乱,诛杀了管蔡,成王又见到了金縢中周公祈祷的文书,明白了周公的忠心,迎归周公。周公辅佐成王,社会安定,百姓和睦,成就了历史上的成康之治。所以说,圣人是能够辨别贤人、奸人的,不会把奸佞小人当成国家重臣，其中似乎也有宋神宗对王安石信任与倚重的意味，这当然是王安石变法得以进行的强大支撑。最后，王安石相当自信地说：是好是坏，不是你们在这里嗷嗷乱叫说了算的，关键还是在于我个人的所作所为。

这首诗表现了王安石对变法的自信，"人言不足恤"，不为时移、不为势易的坚决、坚定与坚守。需要说明的是，这样的诗歌，很能代表王安石前期诗歌的风格：简练瘦硬。通篇使用议论，直接反映现实，不平则鸣，倾向性非常鲜明，一览无余，不够含蓄，如同政论散文。平心而论，这样的诗歌不过是政治斗争的形式，是其变法的工具，是其政论文的另一种形态，还不具备多高的文学价值。

王安石第二次罢相后，在江宁城外的白塘建造了自己的房舍。白塘在江宁城东门外至蒋山的半道上，王安石建造的房舍离城七里，离蒋山也七里，因此起名为半山园，王安石号半山，也是这么来的。半山园建造得很简陋，没有垣墙，勉强遮蔽风雨而已，不过王安石觉得这一片风景好，是理想的安身之地。

在半山园，王安石过着远离政治，躲避尘世的田园生活，寄情山水，感悟佛道，心态趋向平淡，前期的政治诗没有了，议论诗少了，代之而起的是写景诗、咏物诗，成就很高，风格独特，被称为"王荆公体"。

风风火火了几十年，王安石在江宁半山园的生活开始清闲起来。据宋代的笔记记载，王安石日常生活大致是这个样子的：

王安石在金陵的时候，时常骑驴外出，有一个仆人常常牵驴跟随。有人问相公这是要去哪里啊，边上其他人说：这说不准。如果牵驴的人在前面，那就听牵驴人的；如果牵驴的人在后面，那就听驴的。没有一定的目的地，想停了就停下来。或者在松下石头上坐一坐，或者到野外耕地的农家坐坐，或者到寺庙里坐坐。每次出行，一定带着书籍，或者骑着驴朗诵，或者休息时诵读。常常用袋子装着十几张饼，王安石吃后，就给牵驴的人吃，牵驴的人吃不完，再给驴吃。有时候，田野耕作的人把他们吃的喝的给王安石，王安石也把携带的饼给他们。反正，每次外出，都没有一个固定的目的地，有时走很远，有时走几步就回去，近乎"无心"之人。

这种随随便便、无拘无束的样子，根本就看不出是做过宰相的人，其所食之饼，牵卒可食，驴子亦可食，贵贱之间、人畜之间，何等随便！远离是非纷扰的宁静生活，让王安石的心态变得淡定、旷达、透彻。在这种恬然自安的随意中，他写就了大量的诗歌，尤以七绝为多。

王荆公领观使归金陵，居钟山下，出即乘驴。予尝谒之，既退，见其乘之而出，一卒牵之而行。问其指使：'相公何之？'指使曰：'若牵卒在前，听牵卒；若牵卒在后，即听驴矣。'相公欲止即止，或坐松石之下，或田野耕凿之家，或入寺。随行未尝无书，或乘而诵之，或憩而诵之。仍以囊盛饼十数枚，相公食罢，即遗牵卒，牵卒之余，即饲驴矣。或田野间人持饭饮献者，亦为食之。盖初无定所，或数步复归，近于无心者也。
——王巩《甲申闻见》，文渊阁《四库全书》本，上海古籍出版社1987年影印版

> 茅檐长扫净无苔，花木成畦手自栽。
> 一水护田将绿绕，两山排闼送青来。

《王荆文公诗笺注》卷四十二

这是一首题壁诗，名为《书湖阴先生壁》，是书写在湖阴先生家的墙壁上的诗，总共两首，这

是第一首。湖阴先生,是杨德逢的号。杨德逢是王安石的邻居、好友。

前两句写湖阴先生家的庭院,庭院清幽,花木成畦。后两句写庭院之外,一条河流,一片农田,两座青山。这样的一种田园风景,在王安石的飘逸的情感中,骤然变得活泛起来:弯弯的河流环绕着葱翠的稻田,门前的青山,见庭院幽幽、主人爱美,也争相前来,推门而入,献上一片青翠。这是仁者乐山、智者乐水的活脱脱的展现。

这首语意清浅的小诗,其实是有典故在内的。护田、排闼都是用典。《汉书·西域传》记载:从敦煌向西,一直到盐泽(今新疆罗布泊),一路上建立了不少亭台,在轮台(今新疆轮台县)、渠犁(今新疆尉犁县)等地,汉代朝廷派遣数百名士卒在那里屯田,分别设置使者、校尉统领护卫,用以供给往来使团所需。这是"护田"的出处。

《汉书·樊哙传》记载:在黥布谋反之前,汉高祖身体不适,不愿见人,卧于宫禁之中,还下令守门者不准让大臣进来。大臣周勃、灌婴等人十几天都不敢进去。樊哙排闼而入,推开宫中小门就直接闯了进去,众大臣也跟着鱼贯而入。当时高祖正枕着一宦者睡觉。樊哙流着眼泪诉说:"当初陛下与我们在丰沛起兵,夺取天下,何等雄壮威风!如今天下已定,又是怎样地疲惫!本来陛下病重,大臣已经震恐,陛下不

> 自敦煌西至盐泽,往往起亭,而轮台、渠犁皆有田卒数百人,置使者校尉领护,以给使外国者。——《汉书》卷九十六《西域传上·序》

见我们，不议国事，反只与个宦人在一起，难道陛下就不记得赵高的事吗？"高帝笑而起身。这是排闼的来历。

护田、排闼均有出典，对偶严密，是"史对史"、"汉人语"对"汉人语"。宋代人对此也极为推崇，说王安石作诗非常谨严，尤其擅长对偶，并以此为例，推崇备至，还说这是王安石的专利，只有他这样用，才不显得拘束、窘迫、平凡。诗歌用典，本是常见的现象，用典对偶工整，很多人也能做到。但是，如果能将典故融化得不见踪迹，即使不知典故，也不影响对诗歌的理解，浑然天成，这才是诗歌的最高境界。能够做到这一点的，恐怕就不多了。

王安石后期的诗歌，注重炼意，注重修辞，造语用字，表情达意，浑然天成，含蓄深沉，神韵舒展，像"细数落花因坐久，缓寻芳草得归迟"这样令人回味无穷的诗句，在王安石的诗歌中是很多的，在艺术上达到了极高的水准，自成一家，后人称之为"王荆公体"。在古代文学中，用人名命名诗体的，不是没有，但确实是很少的。

先黥布反时，高帝尝病，恶见人，卧禁中，诏户者无得入群臣。群臣绛、灌等莫敢入。十余日，哙乃排闼直入，大臣随之。上独枕一宦者卧。哙等见上流涕曰：'始陛下与臣等起丰沛，定天下，何其壮也！今天下已定，又何惫也！且陛下病甚，大臣震恐。不见臣等计事，顾独与一宦者绝乎？且陛下独不见赵高之事乎？'高帝笑而起。——《汉书》卷四十一《樊哙传》

《北山》《王荆文公诗笺注》卷四十二

荆公诗用法甚严，尤精于对偶。尝云，用汉人语，止可以汉人语对，若参以异代语，便不相类。如"一水护田将绿绕，两山排闼送青来"之类，皆汉人语也。此法惟公用之不觉拘窘卑凡。叶梦得《石林诗话》，《历代诗话》本，中华书局1981年版

看似寻常最奇崛，成如容易却艰辛

王安石的诗歌能够自成一家，有很重要的原因，即反复锤炼，善于改诗，喜欢"翻案"。

王安石不仅是一个改革家，要改造贫弱的北宋王朝，还是一个独特的诗人，善于改诗。王安石有七言绝句《泊船瓜洲》：

> 京口瓜洲一水间，钟山只隔数重山。
> 春风又绿江南岸，明月何时照我还。

一般认为，《泊船瓜洲》这首诗是王安石复相赴阙、途经瓜洲时所作。王安石尚未进京，就想到了何时回乡，这似乎也预示着王安石此次出山的前景。这首诗通俗易懂，脍炙人口，不少选本都选这首诗，小学语文课本中也选了这首诗。其中"春风又绿江南岸"，经常被当作炼字的典范，从南宋一直讲到现在。据南宋的笔记记载，这句诗中的"绿"字，是王安石反复琢磨锤炼出来的。

笔记中说：吴中的一个士子收藏了王安石这首诗写作的草稿，最初是"又到江南岸"，然后圈去"到"字，旁边还有小字说"不好"；又改为"过"字，后来又圈去，改为"入"，可是还不满意，又改为"满"字。就这样，前前后后改了十几次，最后才定为

"绿"字《容斋续笔》卷八。由此可见，王安石对诗歌创作的努力与严谨，可谓千锤百炼。王安石有一首诗，赞美苏州张司业的诗歌，其中说："看似寻常最奇崛，成如容易却艰辛。"这是说张司业的诗歌，看起来平淡，平淡之中却见奇崛，写起来看似容易，其中却包含着推敲提炼的艰辛。王安石说的是张司业，其实也是王安石个人的亲身感悟。

王安石诗歌独成一家，还有一个很重要的因素，喜欢"翻案"，也善于"翻案"，往往能在众所熟知的基础上，陡然转变，出人意料，却又表达了人意料之中的事。王安石有首名为《钟山即事》的七言绝句：

> 涧水无声绕竹流，竹西花草弄春柔。
> 茅檐相对坐终日，一鸟不鸣山更幽。

《王荆文公诗笺注》卷四十四

这首诗营造了一种闲适自得的意境，又令人有孤独、寂寞之感。这首诗写得非常好，自不必多言，主要说说最后一句"一鸟不鸣山更幽"。山中没有一只鸟鸣叫，这自然很幽静，此句仿佛就是说了一句大实话。其实，这是翻前人诗句的。前人经常以动写静，明明写山中幽静，却往往从动静上写，如王维的《鸟鸣涧》："人闲桂花落，夜静春山空。月出惊山鸟，时鸣春涧中。"明明是要写山中幽静，却故意写鸟叫。南朝时王籍有首名为《入若耶溪》的诗，其中有"蝉噪林逾静，鸟鸣山更幽"的句子，王安石实际是对后句诗的翻用，都在以静写动的时候，他偏偏要以静写静，回归本分，回到大实话，这类似哲学上讲的"否定之否定"，境界自然高了很多。

"一鸟不鸣山更幽"，令人有孤寂之感，此句似乎也写了王安石晚年的某种落寞。王安石罢相之后，从前的门生故吏一个个离他而去，更有人落井下石，像吕惠卿之流。王安石去世之后，门生故吏没有一个前来吊唁。有一个叫张舜民的人，参加了冷冷清清的葬礼，写了一组《题王荆公》的诗，共四首。其中有"今日江湖从学者，人人讳道是门生"，对人情冷暖、世态炎凉深有不满。事实上，张舜民是王安石新法的反对者，单凭这一点，就应该令那些门生汗颜。

王安石赋闲金陵期间，还有另一个当初积极反对新法的人也前来看望过他。这个人是苏轼。

苏轼与王安石变法的理念不同，他主张小修小补，王安石主张彻底的变革。这种主张不同，在熙宁年间逐渐演化成对立。每一项新法出炉，苏轼必写文章反对。元丰七年(1084)，经历乌台诗案后的苏轼，从黄州移官汝州，途经金陵，拜访了王安石。已经下野赋闲的王安石，听说苏轼到了江宁后，马上披蓑衣戴斗笠，骑着瘦驴，风尘仆仆地赶到渡口去会苏轼。苏轼没穿官服，只是穿了一件平常衣服。两人见面，苏轼开玩笑说："我今天斗胆穿着平民衣服拜见大丞相。"王安石则笑着说："这些礼数岂是为我们这些人设置的。"说罢，两人大笑，泯去了从前的不快。两人结伴游山，议论诗文，谈禅说佛，留下了不少诗文,成为文坛的一段佳话。

王安石写过一首《读史》诗:

> 自古功名亦苦辛,行藏终欲付何人。
> 当时黮闇犹承误,末俗纷纭更乱真。
> 糟粕所传非粹美,丹青难写是精神。
> 区区岂尽高贤意,独守千秋纸上尘。

《王荆文公诗笺注》卷三十九

大意是说:自古以来功名二字让人辛苦,古人的事迹又有谁来记载呢?即使在当时也可能遭到别人的误解,更何况流俗的议论在时间的流动中改变了真实。真实与美好的东西传不下来,后人见到的全是糟粕,即使妙笔丹青也不能描述出精神,点滴笔墨怎么能够写尽圣贤的思想呢?我只能一个人独自面对着传承千秋、纸上蒙尘的文字《读史》。王安石写这首诗的时候,绝对是有感而发。他感叹古之圣贤,纸上蒙尘。这种感叹,竟然一语成谶。王安石在北宋及其以后,经常被别有用心的人别有用心地丑化。千帆过尽之后,我们还是看不清真实的王安石,他被后世那些别有用心的文字掩埋得太深了。关于王安石,今天我们所能说的,还是那几个字:王安石,北宋著名的思想家、政治家、改革家、文学家。这就足够了。

岳飞

一颗尽忠报国之心

岳飞是个家喻户晓的抗金英雄，从公元1142年他屈死杭州风波亭，至今已经八百八十余年了。在这么漫长的历史岁月里，中国人民一直没有忘记他。每当我们的民族遭受外部侵略之际，全国上下的爱国志士和人民群众，无不以岳飞为榜样，起而抗争，抵御外侮，保家卫国，奋勇杀敌。八百八十余年来，岳飞成了中华民族的骄傲，成了中华民族凝聚力的精神象征，成了中华民族抗击外敌的一面旗帜。为了颂扬这位抗金英雄，在他被害之后的各个朝代，民间涌现出了大量的文学作品，元朝有杂剧《地藏王证东窗事犯》；明朝有传奇《精忠记》，有小说《大宋中兴通俗演义》《岳武穆王精忠传》《岳武穆尽忠报国传》；清朝有长篇章回小说《说岳全传》等；二十世纪八十年代初，著名评书艺术家刘兰芳的长篇评书《岳飞传》通过中央人民广播电台向全国播出，万众聆听，民间热议，都被这位抗金英雄的感人事迹所鼓舞，都为这位抗金英雄的悲惨结局而叹息！为了纪念这位抗金英雄，全国各地的岳飞庙不计其数，其中最为著名的有三座：河南汤阴岳飞庙，河南开封朱仙镇岳飞庙，浙江杭州西湖岳飞庙。中国人民为什么如此爱戴和尊崇岳飞？或者说，岳飞一生都干了哪些显赫的事业而能让后人历久不衰地去纪念他？为了回答这个问题，我想先从"风波亭冤狱"谈起。

烈烈武穆智勇天锡，乘鸾吞强胡，力扶宋鼎，师旅桓桓。
元戎是倚式惟赤心，靖康之耻，忠义光昭，万古不泯。

岳鄂王

君臣圖鑑卷八十四

按本傳王姓岳名飛字鵬舉少負氣節好春秋孫吳兵法引弓三百斤善左右騎射忠孝出于天性自結髮從戎九歷數百戰內平劇盜外抗强胡其用兵也九善以寡勝眾其從杜克也以八百人破羣盜五十萬於桶嶺其戰兀术也於潁昌則以八百人破其衆於南薰門外其破曹成也以八千人破十萬衆以五百皆破其衆十餘萬人所畏服不敢以名稱至以父呼之自兀术有必殺而後和之心又以名椿合張俊之心又與秦檜合媒孽橫生不置之死地不止而莫須有三字強以傳會欲加之罪其無辭乎千載之下每念岳武穆之冤直欲籲天而無從也幸而考宗卽位諡求其後子孫襚祿已上皆官之士廟於鄂贈太師封鄂王謚武穆廟號忠顯每歲春秋郡守致祭其秦檜張俊萬俟卨三賊至今士大夫言

一、千古奇冤

风波亭位于临安(今浙江杭州)小车桥附近。风波亭是南宋大理寺(国家最高审判机构,相当于现在的全国最高法院)"诏狱"中的一座亭子。当时,说"风波亭",其实是代指"诏狱"(按:《宋史》并无"风波亭"的记载,只说"狱",可知在当时社会上以"风波亭"而代指"诏狱")。"诏狱"则是当时大理寺特设的皇家监狱。

南宋绍兴十一年(1141)初,南宋朝廷向金朝乞和。金朝考虑到自身的力量尚不足以灭掉南宋,因而答应议和,但提出了一个前提条件,金朝统帅完颜兀术(宗弼)在给南宋宰相秦桧的一封信中说:

"汝朝夕以和请,而岳飞方为河北图,必杀飞,始可和。"桧亦以飞不死,终梗和议,己必及祸,故力谋杀之。

<small>脱脱等撰《宋史》卷三百六十五《岳飞传》</small>

这就是"风波亭冤狱"所赖以构成的政治背景!

有了这样的政治背景,就意味着岳飞之死在劫难逃!南宋朝廷对岳飞的迫害逐步进行:

第一步,解除兵权。

当年四月,朝廷将统兵前敌的大将张俊、韩世忠和岳飞调离军队,到临安"枢密院"挂职。

第二步,削职为民。

当年五月,岳飞回朝,秦桧授意其党羽万俟卨

(mò qí xiè)、罗汝楫上章弹劾，诬陷岳飞在此前朝廷命他飞援淮西时逗留不进，"按兵淮上，又欲弃山阳而不守"，要求罢免岳飞"枢密副使"之职。八月，岳飞罢职，自请回江州(今江西九江)旧居赋闲。

第三步，诬陷谋反。

岳飞离朝，秦桧勾结张俊(南宋中兴四大名将：张俊、韩世忠、岳飞、刘光世。岳飞早年做过张俊的部下，后来以功自立，独领一方，遭到张俊的嫉妒。)唆使岳家军的部将王贵、王俊，诬告另一个部将张宪想占据襄阳，发动兵变，帮助岳飞夺回兵权，并诬告岳飞的儿子岳云曾经写信给张宪，秘密策划这件事。

秦桧根据王贵、王俊二人的诬告，先把张宪抓起来送进大理寺监狱，严刑拷打，张宪宁死不屈。十月，秦桧派人逮捕岳飞父子对证所谓"张宪证词"，使者到达江州，岳飞大笑，说："皇天后土，可表此心！"十月十三日，岳飞父子一到临安，立即被投入诏狱。

> 又谕张俊令劫王贵、诱王俊诬告张宪谋还飞兵。桧遣使捕飞父子证张宪事，使者至，飞笑曰：『皇天后土，可表此心。』——《宋史》卷三百六十五《岳飞传》

从上述的行事和时间，结合上述的政治背景，我们可以看出一个明显的事实：风波亭冤狱是一个精心策划的、有目的、有步骤的大阴谋！岳飞在毫无所知的情况下，一步步陷入了罗网。

岳飞入狱之后，秦桧指令御史中丞何铸为主审官。面对诬陷，岳飞义正词严，逐一驳斥，并当堂解开上衣，袒露脊背，何铸看到的是刺入肌肤的四个大字"尽忠报国",一时满堂为之动容。经过审理,何铸认为此案证据不足,于是去向秦桧禀报,认为如此定罪,必成冤案。秦桧说:"此上意也。"

秦桧当即撤换何铸,改由御史万俟卨主审此案。

万俟卨可以说是中国历史上最无耻的小人之一(岳飞庙陪祀的四个铁铸人像:秦桧夫妇、张俊、万俟卨)。此人是河南开封府阳武县(今河南原阳)人,在北宋的政和二年(1112)考中举人,历任相州和颍昌府教授、太学录、枢密院编修官等职。南宋的绍兴元年(1131)被任为"提点湖北刑狱"。就在他任职提点湖北刑狱期间,岳飞被授为荆湖宣抚使,奉旨屯兵荆湖(今湖南、湖北),二人在此期间共过一段事。岳飞久闻此人口碑极坏,共事期间自然看不起他,言语之际,多次顶撞,使万俟卨经常感到很难堪,由此对岳飞心怀怨恨,时时打算寻机报复。后来万俟卨刻意巴结朝中的宰相秦桧,私下诋毁岳飞。秦桧认为此人可用,因而奏请高宗,召万俟卨到临安行在,用为监察御史。前面我们提到,岳飞被解除兵权之后,挂了个"枢密院副使"的闲职,而进一步上弹章诬陷,致使岳飞离朝赋闲的,就是这个万俟卨。

万俟卨主审此案,力图将岳飞定为"谋反"

初命何铸鞠之,飞裂裳以背示铸,有"尽忠报国"四大字,深入肤理。既而阅实无左验,铸明其无辜。——《宋史》卷三百六十五《岳飞传》

铸察其冤,白之桧。桧不悦曰:"此上意也。"铸曰:"铸岂区区为一岳飞者,强敌未灭,无故戮一大将,失士卒心,非社稷之长计。"——《宋史》卷三百八十《何铸传》

的罪名。不料深文周纳，用尽手段，都被岳飞一一指破，罪名根本无法成立。岳飞以绝食相抗争，致案子一度搁置。

十一月初七日，宋金"绍兴和议"达成。这是一个极为屈辱的"和议"，和议条款规定：一、宋朝对金朝"称臣"，金朝册封赵构为宋朝的皇帝（即父子关系，宋为儿皇帝）；二、淮河以北的土地和民户全部归金所有；三、宋每年向金"进奉银二十五万两，绢二十五万匹"。[与"澶渊之盟"相比较：1.宋辽互为兄弟之国。2.宋辽以白沟河为界（辽放弃追回后晋石敬瑭奉送的涿、瀛、莫三州）。3.宋每年向辽进奉"银十万两，绢二十万匹"。]

事实证明，绍兴和议虽然已经达成，但金朝对南宋"必杀岳飞"的压力并未解除。就在和议达成之后，紧接着，对岳飞的迫害紧锣密鼓地又在继续进行。

"谋反"的罪名难以成立，万俟卨变换手法，又罗织了"指斥乘舆""坐观胜负"等几条罪名。"乘舆"就是皇帝的座驾，"指斥乘舆"就是指着皇帝的座驾骂皇帝。"坐观胜负"则意味着岳飞身为大将而拥兵自重，不听朝廷的调遣。这两项罪名有一而成，在当时都是死罪。由此可见，南宋朝廷不杀岳飞不罢休的决心。

然而经过两个月的反复审讯，这些罪名所涉及的事实也都根本就不存在。当时参加陪审的大理寺丞李若朴、何彦猷和大理寺卿薛仁辅都认为岳飞无罪，与万俟卨据理力争，均遭万俟卨弹劾而丢官罢职。

大理寺正卿士㒟（士㒟为人名）请求以全家百口保岳飞，也遭到万俟卨弹劾，窜死建州。

临安布衣刘允升愤而上书为岳飞辩冤，被万俟卨下入狱处死。

韩世忠专门去找秦桧，当面质问此案。秦桧说："飞子云与张宪书虽不明，其事体莫须有。"韩世忠忿忿而言："'莫须有'三字何以服天下！"

据《宋史·岳飞传》记载："岁暮（绍兴十一年除夕），狱不成，桧手书小纸付狱，即报飞死，时年三十九。"岳云和张宪同时被害。岳飞的"供状"上仅留下了八字绝笔："天日昭昭！天日昭昭！"

岳飞的死讯传出，临安百姓为之哭泣呼号。

不久，消息传到金朝。金朝大臣，欣喜若狂，纷纷置酒相庆，说："和议自此坚矣！"

大理寺诏狱有个狱卒叫隗顺，感于岳飞的忠义，冒死将岳飞的遗体背出临安城，偷偷埋葬在钱塘门外九曲丛祠边，临死将此事告知他的儿子。

二十年后，绍兴三十二年（1162），宋孝宗即位，岳飞冤狱平反。隗顺之子上报朝廷，始将岳飞以礼改葬在西湖栖霞岭。宋孝宗淳熙六年（1179），谥"武穆"；宋宁宗嘉定四年（1211年）追封"鄂王"。

二、抗金名将

从上面的讲解中我们已经能够清楚地看到，主杀岳飞的不是别人，正是南宋政权的敌人金朝！这里暗含了两大问题：

第一，金朝为什么如此痛恨岳飞，必欲置之

死地而后快？

第二，岳飞是南宋的大将，敌对政权要杀岳飞，南宋政权为什么如此积极地予以配合？

当时南宋的皇帝是高宗赵构，宰相是秦桧。如果皇帝和宰相不想杀岳飞，岳飞肯定不会死！那么，宋高宗和秦桧为什么非要满足敌人的要求，杀岳飞以求取"和议"？

为了回答这两个问题，我们要从岳飞的生平谈起——岳飞一生都干了些什么。

岳飞是河北西路相州汤阴县（今河南汤阴）人，北宋时期的宋徽宗崇宁二年（1103）出生于一个普通的农户家庭。

宋徽宗宣和七年（1125），金灭辽，开始大举南侵，徽宗禅位于长子赵桓，是为钦宗，次年改元"靖康"。靖康元年，金兵渡河南下，包围京城开封。钦宗派人密送蜡书给其出使在外的九弟康王赵构，诏封他为"河北兵马大元帅"，征召各路兵马勤王。赵构奉诏，命人在相州招募义士，二十二岁的岳飞前往应募，临行前母亲姚氏喻以民族大义，并在岳飞背上刺了"尽忠报国"四字为训。从此岳飞开始了他至死不渝的抗金报国事业。

岳飞初到相州，投在大元帅府前军统制刘浩的部下。刘浩令岳飞带领三百骑兵前往黄河渡口（李固渡）试探金兵的虚实，而岳飞一到黄河渡口，就把驻扎在那里的金军打得大败而逃。

不久，在滑州南边，岳飞带领一百骑兵巡视河岸，偶然与大队金兵相遇。岳飞说："敌虽众，未知吾虚实，当及其未定击之！"说完单骑冲入敌阵，砍了一个敌将的脑袋，敌兵大败。这是初出茅庐的两次对金小战，充分显示了岳飞的心智、胆量和武艺。

刘浩率军从滑州渡黄河南下，随副元帅宗泽一万人马往援开封，岳飞跟着刘浩部隶属宗泽。宗泽率军往开德府(今河南濮阳)，与金军十三战，每战皆捷。岳飞英勇杀敌，以军功迁为修武郎(宋朝武官勋次53阶，修武郎是第44阶)。之后，奉宗泽之命去收复曹州，所向皆捷，宗泽大为赞赏，说："尔勇智才艺，古良将不能过，然好野战，非万全计。"为此授给岳飞"阵图"。岳飞说："阵而后战，兵法之常，运用之妙，存乎一心。"宗泽听后，连称"有道理，有道理(泽是其言)！"，升岳飞为武翼郎(第42阶)。

靖康二年(1127)四月，金兵攻破开封，将城中洗劫一空，满载金帛财宝而归，徽宗、钦宗和皇室眷属、中枢大臣、手艺百工等三千余人都做了俘虏，北宋灭亡，史称"靖康之耻"。

五月初一日，康王赵构在应天府(今河南商丘)即皇帝位，是为宋高宗，改元"建炎"。赵构倚投降派黄潜善、汪伯彦等人为心腹，采纳黄潜善避战南迁的建议。24岁的岳飞得知这一消息，上书劝谏："陛下已登大宝，社稷有主，已足伐敌之谋，而勤王之师日集，彼方谓吾素弱，宜乘其怠击之。黄潜善、汪伯彦辈不能承圣意恢复，奉车驾日益南，恐不足系中原之望。臣愿陛下乘敌穴未固，亲率六军北渡，则将士作气，中原可复。"疏上之后，岳飞因越职言事而被罢官,逐出军营。

从这段文字不难看出岳飞和高宗的分歧所在:高宗要弃守汴京,国都南迁,岳飞则力主"亲率六军北渡"恢复中原,反对南迁。这是岳飞与高宗之间的第一次重大分歧。

岳飞被逐之后,抗金复国的决心并未动摇,他只身前往河北,去投奔河北招抚使张所。张所是著名的"主战派",就在岳飞上疏反对南迁的同时,张所也曾上书高宗,主张还都汴京:"国之安危,在乎兵之强弱、将相之贤不肖,不在乎都之迁不迁。"此次岳飞来投,张所问:"你能打败多少敌兵?（汝能敌几何?）"岳飞答:"个人的勇敢靠不住,战争的胜负在于事先定下国家的大政方针!（勇不足恃,用兵在先定谋）"张所非常吃惊,说:"你绝不是个当兵的材料!（君殆非行伍中人）"岳飞趁机进言:"国家都汴,恃河北以为固。苟冯据要冲,峙列重镇,一城受围,则诸城或挠或救,金人不能窥河南,而京师根本之地固矣。"张所大为赞赏,补岳飞为"武经郎"（第40阶）,破格提拔为"中军统领"（大致相当于后来的营长。按:"郎"为勋阶,"统领"为实职）。此后,张所对岳飞的信任和器重始终不衰,他把自己的儿子交给了岳飞,后来其儿子成为"岳家军"的著名战将,此人就是前面提到随同岳飞一道被害的张宪。

《宋史》卷三百六十三《张所传》

《宋史》卷三百六十五《岳飞传》

由此可知,宋高宗即位之初,朝廷上下有过一场非常激烈的"迁都之争",而在这个问题上,岳飞虽然只是一个低级武官的身份,却和当时朝中的主战派大臣(如李纲、宗泽等。宗泽在此期间上了24道《乞回銮疏》)一样,坚决反对南迁,力主高宗还都汴京,收复河北失地。

然而高宗被金兵吓破了胆,不顾朝中主战派大臣的劝谏和北方人民的意愿,即位当年的七月下《巡幸东南诏》,从应天府一路南逃。

十月逃到扬州,以扬州为"行在",过起了花天酒地的生活。

十二月金兵分三路大举南犯,遭到北方军民的强烈抵抗和打击。东京留守宗泽有效地部署了东京防线,粉碎了金军东西两路夹攻汴京的计划。他联络两河的抗金义军,建立以东京为中心、两河为屏障的抗金防线。

其时,两河(河北、河东。今黄河以北、山西以东)地区山寨水寨星罗棋布。

河东的红巾军用建炎年号,奇袭金军大营,差点儿活捉金军统帅完颜宗翰。

五马山寨义军领袖赵邦杰和马扩,率领十余万众誓死抗金。

王彦统领的八字军,活跃在太行山脉,部众都在脸上刺了"赤心报国,誓杀金贼"八字,受其号令的有十余万人。

梁山泊水军以张荣为首,有战船数百,士兵万余,在北方水路英勇抗金。

两河义军加上驻守在北方由抗金将领张所、刘琦率领的官军合计四十余万,都受宗泽节制。宗泽与他们约定,做好接应宋朝大军渡河反攻的准备。

建炎二年(1128)五月,宗泽上书高宗,提出六月出师渡河的计划,请高宗回汴京主持北伐大计,但高宗置若罔闻,失去了这次绝好的复国机会。不久宗泽忧愤成疾,与世长辞。

宗泽一死,北方的抗金形势迅速恶化,各路义军分别拥寨自保,官军则群龙无首,分崩瓦解。一年后汴京再次被金军占领。

建炎三年(1129)二月,金帅完颜兀术奔袭扬州,高宗闻报即逃。他从扬州逃到镇江,从镇江逃到建康(今江苏南京),从建康逃到杭州。七月,改杭州为"临安府"。在逃跑的路上,他派人给金帅致书求饶,措辞极为卑下。但完颜兀术对高宗的摇尾乞怜丝毫不予理睬,一路追袭,直扑临安。十月,高宗从临安逃到越州(今浙江绍兴),十一月逃到明州(今浙江宁波),十二月从明州入海避难,一路上均遭到金军的蹑踪追杀。直到建炎四年(1130)二月,金军追杀无力,后方空虚,屡遭宋朝武装的袭击,不得已而撤兵,高宗才结束了一夕数惊的亡命生涯,重回临安,改第二年为"绍兴"元年,在这里苟且偷安,过上了"直把杭州作汴州"的安闲日子。

宗泽死后,接替"东京留守"的是杜充,岳飞改隶于杜充属下,一直在北方抗击金兵。建炎三年(1129),杜充要放弃两河之地南下建康,岳飞劝阻:"中原地尺寸不可弃,今一举足,此地非我有,他日欲复取之,非数十万众不可。"杜充不听,强令岳飞随他一道南撤至建康。金兵追杀高宗,打到"乌江"(此乌江为

《宋史》卷三百六十五《岳飞传》

楚霸王自刎之乌江，在安徽定远，距建康很近），杜充在建康按兵不救（如救，则金兵很难过江）。岳飞哭求，杜充仍然拒不出兵，致使金兵在毫无阻拦的情况下顺利渡江。金兵打到建康城下，杜充才派诸将迎战，诸将一遇金兵即溃，唯有岳飞独军力战。金兵破建康，杜充投降，岳飞从此独立作战，率领着从东京留守府带来的两千人，是为"岳家军"的基础力量。

金兵攻破建康后，完颜兀术率兵往杭州追杀高宗，岳飞半路邀击于广德（今安徽东南，皖、浙、苏三省交汇处），重挫金军，擒金将王权，俘获敌军首领四十余人，声威大震，金朝临时凑集起来的汉人士兵争相告诫："此岳爷爷军！"纷纷前来投附。

第二年（建炎四年）四月，岳飞在建康城东南四十里的牛头山设伏，大败金军，完颜兀术逃奔淮西，岳飞收复建康。

这是岳飞以宋朝低级武官的身份，与金军统帅完颜兀术最早的两次交锋，两战皆胜，金军大败。应该说，完颜兀术从此记住了岳飞的名字。

金兵从南方撤走后，由金朝的傀儡政权"大齐"代为统治河南、陕西大部地区。宋朝各地人民纷纷奋起抗击金军的残暴虏掠，朝廷的主战派将领韩世忠、吴玠、吴璘、刘锜等也活跃在抗金的最前线，打了多场重大战役，如韩世忠的黄天荡之战，以八千人困住完颜兀术十万大军四十八天，吓得金兵从此再不敢渡过长江。

绍兴元年（1131）七月，朝廷重新编组官军，岳家军被编入张俊所部的"神武右军"，张俊为"都统制"，岳飞为"神武右副军"的"统制"。

绍兴二年（1132）二月，主战派头号人物李纲起用为"荆湖广南路宣抚使",岳飞拨归李纲部下,岳飞时年29岁。李纲对岳飞极为器重,称赞他"年齿方壮,治军严肃,能立奇功,近来之所少得者",断言他"异时决为中兴名将"。六月,拔岳飞为"武安军承宣使(从五品)"。

绍兴三年(1133),岳飞受张俊的邀请,平定江淮,扫除了金朝在东南地区扶植的各个地方武装,平定了趁乱盘踞在各地的土匪,彻底稳定了江淮地区的局势。

绍兴四年(1134)五月,岳飞率师收复襄阳六郡,大败伪齐悍将李成。自此,长江以南的金朝势力被剪除殆尽,宋朝武装以长江为防线,与金朝形成对峙状态。八月,授岳飞为"清远军节度使",相当于现在的野战军大军区司令员,岳飞时年31岁,是有宋一代最年轻的节度使。

绍兴五年(1135)二月,授"崇信军节度使",封"武昌郡开国侯",镇守鄂州(今湖北武昌)。

同年六月,平定杨幺之乱,招抚杨幺部众五万余人。至此,加上平定江淮和收复襄阳六郡期间收并的人马,岳家军已经实有兵卒十万人,分为十二军,其中"背嵬军"是岳家军的主力,也是当时南宋最精锐的部队,有骑兵八千,彪悍绝伦,每战必克,成为敌军望而生畏的王牌部队。

绍兴六年(1136)八月,岳飞率师渡江,收复商州(今陕西商洛)、虢州(今河南灵宝)、邓州(今河南邓县)、唐州(今河南南阳)。

绍兴七年(1137)二月,拜"太尉"(国防部长),升"宣抚使"(方面军最高统帅)。从这一年开始,岳家军在鄂州和襄阳厉兵秣马,加紧练兵,筹备北伐。

绍兴十年(1140)五月,金朝兵分四路,大举南侵,一个月之内便占据了东京开封府、西京河南府(今河南洛阳)和南京应天府(今河南商丘),接着挥军往淮河一线开进。岳飞闻讯,立刻通知各路宋军,准备大举反击。六月,岳飞率师北伐,深入河南腹地,连克蔡州(今河南汝南)、鲁山(今河南鲁山)。就在此时,宋高宗委派司农少卿李若虚给岳飞下达密旨:"兵不可轻动,宜且班师!"岳飞拒不奉诏,认为金兵南下,则我方师出有名,正可趁机恢复中原,直捣黄龙,迎还二帝,以雪国家十年之耻!李若虚是朝中的主战派,他激于民族大义,在此关键时刻,毅然主动承担了"矫诏之罪",支持岳飞北伐。关于岳飞违诏北伐之事,《宋史》记载:"(绍兴十年夏六月)甲子,遣司农少卿李若虚诣岳飞军谕指班师,飞不听。"这是岳飞与高宗之间的第二次重大分歧。[《宋史·高宗本纪》,详细记载见于《三朝北盟会编》卷202,《建炎以来系年要录》卷136]

岳飞亲自统率岳家军主力,在京西路平原地区向北疾进。与此同时,刘锜率领的两万宋军在顺昌(今安徽阜阳)以逸待劳,重创金军,杀死金兵五千多人,伤敌一万余人,迫使金军在顺昌留下死去的战马三千多匹,金军从全面进攻转为部分防守,统帅完颜兀术退守开封,在颍昌(今河南许昌)、淮宁(今河南淮阳)、应天(今河南商丘)三地布下重兵,作为屏障开封的据点。

闰六月二十日,岳家军攻克颍昌,二十四日,攻克淮宁,至此,金军拱卫开封的三个战略据点,几天之内就被岳家军拔除了两个(剩下一个应天府，在张俊的战区之内)。与此同时，岳飞分派部将王贵等人，迅速收复了开封以东的洛阳、汝州、郑州、中牟等地，对开封形成了两翼夹攻之势。岳飞本人则移镇郾城(今河南漯河)，在一线统筹指挥。

七月初，完颜兀术探知岳飞本人在郾城指挥岳家军，立即率军出动，直扑郾城，两军主帅在此展开了一场生死大决战。

七月八日，完颜兀术亲率精锐马军一万五千多骑到达郾城之北二十多里处。岳飞命令岳云率领背嵬军八千精骑出城迎战，他对岳云说："必胜而后返，如不用命，吾先斩汝！"下午，双方骑兵开始决战。金军后续部队源源不断地到达郾城，投入战斗。岳云的背嵬军数次打退金军的冲锋。岳家军悍将杨再兴声称要活捉完颜兀术，单骑冲入金军阵中，一人力杀金军将领数十人。

此次决战，岳家军仅有兵力一万多人(大部分在西路洛阳、郑州一带)，而金兵有十余万人。双方战至关键时刻，岳飞亲率四十精锐亲兵出阵。部下有个训练官叫霍坚，上前劝阻："相公为国重臣，安危所系，奈何轻敌！"岳飞仅回答四个字："非尔所知！"跃马冲出，连发箭矢，射击金军阵地(岳飞能挽弓三百宋斤，是南宋军人的最高纪录)。岳家军将士看到统帅亲自陷阵，顿时勇气大增，全力死战。完颜兀术以主力骑兵"铁浮图"和"拐子马"投入战斗("铁浮图"是完颜兀术亲统的金朝最精锐的骑兵，"拐子马"为两翼骑兵联合作战之称)，而岳云亲领的"背嵬军"平时训练有素，比金军的"拐子马"还要凶悍。双方杀到天黑，岳家军重创"拐子马"，"铁浮图"全军覆没，完颜兀术率残军狼狈败退，"郾城之战"以岳家军大获全胜而告终。完颜兀术惊叹："撼山易，撼岳家军难!"

七月十三日,岳飞命张宪率岳家军主力进入完颜兀术残军所在的临颍县,再次寻机决战。杨再兴带领三百骑前哨在抵达临颍县南的小商河时,与金军主力猝然相遇。杨再兴率兵冲阵,杀死金军高、中级军官万夫长、千夫长、百夫长、五十夫长等共一百余人。其余金将不敢应战,乱箭射向杨再兴,杨再兴身上每中一箭,就随手折断箭杆,箭头留在身上继续冲杀,不幸战马陷入淤泥,体力不支而亡,三百骑兵也全部阵亡,而金军付出的代价则是战死一千余人。

小商河一战之后,完颜兀术畏惧岳家军,不敢与张宪的主力决战,留下八千金兵守临颍县,自己带领残余主力转攻颍昌府。十四日天明,张宪军攻占临颍县,八千金兵往尉氏方向逃走。张宪寻找到杨再兴的遗体,火化后拣出铁箭头二升有余。

十四日上午,完颜兀术率残部主力和从开封大本营来援的总共三万多骑兵、十万步兵,其中有六个高级将官万夫长,合力攻打颍昌府城。二十二岁的岳云率领八百名背嵬军,与金军苦战,前后十多次出入敌阵,身受创伤几十处。这场恶战,岳家军杀得"人为血人,马为血马"。战到中午,奉命守城的岳家军部将率五千人出城增援,金军溃败逃走。完颜兀术的女婿万夫长夏金吾阵亡;副统军粘汗孛堇身受重伤,抬到开封府后死去,金军千夫长被击毙五人,岳家军活捉敌将七十八人,金兵战死五千多人,被俘两千多人,马三千多匹。这是继"郾城大捷"之后的又一次重大胜利,史称"颍昌大捷"。

颍昌大捷之后,岳家军全线进击,包围开封。七月十八日,张宪从临颍率主力向开封进发,将路上遭遇的金骑数千击溃,"横尸满野",缴获战马一百多匹。同时,岳家军部将王贵从西线赶回,自颍昌府发兵,另一部将牛皋也率领左军进军。据《金佗稡编》卷八《鄂王行实编年》:完颜兀术以十万大军驻扎开封西南四十五宋里的朱仙镇,但在受到岳家军前哨五百背嵬骑兵攻击后即全军败溃,金军放弃开封,渡河北遁。这是岳飞此次北伐的最后一役,史称"朱仙镇大捷"。就在此时,宋高宗一日之内连下金牌十二道,诏令岳飞班师。岳飞无奈长叹:"十年之功,废于一旦!"

<small>文渊阁《四库全书》本《金佗稡编》,上海古籍出版社1987年影印版</small>

关于"朱仙镇大捷",目前史学界存在争议。以邓广铭为代表的一派认为:《宋史》不载"朱仙镇之役",仅据《金佗稡编》的说法,缺乏说服力,况且岳家军以五百背嵬军而击败金军十万人马不可信。另一种意见以王曾瑜为代表,认为《宋史·牛皋传》说牛皋的左军已经到了"汴、许间"(即朱仙镇)。《金佗续编》卷十四载岳霖等《赐谥谢表》说,颍昌大捷后,岳飞"鼓行将入于京都(开封)"。李埴《皇宋十朝纲要》也有"是秋,岳飞军至朱仙镇,距东京四十五里,被旨班师"之语。因此,说《宋史》不载朱仙镇之战,这与《宋史·牛皋传》等史料相冲突,因而无法否定朱仙镇之役的真实性。

<small>李埴《皇宋十朝纲要》,续修四库全书本,上海古籍出版社2013年影印版</small>

关于"十二道金牌",学者之间也有争议。有人认为"十二道"不可信(邓广铭),有人认为不好排除(王曾

瑜)。但在宋高宗接到"郾城大捷"的消息后曾有金牌诏令岳飞班师的问题上,学者的意见则比较一致。例如邓广铭在《岳飞传》里说:"然而,正在此时此刻,南宋王朝却以'金字牌急递'送来了一道指示给岳飞,其内容等于重申了六月中李若虚口传的那道密旨,要岳飞'措置班师'!通过'措置班师'这四个字所给予岳飞的压力,有如泰山一般沉重。因为,在接到这一指示之后如还不班师,那就是违抗朝命……处境尴尬的岳飞,邀集了他的主要部将们共商对策。部将们一致认为,既然目前面临的问题,是只能在班师与丧师二者之间选取其一,那就只好遵命班师!"

岳飞一生的事业可用四个字来概括,而这四个字包括了两件大事,一是"抗金",二是"复国"。在抗金的问题上岳飞与宋高宗之间既有共同点,也有不同点。从宋高宗的角度来说,抗金可以保住皇位,或者说可以保住江南的半壁河山,因而他在某种程度上能够允许岳飞的抗金,这就是绍兴十年之前岳飞官职不断提升的原因,但是岳飞的抗金目的却完全不同,岳飞的抗金是为了复国。岳飞的复国主张是"踏破贺兰山缺(直捣黄龙府)""待从头收拾旧山河,朝天阙(收复全部国土,迎还二帝)","迎还二帝"即意味着宋高宗的皇位产生动摇,因此在"复国"的问题上,二人之间存在着根本性的分歧。这个分歧是针锋相对的,无法调和，而秦桧投宋高宗之所好，提出"如欲天下无事，南自南、北自北"，这个主张恰好能够满足宋高宗的要求，因此二人合谋，杀害岳飞也就不足为奇了。有一首据说是明代文征明的《满江红》，全词如下："拂拭残碑，敕飞字，依稀堪读。慨当初，倚飞何重，后来何酷。果是功成身合死，可怜事去言难赎。最无端，堪恨又堪悲，风波狱。岂不念，疆圻蹙？岂不念，徽钦辱？但徽钦既返，此身何属？千载休谈南渡错，当时自怕中原复。笑区区一桧亦何能？逢其欲。"这首词一针见血，很有见地地分析了风波亭冤狱的因果关系。

伴随着风波亭冤狱而产生的"绍兴和议"，仅仅换来了南宋政权20年的和平，却使宋朝永远失去了设在关中地区的军马场。"郾城大捷"和"颍昌大捷"的取得，一个最重要的原因是岳家军有一支比金兵更加强悍的骑兵部队（背嵬军），这是有宋一代国防力量最为强大的标志，可惜宋高宗自毁长城，20年后宋孝宗的"隆兴北伐"和60年后宋宁宗的"开禧北伐"，南宋均以落后的步兵迎战金朝剽悍的骑兵，双双大败而归。而且一直到130多年后，蒙古铁骑长驱直入，南宋政权始终都没有一支可以与北方游牧民族相抗衡的国防力量，最终导致了自己的彻底灭亡，这个教训，应该说是极其惨痛的。

图书在版编目（CIP）数据

中国脊梁 / 王立群著. -- 北京：东方出版社，2024.7

ISBN 978-7-5207-3864-4

Ⅰ.①中… Ⅱ.①王… Ⅲ.①历史人物－生平事迹－中国 Ⅳ.①K82

中国国家版本馆CIP数据核字（2024）第051853号

中国脊梁
(ZHONGGUO JILIANG)

作　　者：	王立群
策划编辑：	王莉莉
责任编辑：	李伟楠
书籍设计：	潘振宇
责任审校：	金学勇
出　　版：	东方出版社
发　　行：	人民东方出版传媒有限公司
地　　址：	北京市东城区朝阳门内大街166号
邮政编码：	100010
印　　刷：	北京汇瑞嘉合文化发展有限公司
版　　次：	2024年7月第1版
印　　次：	2024年7月第1次印刷
开　　本：	880毫米×1230毫米　1/32
印　　张：	9.25
字　　数：	193千字
书　　号：	ISBN 978-7-5207-3864-4
定　　价：	59.00元
发行电话：	(010)85924663　85924644　85924641

版权所有，违者必究

如有印装质量问题，请拨打电话：(010)85924602　85924603